广视角·全方位·多品种

权威·前沿·原创

皮书系列为
"十二五"国家重点图书出版规划项目

中国社会科学院创新工程学术出版资助项目

俄罗斯黄皮书

YELLOW BOOK OF RUSSIA

俄罗斯发展报告（2014）

ANNUAL REPORT ON DEVELOPMENT OF RUSSIA (2014)

中国社会科学院俄罗斯东欧中亚研究所

主　编／李永全

社会科学文献出版社
SOCIAL SCIENCES ACADEMIC PRESS (CHINA)

图书在版编目(CIP)数据

俄罗斯发展报告. 2014/李永全主编. —北京：社会科学文献出版社，2014.7
 (俄罗斯黄皮书)
 ISBN 978-7-5097-6156-4

Ⅰ.①俄… Ⅱ.①李… Ⅲ.①俄罗斯-研究报告-2014 Ⅳ.①D751.2

中国版本图书馆 CIP 数据核字（2014）第 126381 号

俄罗斯黄皮书
俄罗斯发展报告（2014）

主　　编／李永全

出 版 人／谢寿光
出 版 者／社会科学文献出版社
地　　址／北京市西城区北三环中路甲 29 号院 3 号楼华龙大厦
邮政编码／100029

责任部门／全球与地区问题出版中心 （010）59367004　责任编辑／张苏琴
电子信箱／bianyibu@ssap.cn　　　　　　　　　　　　责任校对／韩　晶
项目统筹／祝得彬　　　　　　　　　　　　　　　　　责任印制／岳　阳
经　　销／社会科学文献出版社市场营销中心 （010）59367081　59367089
读者服务／读者服务中心 （010）59367028

印　　装／北京季蜂印刷有限公司
开　　本／787mm×1092mm　1/16　　　　　　印　张／19.25
版　　次／2014 年 7 月第 1 版　　　　　　　　字　数／310 千字
印　　次／2014 年 7 月第 1 次印刷
书　　号／ISBN 978-7-5097-6156-4
定　　价／79.00 元

本书如有破损、缺页、装订错误，请与本社读者服务中心联系更换

▲ 版权所有　翻印必究

俄罗斯黄皮书编委会

主　　编　李永全

副 主 编　程亦军　潘德礼　薛福岐

编　　委（按姓氏笔画排序）
　　　　　　冯育民　朱晓中　孙　力　李永全　李进峰
　　　　　　李建民　吴宏伟　何　卫　张盛发　郑　羽
　　　　　　常　玢　程亦军　潘德礼　薛福岐

撰 稿 人（按姓氏笔画排序）
　　　　　　于卓超　马　强　牛义臣　文龙杰　王桂香
　　　　　　刘　丹　刘华芹　李永全　李建民　李　莉
　　　　　　李雅君　庞大鹏　郑　羽　柳丰华　赵玉明
　　　　　　姜　毅　高际香　郭晓琼　程亦军　韩克敌
　　　　　　潘德礼

俄文翻译　凤　玲

主编简介

李永全 中国社会科学院俄罗斯东欧中亚研究所所长、研究员。曾长期在中共中央编译局从事马克思主义经典著作翻译、校订以及马克思主义基本理论和俄罗斯历史及当代国际问题的研究。著有《列宁的新经济政策原则及其国际意义》(俄文专著,1990 年)、《俄国政党史》(1999 年出版,2006 年第三次印刷)和《莫斯科咏叹调》(2005 年)。在国内外各种刊物上发表学术论文及政论作品百余篇。

主要译著有格里加尔的《为欢乐而生》、瓦·博尔金的《戈尔巴乔夫沉浮录》、尼·雷日克夫的《大动荡的十年》、肖洛霍夫的《他们为祖国而战》、伊·列昂诺夫的《独臂长空》等。

程亦军 中国社会科学院俄罗斯东欧中亚研究所俄罗斯经济室主任、研究员,中国社会科学院研究生院教授,国务院发展研究中心欧亚社会发展研究所特邀研究员,中国俄罗斯东欧中亚学会常务理事。长期从事俄罗斯经济、中俄经贸合作研究,主要作品有《俄罗斯人口安全与社会发展》《投资俄罗斯》《中俄边境贸易考察报告》《俄罗斯的金融体制与金融政策》《从人口形势看北高加索地区的社会安全》等。

潘德礼 中国社会科学院俄罗斯东欧中亚研究所俄罗斯政治社会文化研究室主任、研究员,中国社会科学院研究生院教授。长期从事苏联、俄罗斯政治社会文化研究,主编《俄罗斯十年:政治·经济·外交》《列国志·俄罗斯》等著作。

摘　要

2013年对于俄罗斯来说是不同寻常的一年。虽然政治和社会保持了相对的稳定，但经济呈现出低速增长甚至停滞的局面；虽然外交上取得了一系列丰硕成果，但年末的乌克兰危机以及俄罗斯的过激应对，将俄罗斯置于与欧美严重对峙的局面。俄罗斯复兴的内外环境都不理想。

政治方面，俄罗斯保持了总体的稳定，同时也面临着挑战。在2013年的地方选举中，政权党——统一俄罗斯党获得压倒性的优势，"一党独大"的局面仍将难以打破。2011～2012年以来的反对派抗议活动声势渐小，对普京政权几无影响，但普京政府在严控反对派活动的同时，也释放出安抚的信号。在意识形态方面，保守主义思想不仅是统一俄罗斯党的核心价值，也成为普京总统所领导的全俄人民阵线运动的纲领。民族主义情绪高涨，以及民族矛盾的激化通过一些极端的暴力事件和恐怖活动体现出来，暴露出民族问题始终是危害俄罗斯社会稳定的一个结构性问题。

经济方面，2013年绝大多数经济指标趋向恶化，增长乏力，生产下降，投资不振，出口减少。从现实状况和发展潜力来看，俄罗斯经济短期内基本不具备高速增长的基础，但大幅衰退的可能性也不大，未来若干年将继续维持低速增长态势。俄罗斯2020年前国家发展战略、普京的"五月命令"以及一系列重大开发项目都因国民经济的低速增长受到影响和制约。

外交方面，俄罗斯以一系列"亮点"受到国际社会的瞩目。斯诺登事件、叙利亚以"化武换和平"、伊朗核问题的转机等，都显示了俄罗斯厚重的外交实力和灵活的外交手段。但是在2013年年末的乌克兰危机中，俄罗斯的对乌政策以及兼并克里米亚的强势做法，使俄罗斯多年来改善国际形象的努力受到极大损害，也使俄罗斯与西方和乌克兰的关系处于严重的危机状

态。目前，乌克兰局势仍然充满了不确定性，俄罗斯与欧洲、美国的战略博弈仍将持续下去。

2013年，中俄两国关系顺利发展。双方在经贸合作领域取得了很大的进展，在一些重大的国际问题上彼此配合，全面战略协作伙伴关系迈上了新台阶。

Аннотация

В истории России последних лет 2013 год стал особенным. Он был отмечен разнонаправленными тенденциями: с одной стороны, хотя в течение всего года политика и общество продолжали сохранять относительную стабильность, но позитивная динамика в экономике была крайне низкой и граничила со стагнацией. С другой стороны, во внешней политике этот год для России хотя и ознаменовался рядом крупных дипломатических успехов, но крайне резкие действия, предпринятые ею в ответ на украинский кризис, разразившийся в конце года, заметно обострили конфронтацию по отношению к ней со стороны стран Европы и США. Очевидно, что как внутренняя, так и внешняя обстановка в 2013 году отнюдь не благоприятствовали подъему России.

В политическом отношении Россия хотя и продолжала сохранять всестороннюю стабильность, но это не оградило ее от новых вызовов. На местных выборах 2013 года политическая партия ? Единая Россия? продемонстрировала убедительный перевес сил в свою пользу, из чего следует, что ситуацию ? однопартийной монополии на власть? будет трудно переломить в обозримом будущем. Начиная с 2011 – 2012 г. г. накал протестных акций оппозиционного движения постепенно уменьшался, практически не оказывая дестабилизирующего воздействия на устойчивость путинской власти. Тем не менее правительство Путина строго контролировало деятельность оппозиции, в то же время подавая ей сигналы, призывающие к сотрудничеству. В идеологическом отношении консерватизм является платформой ? Единой России?, но он же считается платформой и

всероссийского народного фронта, возглавляемого президентом Путиным. На этом фоне происходило усиление националистических настроений, но вместе с тем обострялись и национальные противоречия, что проявлялось в росте насильственных инцидентов и террористических акций. Нарастание остроты национального вопроса от начала до конца является показателем опасного наличия в российском обществе структурных угроз его стабильности.

В экономическом отношении в 2013 году абсолютное большинство экономических показателей имели тенденцию к ухудшению, источников роста не наблюдалось, производство падало, инвестиции не росли, экспорт уменьшался. Оценка ситуации с точки зрения реального состояния и потенциала развития свидетельствует, что по основным показателям в краткосрочной перспективе российская экономика основой для быстрого роста не обладает, хотя и вероятность крупного спада невелика. В ближайшие несколько лет сохранится вялый рост. Стратегический план национального развития России до 2020 г. , ? майские указы? Путина, а также ряд важных программ развития, подверглись ревизии, что явилось следствием низких темпов роста национальной экономики.

Во внешнеполитической сфере ряд предпринятых Россией ? звездных? ходов вызвал серьезный резонанс международного сообщества. Дело Сноудена, сирийский ? обмен химического оружия на мир?, поворот иракского вопроса и др. - все это стало проявлением милосердия российской дипломатии, взвешенности и гибкости ее подходов. Но в конце 2013 г. политика России в украинском кризисе вкупе с силовыми методами, предпринятыми ею в Крыму, нанесли огромный ущерб многолетними усилиями методично улучшаемому международному имиджу России, а также привели к серьезному кризису в отношениях России с Западом и Украиной. В настоящее время положение Украины по-прежнему полно неопределенности, и также по-прежнему будет продолжаться стратегическая игра России с

Европой и США.

В 2013 г. отношения России и Китая развивались успешно. Большой прогресс достигнут в области двустороннего торгово-экономического сотрудничества, по некоторым особо важным международным вопросам обе стороны взаимно согласовывали свои позиции. Всестороннее стратегическое партнерство и сотрудничество вышло на новый уровень.

目录

Ⅰ 总报告

Y.1 复兴路上的精彩与隐忧 …………………………… 李永全 / 001
    一 国际舞台上精彩动作频频，大国博弈波澜壮阔 ………… / 001
    二 乌克兰危机是苏联解体以来世界地缘政治进程中的
       标志性事件 ………………………………………………… / 004
    三 国内政治形势稳中有忧，当局掌控局势有信心 ………… / 007
    四 社会经济发展遇难题，破解难题乏手段 ………………… / 009
    五 中俄关系顺利前行，"丝绸之路"有交汇 ……………… / 011

Ⅱ 俄罗斯政治

Y.2 2013年俄罗斯政治形势 …………………………… 潘德礼 / 013
Y.3 制度变革下的2013年俄罗斯地方选举 …………… 李雅君 / 020
Y.4 2013年俄罗斯总统国情咨文评述 ………………… 李 莉 / 037
Y.5 俄罗斯互联网发展与政治实践 …………………… 马 强 / 049
Y.6 俄罗斯的社会情绪 ………………………………… 庞大鹏 / 063
Y.7 俄罗斯"公共史学"的萌芽与兴起 ……………… 王桂香 / 074

俄罗斯黄皮书

Ⅲ 俄罗斯经济

- Y.8 2013年俄罗斯经济形势与未来发展趋势 …………… 程亦军 / 085
- Y.9 2013年中俄经贸合作现状与前景展望 …………… 刘华芹 / 102
- Y.10 俄罗斯确立大金融监管体制 …………… 程亦军 / 118
- Y.11 俄罗斯北极开发战略与中俄合作 …………… 李建民 / 124
- Y.12 俄罗斯医疗保障体系改革 …………… 高际香 / 136
- Y.13 2013年中俄经贸合作 …………… 郭晓琼 / 148

Ⅳ 俄罗斯外交

- Y.14 2013年的俄罗斯外交 …………… 郑 羽等 / 158
- Y.15 化解战略疑虑，推进中俄战略协作 …………… 郑 羽 / 168
- Y.16 2013年的中俄关系 …………… 姜 毅 / 173
- Y.17 俄罗斯与上海合作组织 …………… 庞大鹏 / 178
- Y.18 俄罗斯与当前的乌克兰危机 …………… 柳丰华 / 191
- Y.19 2013年俄罗斯与亚太地区国家关系 …………… 赵玉明 / 203
- Y.20 2013年俄罗斯与欧盟关系述评 …………… 文龙杰 / 214
- Y.21 2013年独联体地区总体形势 …………… 牛义臣 / 228
- Y.22 俄美在叙利亚问题上的博弈 …………… 韩克敌 / 236
- Y.23 2013年欧亚经济联盟计划的进展及其前景 …………… 刘 丹 / 246
- Y.24 2013年俄罗斯国际移民报告 …………… 于卓超 / 257

Ⅴ 附 录

- Y.25 俄文摘要 …………… / 270

皮书数据库阅读使用指南

ОГЛАВЛЕНИЕ

Ⅰ Обзорный очерк

Y.1 Возрождение России: свершения и тревоги *Ли Юнцюань* / 001

Ⅱ Политика России

Y.2 Политическая обстановка в России в 2013 г *Пань Дэли* / 013
Y.3 Местные выборы 2013 года в контексте преобразований в политической системе России *Ли Яцзюнь* / 020
Y.4 Обзор Послания Президента России Федеральному Собранию о положении в стране в 2013 году *Ли Ли* / 037
Y.5 Развитие российского Интернета и политическая практика *Ма Цян* / 049
Y.6 Настроения российского общества *Пан Дапэн* / 063
Y.7 Зарождение и рост «публичной истории» в России *Ван Гуйсян* / 074

Ⅲ Экономика России

Y.8 Экономическая обстановка в России в 2013 г. и тенденции ее будущего развития *Чэн Ицзюнь* / 085
Y.9 Современное состояние китайско-российского торгово-экономического сотрудничества и перспективы его развития *Лю Хуацинь* / 102

俄罗斯黄皮书

Y.10 Российская реформа по созданию единого управления и контроля финансовой системой *Чэн Ицзюнь* / 118

Y.11 Российская стратегия освоения Арктики и китайско-российское сотрудничество *Ли Цзяньминь* / 124

Y.12 Реформа российской системы гарантированной медицинской помощи *Гао Цзисян* / 136

Y.13 Китайско-российское торгово-экономическое сотрудничество в 2013 году *Го Сяоцюн* / 148

Y IV Российская дипломатия

Y.14 Дипломатия России в 2013 году *Чжэн Юй и др.* / 158

Y.15 Устранение внешнеполитических обеспокоенностей и стимулирование китайско-российского стратегического сотрудничества *Чжэн Юй* / 168

Y.16 Китайско-российские отношения в 2013 году *Цзян И* / 173

Y.17 Россия и ШОС *Пан Дапэн* / 178

Y.18 Россия и нынешний украинский кризис *Лю Фэнхуа* / 191

Y.19 Отношения России и стран Азиатско-Тихоокеанского региона в 2013 году *Чжао Юймин* / 203

Y.20 Обзор отношений России и ЕС в 2013 году *Вэнь Лунте* / 214

Y.21 Комплексная ситуация на пространстве СНГ в 2013 году *Ню Ичэнь* / 228

Y.22 Российско-американские игры в сирийском вопросе *Хань Кэди* / 236

Y.23 Продвижение плана построения Евразийского экономического союза и его перспективы *Лю Дань* / 246

Y.24 О проблемах международной миграции в России в 2013 году *Юй Чжочао* / 257

Y V Примечание

Y.25 Аннотация / 270

总报告
Обзорный очерк

Y.1 复兴路上的精彩与隐忧

李永全*

2013~2014年对于俄罗斯来说是不平凡的一年。俄罗斯在国际舞台上的表现给国际社会留下深刻印象：收留斯诺登，叙利亚"化武换和平"，伊朗核危机出现转机，在围绕乌克兰危机与美欧的地缘政治大博弈中不仅强硬阻止西方向独联体渗透，而且将克里米亚"收入囊中"……一系列外交举措令世界对俄罗斯刮目相看。2013年底和2014年初俄罗斯围绕乌克兰危机的举动让世界对俄罗斯有了全新的认识。2013年俄国内社会政治局势基本稳定，当局表现出掌控局势的能力和潜力。但是社会经济发展低速现象引起广泛关注，当局破解难题乏术。中俄关系继续健康发展，为地区和世界和平做出贡献。

一 国际舞台上精彩动作频频，大国博弈波澜壮阔

2013年国际舞台多变幻。2013年对于俄罗斯来说是外交上非常成功的一

---

* 李永全，中国社会科学院俄罗斯东欧中亚研究所所长、研究员。

年。2012年重返克里姆林宫的普京总统踌躇满志，不断助推俄罗斯的强国复兴进程。2013年年初，普京批准发布了新版《俄罗斯联邦对外政策构想》。新版外交政策构想充分考虑到了近些年世界发生的一系列大的变化：全球金融危机对世界格局的影响，世界力量平衡的再分配特点，中东北非乱象加剧导致的地缘政治机遇与挑战，竞争中文化文明因素作用的提高，等等。按照普京总统的说法，新版外交政策"构想中重点强调利用当代各种外交形式和手段，包括经济外交，使用所谓的软实力因素，准确地应对全球信息流"。① 从各种关于新版外交政策构想的诠释中可以看出，俄罗斯外交政策的重点是与后苏联空间国家之间的关系，新版外交政策构想把对与独联体国家的关系作为外交政策重点的意图表述得更加明确。普京突出强调必须加强欧亚联盟，加强后苏联空间的全面联系。可以认为，俄罗斯在对待全球和地区问题的平衡方面，突出的是与近邻的关系。俄罗斯意识到，在周边空间发挥建设性和主导性作用的能力决定着俄罗斯对外政策的所有其他方面。虽然近两年社会上经常谈论俄罗斯外交重点将转向亚洲，但是实际上俄罗斯与西方国家的关系依然是优先的。俄罗斯外交政策重点的基本顺序是：独联体、西方、亚洲。

新版《俄罗斯联邦对外政策构想》与此前通过的外交政策纲领性文献没有本质区别，但是反映了普京总统新时期的外交政策理念。普京近年来多次表示自己是保守主义者，而俄罗斯政权党——统一俄罗斯党也明确认定保守主义是该党的意识形态。2013年6月在全俄人民阵线代表大会上，全俄人民阵线通过了自己的保守主义宣言。与此同时，人民阵线授权制定相应的全国意识形态。俄罗斯联邦宪法规定不允许存在国家意识形态，因此目前的迹象具有重要象征意义。普京在接受俄罗斯电视第一频道和美国 Associated Press 记者采访时说："我是一个带有保守主义倾向的实用主义者……保守主义就是依靠传统价值，但是必须有发展的目标。"② 普京反对割裂历史、破坏传统价值。2013年9月，他在国情咨文中说："'自上而下'地破坏传统价值不仅给社会带来负面影响，而且从根本上讲是反民主的，因为向社会灌输的是抽象的概念，违背

---

① http://www.rg.ru/2013/02/15/politika - site.html. Владимир Путин представил обновленную Концепцию внешней политики РФ.
② Независимая газета, 30.12.2013.

大多数人民的意志,人民的大多数并不接受目前的变化和变革。"普京还曾经援引俄罗斯哲学家尼·别尔嘉耶夫的名言:"保守主义的意义不在于阻碍向前和向上的运动,而在于阻碍向后和向下的运动,防止走向混乱和回到原始状态。"①

俄罗斯保守主义的实质性内容是尊重传统价值和国家形式,实行主权民主,反对外来干涉,实现强国目标。

保守主义和此前提出的欧亚主义正在成为联合俄罗斯人民和独联体的思想体系和价值体系,成为国家振兴的理论基础。其前景如何值得关注。

在这种思想体系指导下,俄罗斯在2013年的国际舞台上频频出奇招,赢得国际社会广泛关注。众所周知,2013年的俄美关系是在2012年年底《马格尼茨基法案》和《季马·雅科夫列夫法案》②针锋相对的对峙中开始的。俄美关系因此再次跌入低谷。不仅如此,年中两国关系又因"斯诺登事件"雪上加霜,致使国际社会和俄美双方都期待的20国集团领导人峰会期间的两国首脑会晤没能举行。

但是在2013年,俄罗斯外交活动取得了显著成就。

俄罗斯外交最大的亮点首先是在叙利亚问题陷入僵局的时候,以"化武换和平"的倡议缓解了危机,至少推迟了一场似乎势在必行的战争。俄罗斯首先说服叙利亚方面接受这个建议,公布自己的化学武器数量并参加禁止化学武器公约。与此同时,在美国和西方国家接受了这个方案后,俄及时与各方合作落实该方案。这次外交行动的成功大大提高了俄罗斯在国际舞台上的影响力,尤其是在中东地区的影响力。

其次,以高明的手法收留美国前中情局职员、"棱镜门"事件主角斯诺登,巧妙地赢得一场信息博弈。

---

① Президент взял курс на консерватизм. //Независимая газета, 30.12.2013.
② 2012年12月6日,美国参议院通过了《马格尼茨基法案》,规定禁止与2009年俄罗斯律师马格尼茨基死亡有关的60名俄罗斯人入境美国。作为回应,12月21日,俄罗斯国家杜马通过《季马·雅科夫列夫法案》,规定禁止美国人领养俄罗斯儿童,禁止对俄罗斯公民犯下罪行的外国公民入境。季马·雅科夫列夫2006年生于俄罗斯普斯科夫州,2008年被美国公民哈里森夫妇领养。2008年7月8日,季马因在32摄氏度高温天气下被放在封闭的汽车内九个小时而不幸死亡。

最后，年底在乌克兰问题上俄罗斯与西方的大博弈更加体现了新时期俄罗斯外交的走向。

二 乌克兰危机是苏联解体以来世界地缘政治进程中的标志性事件

2014年3月16日，乌克兰的克里米亚就是否留在乌克兰或加入俄罗斯联邦举行全民公决。17日，克里米亚全民公决结果发布，克里米亚宣布加入俄联邦。当代历史将记住这一天。或许，欧亚联盟——那个不称作"苏联"的新国家的形成将从此开始！

而这一切是从乌克兰开始的。乌克兰到底发生了什么事情？2013年年底因亚努科维奇政府拒绝签署与欧盟的联系国协议，在乌克兰首都独立广场爆发抗议浪潮。抗议浪潮中有暴力事件发生，有神秘的狙击手参与，有欧美外交官卷入，当然也有俄罗斯的介入……这个过程的结局是总统亚努科维奇逃亡、季莫申科获释、亲总统的议会倒戈、宪法被修改、新政府上台……是革命？是政变？众说纷纭！

新政权和欧美地缘政治大师们还没来得及欢呼胜利，乌克兰克里米亚共和国经过全民公决决定加入俄罗斯联邦！俄罗斯以闪电般的速度完成了必要的立法手续，全国欢呼克里米亚的回归！这个过程给人的印象太深刻了！

乌克兰巨变有其深刻的原因：国内原因和国际原因。

至于国内原因，应该说，这是苏联解体的后遗症，是乌克兰国内权力与资本关系的性质所造成的结果。

根据马克思主义的辩证唯物主义理论，内因是变化的根据，外因是变化的条件。这个道理在乌克兰依然适用。

苏联解体后，乌克兰与其他原苏联加盟共和国一样，经历了独立国家建设过程，经历了私有化过程，经历了价值观念的根本变化。在这些过程中，乌克兰与俄罗斯一样，国家财富迅速聚集在少数人手中。这些过程不仅充满寻租行为，甚至充满暴力和血腥。像20世纪90年代的俄罗斯一样，乌克兰始终没有理顺权力与资本的关系。财产的转移依靠的是权力寻租，资本强大以后又控制

复兴路上的精彩与隐忧

国家的政治、经济、舆论等社会生活。乌克兰出现了若干可以在政坛和实业界呼风唤雨的寡头。可以说,没有权力的支持,寡头无法生存;没有寡头的资金支持,官员的官位也保不住。正是这种由资本规律左右的社会,经常会发生所谓的变革,而这种变化多半打着民主和为民请命的旗号。寡头遵循的法则是利润,为了获得高额利润可以不择手段,可以不顾国家的利益,可以不顾人民的死活。值得指出的是,由于敛财的经历充满血腥的犯罪,寡头都有短处被掌握,掌握这种短处的不仅有本国政府,更有国外势力。

在独立广场上的斗争进入白热化阶段时,正是寡头的倒戈断送了亚努科维奇。这个寡头是德米特里·费尔塔什。他在动乱前被奥地利警方应美国联邦调查局的请求逮捕,面临被引渡的命运。他掌握着乌克兰主要的传媒和多个电视频道。正是他命令自己的电视频道播发广场上的"血腥"场面,从而扭转了局势。他的倒戈换来了"保释"。此外,乌克兰其他寡头慑于西方制裁,如封闭账号等,也抛弃了亚努科维奇。

乌克兰寡头政治的肆虐断送了国家发展前途,亚努科维奇、季莫申科等政治精英或者与寡头有千丝万缕的联系,或者自己几乎也是寡头。只要乌克兰不能够理顺权力与资本的关系,动荡的局势就不会止息。俄罗斯是依靠普京的强硬路线理顺的,乌克兰可以吗?

当然,乌克兰危机也有国际因素,实际上,这是美国、西方与俄罗斯大博弈的结果。

乌克兰危机导致俄美关系发生严重变化。其原因可以追溯到苏联解体后华盛顿对基辅的态度。

在两极对抗的时代,美国积极支持苏联境内的一切分裂主义情绪,从来没有想到会出现独立的乌克兰国家。当乌克兰作为主权国家出现后,乌克兰在美国对外政策中的地位也彻底改变了。

在美国政治精英看来,乌克兰的主权意味着俄罗斯的彻底削弱——无论是经济上还是政治上。实际上,美国从来都是把乌克兰视为"从俄罗斯脱离出的一部分",是冷战的战利品。20世纪90年代,美国政治精英中形成共识:"没有乌克兰的参与,俄罗斯帝国就不可能复兴。"布热津斯基是这种观点的最主要代表。

此外，意识形态因素对美乌关系的影响也很大。苏联解体对于美国政治精英来说标志着美国在冷战中取得了彻底的不可逆转的胜利，而乌克兰的存在是美国的"胜利标志"。

华盛顿认为，一旦俄乌两个国家开始就有效的经济合作达成协议，甚至具有一体化的倾向，则至少理论上意味着会恢复一个强大的国家联合体，其在特征上很像苏联。

正是由于这些原因，乌克兰，不仅是独立的乌克兰，而且是与俄罗斯关系紧张的乌克兰就成为美国欧洲政策的基石。为了达到这个目标，美国在三个方面采取行动：首先，培植亲美的乌克兰政治精英，乌克兰有许多亲美的非政府组织，其任务就是制造美国需要的社会舆论；其次，美国与西乌克兰的右翼激进运动和民族主义运动积极合作，实际上，正是这些团体在独立广场发挥了决定性作用；最后，华盛顿实施积极的外交努力，使乌克兰和俄罗斯的分裂在制度上不可逆转，为此，给乌克兰提出应签署与欧盟的联系国协议，以便扩大乌克兰与俄罗斯经济合作的分歧。

与此同时，俄罗斯也在做乌克兰的工作。普京的欧亚联盟战略是恢复俄罗斯大国、强国地位的宏伟构想和具体实施的纲领。可是，没有乌克兰的欧亚联盟是不完善的，因此布热津斯基对乌克兰的定位是准确的。俄罗斯认为，没有乌克兰的欧亚联盟是不可想象的。在与美国、西方争夺乌克兰的问题上，俄罗斯有自己独特的优势：传统的文化联系、经济联系和亲近的民族关系，而乌克兰在能源和政治上对俄罗斯的依赖关系是美国乃至西方集团进行任何努力都无法消除甚至削弱的。

这里不能不提欧洲对乌克兰战略的尴尬。欧洲希望乌克兰成为自己与俄罗斯之间的"缓冲国"。欧盟并不希望乌克兰加入欧盟，实现与其经济一体化，因为既做不到，也没有必要。一旦乌克兰加入欧洲一体化进程，欧俄关系将恶化。这是欧洲国家，尤其是波兰不愿意看到的。在这个问题上，欧洲和美国的战略利益并不一致。

在这场史无前例的大博弈中，克里米亚成为这场博弈的特殊棋子。2014年3月16日，克里米亚举行全民公决，结果没有任何意外，绝大多数克里米亚人投票支持加入俄罗斯联邦。乌克兰过渡政权对这件事情的反应只能用

"软弱无力"来形容,美欧虽然高声呵斥并提出一些制裁措施,但是总体只能用"无可奈何"来形容。

乌克兰危机发展到今天已经形成某些结果,这就是:乌克兰失去稳定,丧失领土,经济更加糟糕;美欧与俄罗斯关系恶化;欧洲在为乌克兰危机"买单";俄罗斯得到克里米亚,有效遏制了乌克兰的西化倾向和美欧在独联体地区的势力。乌克兰危机远没有结束,因为导致这场危机的诸因素还存在并在继续发挥作用。但是人们看到,通过乌克兰危机,地缘政治博弈的参与者都在重新思考自己今后在该地区的战略。

乌克兰危机的原因主要来自内部,但是乌克兰危机的解决离不开外部因素的作用。这主要是由于:(1)乌克兰各派政治力量都有国外势力做靠山;(2)乌克兰危机的解决离不开财政经济问题的解决,而这必须有国际援助;(3)陷入僵局的国内政治进程已经导致俄罗斯与西方阵营相互关系的僵局,两个僵局的破解是密切相连的;(4)乌克兰危机是俄罗斯与美国和欧洲地缘政治大博弈的过程和写照,解决这场危机离不开俄美欧间的斗争和妥协。

乌克兰乱局向世人揭示了俄罗斯与西方地缘政治博弈中几个重要的事实:第一,俄罗斯不会放弃在后苏联空间的势力范围,西方也不会停止在遏制俄罗斯崛起方面的努力;第二,美欧由于目前陷入严重的经济困境,不能阻止俄罗斯的振兴进程,俄罗斯也不会屈服于西方的任何压力;第三,美俄在全球安全问题上拥有更大的共同利益,美国不会因为乌克兰问题而与俄罗斯彻底决裂,欧洲与俄罗斯由于经济联系密切,相互依存程度深,不会因为乌克兰问题向俄罗斯施加实质性压力;第四,乌克兰问题表明,俄罗斯主导的欧亚联盟前途相当坎坷,因为乌克兰乱局发展进程对独联体地区的影响是复杂的。

因此,无论围绕乌克兰问题此轮博弈结果如何,只要乌克兰政治进程的国内国外各种因素的实质没有改变,那么在可预见的未来乌克兰不会稳定。俄罗斯与西方的地缘政治博弈还将以人们意想不到的各种方式继续下去。

三 国内政治形势稳中有忧,当局掌控局势有信心

俄罗斯国内政治形势的突出特点是稳定。稳定不仅成为当局治国理念的重

要组成部分，而且成为社会现实，具有相当的可持续性。

俄罗斯稳定有其重要原因或基础。首先是完成了政治转轨，或者说基本完成了政治体制的建设。其主要标志是立法程序健全，选举制度完备，政党体系形成，各主要社会阶层在立法机构中都有自己的代言人。其次是经济转型过程经过剧烈阵痛已基本结束。其主要标志是财产分配或分割过程结束，新的私有者阶层形成，市场经济体系基本建立。最后，社会情绪总体上"思稳惧乱"，有利于当局"分类治理"反对派运动，尤其对媒体的整顿或整合进一步加强了社会舆论导向。

在政治进程方面，2013年俄罗斯决定恢复国家杜马的混合选举制。这个法案于2014年年初通过。[①] 根据2014年2月公布的俄罗斯国家杜马选举法，国家杜马450名议员中的一半（225人）将按照比例制选举产生，即按照各政党的竞选结果产生，而另一半则按照多数制原则竞选产生。所谓多数制原则，就是把全国划分为225个选区，每个选区通过竞选产生一名国家杜马议员，选举法规定，每个联邦主体至少有一个选区，以保证选民利益的代表性。当然，人口稠密的联邦主体将有若干选区。2016年12月，新一届俄罗斯国家杜马就将按照混合制原则选举。

这种政治改革，形式上是弱化或限制了当局对立法进程的控制，给反对派更大的活动空间。人们一想到混合选举制就会想到20世纪90年代俄罗斯政坛的乱象。但是，混合制的回归不会导致20世纪90年代政治乱象的重演。原因很简单，20世纪90年代和21世纪初，俄罗斯政治进程的主导者是金融寡头势力，中央当局控制局势的能力极其有限，因此在单席位选区，往往是资本势力决定选举结果。而今情况大不相同，单席位选区选举进程中发挥决定性作用的显然不是资本的力量，而是行政资源和财政资源，这种状况显然有利于当局维护稳定的战略。因此，俄罗斯国家杜马选举程序的变化不仅不会导致局势混乱，相反，将有利于政治稳定的持续。

俄罗斯也存在不稳定因素，主要表现和原因在于：（1）垂直政治管理体制容易造成官僚主义和腐败的官僚阶层，影响决策的科学性和有效性；（2）经济

---

① Опубликовано в РГ（Федеральный выпуск）N6317 от 26 февраля 2014 г.

结构单一，而且财产聚积在少数富豪手中，经济垄断特征明显，从而导致经济效益低下，贫富差距扩大，居民不满情绪比较普遍；(3) 社会缺乏能够凝聚全体人民的统一价值观或意识形态；(4) 国外势力培植反对派的活动；等等。

众所周知，俄罗斯反对派分为体制内反对派和体制外反对派。对于体制内反对派，即以国家杜马中除统一俄罗斯党以外的议会党团为代表的反对派，对政局稳定不构成威胁，在某种程度上它们甚至是社会稳定的积极因素。而对于实力很弱的体制外反对派，当局在通过了限制其活动的《非营利组织法》和《网络黑名单法》后，还建立了"非营利组织基金"，反对派组织申请后，可以获得资助。据悉，有些体制外反对派组织已经开始接受这样的资助。

这些措施对于约束反对派的活动、维持社会政治稳定具有重要意义。

四 社会经济发展遇难题，破解难题乏手段

2013年俄罗斯社会经济发展具有鲜明的特点，其发展速度和经济增长潜力在专家和业内引起激烈争论。可以说，俄罗斯经济发展到了非常关键的时期，转变经济增长方式已经被非常迫切地提上议程。

国际石油市场行情在俄罗斯社会经济发展中始终具有重要意义，俄罗斯政府预算也是以国际行情作为重要指标的。2013年，即使国际能源市场行情对俄罗斯特别有利，俄罗斯经济增长仍然十分不理想。2013年俄罗斯的经济增长只有1.3%。这个现象引起政府高度重视。

俄罗斯央行行长纳比乌林娜说，俄罗斯后危机时期经济增长的动力是对外经济环境的改善，出口商品价格上涨，出口需求加大。而最近几年无论从实物还是价格指标上评价，增长都稳定住了。央行担心的是，经常性账户上的收入几乎比上年减少一半，这说明，出口在未来几年不会像危机前后那样拉动经济。2011~2012年俄罗斯经济是依靠内需拉动的，现在内需的潜力已经耗尽，刺激内部消费需求只能促进进口和加剧消费信贷泡沫，并加剧通胀。

纳比乌林娜认为，未来几年俄罗斯经济需要大量投资，出口和内需已经无法推动经济。她认为，现在经济增长的主要动力是刺激提高劳动生产率和竞争

力的投资，需要长期投资。为了吸引投资，必须改变经济主体的预期，提高俄罗斯形势的可预测性，降低风险，抑制通胀。①

普京总统对经济放缓且具有可持续性的倾向非常担心，他坦言，"能源已不再是经济增长的源泉"。② 他在2014年2月12日的政府会议上说："无须赘言，原有的增长源泉，如果不是完全枯竭，也是没有以往的效果了。我们始终期待增长、再增长，能源价格提高、再提高。现在价格很好，可是以往的增长没有出现。可以说，潜力已经耗尽了。"③

对于俄罗斯经济在2013年的表现，学术界有不同的解释，争论的焦点在于，2013年的增长速度放缓是暂时现象还是具有可持续性，即可能持续相当长的时间。遗憾的是，大多数专家对此都持悲观态度。

如果关于俄罗斯经济在较长时期内将低速增长的估计是正确的，那么在现实生活中就会产生一系列问题。首先，普京总统在竞选期间和竞选前后阐述的一系列社会政策、强军战略等宏伟目标将失去足够的财政支持；其次，经济形势将直接影响到社会政治稳定，社会不满情绪将再次燃起或加剧；最后，独联体一体化进程，即欧亚联盟的建设进程将放缓，从而影响普京强国战略的实施。

关于俄罗斯经济增速放缓的原因，学术界有不同的解释。俄央行行长纳比乌林娜认为，俄罗斯经济增长放缓不是周期性问题，而是结构性问题——生产率和竞争力低下。④ 这种观点具有相当的代表性。这说明，俄罗斯经济遇到了老问题。结构问题曾经是传统经济模式即苏联经济模式最鲜明的缺陷。

因此，俄罗斯迫切需要寻找新的经济增长点和增长领域。

创新发展道路无疑是摆脱传统经济发展模式的最佳选择，但是如何创新，在哪些行业创新，仍然是争论的话题并且到目前为止似乎仍然停留在话题上。对此，俄罗斯学术界颇有微词。

在寻找新的发展领域、新的经济增长点方面，远东发展问题依然在政府发

---

① http：//1prime.ru/state_regulation/20131008/767723102.html.
② http：//www.energy-experts.ru/news/12394.html.
③ http：//www.energy-experts.ru/news/12394.html.
④ Экспорт и внутренний потребительский спрос в ближайшие годы вряд ли помогут росту ВВП. http：//1prime.ru/state_regulation/20131008/767723102.html.

展计划中占有重要的位置。2014年2月5日,俄罗斯政府召开经济问题会议。总理梅德韦杰夫委托副总理、远东联邦区全权代表特鲁特涅夫督办一件对远东发展具有现实意义的事情:起草一份拟将总部迁往远东的国企名录。这说明,远东作为社会经济赶超型发展的地区定位已经明确,远东发展已经纳入日程。① 把远东和西伯利亚地区的发展作为国家经济社会发展新的增长点,无疑有利于各地区平衡发展,也将给中俄务实合作提供新的机遇。

五 中俄关系顺利前行,"丝绸之路"有交汇

2013~2014年是中俄关系发展的重要年份。2013年3月,习近平同志在召开两会后立刻以国家主席的身份首访俄罗斯。访问获得巨大成功,其标志不仅仅在于访问的安排凸显中俄关系的重要性,更在于访问取得的务实成果。2014年,习近平主席又把俄罗斯作为首访国家,参加了俄罗斯举办的冬奥会开幕式并会见普京总统,与普京总统共谋中俄关系的长远大计。

2013年习主席访问俄罗斯期间,两国首脑签署了《中华人民共和国和俄罗斯联邦关于合作共赢、深化全面战略协作伙伴关系的联合声明》。双方在文件中表示:"将恪守《中俄睦邻友好合作条约》的原则和精神,把平等信任、相互支持、共同繁荣、世代友好的全面战略协作伙伴关系提升至新阶段,将此作为本国外交的优先方向。"正是在这份文件中,两国领导人表示,要实现经济合作量和质的平衡发展,实现双边贸易额2015年前达到1000亿美元,2020年前达到2000亿美元,促进贸易结构多元化。②

2014年年初,习近平主席出席索契冬奥会,再次与普京会面,商谈中俄关系发展中的重大问题。双方重申此前达成的一系列务实合作共识,并提出2014年和2015年为中俄青年友好交流年。此外,两国首脑还决定在2015年共同庆祝世界反法西斯战争暨中国人民抗日战争胜利70周年活动。

---

① Медведев поручил Трутневу подготовить список госкомпаний, переезжающих на Дальний Восток. http://itar-tass.com/ekonomika/986598.
② 《中华人民共和国和俄罗斯联邦关于合作共赢、深化全面战略协作伙伴关系的联合声明》,新华网,2013年3月23日。

2013年，中国外交政策出现一系列"亮点"，其中"丝绸之路经济带"的提出引起巨大反响。9月7日，习近平主席访问中亚期间，在纳扎尔巴耶夫大学演讲时提出，为了使我们欧亚各国经济联系更加紧密、相互合作更加深入、发展空间更加广阔，我们可以用创新的合作模式，共同建设"丝绸之路经济带"。习近平主席同时提出了建设"丝绸之路经济带"的五项原则，即加强政策沟通、加强道路联通、加强贸易畅通、加强货币流通和加强民心相通。①"丝绸之路经济带"倡议提出后，得到周边国家热烈反响。起初，俄罗斯学者对此有不同的理解，甚至误解，主要是担心这个倡议的实施会影响俄罗斯主导的独联体一体化进程，但是经过中俄双方在各个层次的接触和交流，误会消除。习主席与普京总统在索契会见时，俄方表示将积极响应中方建设"丝绸之路经济带"和"海上丝绸之路"的倡议，愿将俄方跨欧亚铁路与"一带一路"对接，创造出更大效益。

2014年5月，俄罗斯总统普京对中国进行访问，两国领导人上半年的两次会面，充分说明了中俄关系的水平。当前，发展中俄关系最迫切的任务是深化务实合作，落实两国领导人在2013～2014年各种场合会见中提出的任务。根据目前两国经贸合作发展势头，很可能今年就会实现两国贸易额达到1000亿美元的目标。但是落实《中华人民共和国和俄罗斯联邦关于合作共赢、深化全面战略协作伙伴关系的联合声明》中提出的各项合作目标，还有许多工作要做。现在发展中俄关系需要的不是思路，不是提出各种新的倡议，而是在务实合作和扫除务实合作过程中存在的障碍方面做实实在在的工作。

---

① "弘扬人民友谊 共创美好未来"——在纳扎尔巴耶夫大学的演讲，http：//politics.people.com.cn/n/2013/0908/c1001-22842914.html。

俄罗斯政治

Политика России

Y.2
2013年俄罗斯政治形势

潘德礼*

摘　要： 2013年俄罗斯社会政治形势总体稳定。面对西方的压力，执政当局从容应对，大力倡导爱国主义，坚决反对外来势力干预俄罗斯民主进程，与此同时也释放出一些安抚反对派的信号。随着一系列措施的实施，反对派抗议浪潮呈衰退趋势。统一俄罗斯党在地方选举中获胜，又一次显示了其政权党的雄厚实力。在2013年即将过去之时，俄罗斯连续发生了几起造成大量人员伤亡的恶性恐怖袭击事件，使人们对俄罗斯当前的社会政治形势又开始担忧起来。尽管面临着复杂的国内外形势，稳定与发展已成为未来几年俄罗斯政治发展的主线，而作为突发事件，恐怖袭击事件显然与民族矛盾有关，有着复杂的历史、民族、社会根源，短时期内很难根除，但不可能动摇俄罗斯社会政治

---

* 潘德礼，中国社会科学院俄罗斯东欧中亚研究所俄罗斯政治社会文化研究室主任、研究员。

俄罗斯黄皮书

稳定的大局。

关键词：

俄罗斯　政治形势　反对派　反腐败　地方选举　恐怖主义

就俄罗斯国内社会政治而言，与举行最近一次国家杜马选举的2011年、举行最近一次总统选举的2012年相比，2013年显得平静无奇。西方和俄罗斯国内反对派期待的经过"王车易位"后普京与梅德韦杰夫之间的不和、分裂并未出现。尽管时常传出普京总统有意解散政府或者撤换政府总理的传闻，但现实做出了最好的回应，关于普梅不和的传闻已不再吸引人们的眼球。在社会政治方面，民心思定，在执政当局各种应对措施全面实施的背景下，2011年年底反对派积极策动的社会抗议活动在2013年已近尾声。在恢复地方行政长官直接选举后，统一俄罗斯党在选举中再次显示了雄厚的实力，普京领导的全俄人民阵线运动——"人民阵线——为了俄罗斯"成为社会各阶层与执政当局、总统对话的一个新的平台。2013年年底在伏尔加格勒连续发生的恐怖袭击事件，在造成重大人员伤亡的同时加剧了执政当局和俄罗斯民众对民族问题的担忧。与俄罗斯有着千丝万缕联系的兄弟邻国乌克兰的政局动荡，在激励俄罗斯国内反对派的同时更激发了普通俄罗斯民众的民族主义、爱国主义情绪，也使执政当局更加谨慎对待来自外部的威胁。总之，2013年执政当局、普京总统的社会支持率保持在较高水平，稳定与发展的主旋律没有遭遇太大的挑战。

一　民心思定，政局稳定

自从普京接替叶利钦接掌俄罗斯国家最高权力以来，以美国为首的西方阵营一直对其心存芥蒂，不时对普京治理下的俄罗斯品头论足。在他们看来，普京作为一个强势总统，早已偏离了俄罗斯政治发展应循的"民主发展轨迹"，特别是普京表现出的重振俄罗斯雄风、振兴俄罗斯的势头更是他们所看不惯的，指责这些是试图恢复苏联，是"冷战思维"，抱有"帝国野心"，等等。

2013年俄罗斯政治形势

2013年俄罗斯政治发展的状况表明，对于原苏联加盟共和国及东欧地区的转轨国家来说，外来干涉是引起国内政局变化甚至动荡的重要因素，但绝不是决定性因素。经过俄罗斯执政当局的慎重应对，2011年年底反对派因对国家杜马选举结果不满而掀起的大规模抗议浪潮，到2013年已成强弩之末。尽管反对派从未停止对执政当局特别是普京总统的攻击，但其显然已成退潮之势。2013年11月与俄罗斯有着密切联系的重要邻国乌克兰国内的反对派在西方势力或明或暗的鼓动下对政府发难，造成流血事件，政局动荡，政治形势逐渐向有利于反对派的方向发展。就是在这种情况下俄罗斯的反对派也未能从中得到多少好处，起码没有能够借机掀起新的波澜，其中民心无疑是最关键的因素。苏联解体以来俄罗斯民众中普遍存在的民族屈辱感，在面临美国等西方国家的巨大压力下反应更为强烈。近年来，随着俄罗斯社会政治局势趋于安定，国家实力得到恢复、增强，加之执政当局大力弘扬爱国主义，高度重视防范来自外部势力的颠覆活动，使得反对派的活动空间备受挤压。

显而易见，叶利钦执政时期俄罗斯政治混乱的重要原因当然是国家政权软弱、执政精英钩心斗角、地方势力坐大，而其中最重要的是寡头政治的危害。掌握了国家经济要害部门、拥有巨大经济实力和财富的寡头们在攫取国民财富的同时，必然要对国家政治发展施加影响——这就是寡头干政。对照叶利钦时期的情况不难看出，如今俄罗斯的社会政治形势发生了根本变化，经过普京执政以来的治理整顿，俄罗斯寡头遭受最严厉的打击，或者锒铛入狱，或者客死他乡[①]。不言而喻，截断了反对派的经济来源，其活动便大受限制，也正是如此，俄罗斯当局以法律为依据对境外各种名目的资助、基金、非营利组织的活动严加控制的目的和思路也就显得十分清晰了。

在民心思定的大背景下，反对派的"街头政治"逐渐失去吸引力。而执政当局也不失时机地显示出"宽容"、大度，其实更多的是显示出自信：12月19日亿万富翁米哈伊尔·霍多尔科夫斯基被大赦出狱；在2013年9月的瓦尔代会议上普京总统邀请著名反对派人士、国家杜马前副主席雷日科夫对自己提

---

① 2013年3月23日俄罗斯亿万富翁、叶利钦时期俄罗斯七大寡头之一、曾任国家安全会议副秘书的鲍里斯·别列佐夫斯基客死伦敦。

问，开启了国家首脑与反对派人士间"历史性"的公开对话，等等。当然，执政当局也绝不会放松警惕，不会任由反对派势力自由发展壮大。法律是当权者最有力的工具，2013年，十分活跃的自由派分子阿列克谢·纳瓦尔尼被判刑五年。不难看出，与叶利钦时期相比，如今的俄罗斯在普京的领导下已经发生了根本性的变化——执政基础牢固、三大权力机关（立法、行政、执法）之间关系融洽、上层精英团结、地方权力机关服从联邦政府，在此状态下，反对派难成气候也就在情理之中了。

结束了"梅普组合"，俄罗斯重归宪法正统——"超级总统制"，人们曾经一度十分关注"王车易位"后普京和梅德韦杰夫之间的关系，西方政治家和俄罗斯国内反对派更是乐此不疲，不断"发掘"普京和梅德韦杰夫的差异和矛盾，不时爆出普京即将解散政府或政府总理易人的"猛料"，然而他们所期盼的事情在2013年并未发生，总统与总理的关系依旧。如今关于普京和梅德韦杰夫关系的传闻已无多少吸引力了。

二 稳步改革，强化政权建设

转轨以来，俄罗斯的贪腐问题一直是民众极为不满、反对派借以生事的大话题。根据"透明国际"2013年12月3日公布的2013年全球腐败指数排行榜，俄罗斯仍属于腐败程度严重的国家，得分仅为28分，在177个国家中俄罗斯排名第127位。不能说俄罗斯政府不重视、不尽力，反腐败斗争一直是历届政府极为重视的问题。普京总统在2012年12月12日的国情咨文中明确提出，政府官员及其家属不应拥有国外账户。2013年5月普京总统签署的《禁止国家官员及其配偶和未成年子女拥有海外资产法》生效，该法律规定政府官员和国企高管中拥有国外账户者必须关闭账户，拥有外国发行的有价证券者必须割让，否则将被停职、免职或辞退。

2013年12月4日普京总统签署《有关成立俄罗斯联邦总统下属反腐管理局的命令》，任命奥列格·普洛霍伊为该局局长。反腐管理局的主要任务是确保总统反腐政策的落实、监督反腐法律法规的执行、为总统提供专业意见等。该局负责核查官员的收入、支出和财产信息。

严刑峻法未必能够根本解决长期困扰俄罗斯的官场腐败问题，但这起码表明了执政当局的态度和决心，肯定会对整个官僚阶层起到一定的威慑作用，在一定程度上恢复民众对政府反腐斗争的信心，有助于提高政府的威信。

在党派竞争方面，2011年国家杜马选举结果表明，俄罗斯党派格局、政治力量对比发生了一些新的变化。尽管统一俄罗斯党一党独大的局面难以动摇，但作为政权党，该党在国家杜马中的席位大幅减少——失去了上一届国家杜马中占据2/3宪法多数的优势地位。其实早在此前俄罗斯执政精英就考虑到扩大支持政府的社会基础的问题，2011年5月，时任政府总理和统一俄罗斯党主席的普京倡议成立了超党派的政治联盟——全俄人民阵线，这显然是在为普京重返俄罗斯总统职位准备社会支持力量。而在普京再次当选俄罗斯总统后，该联盟几经变化到2013年6月12日召开成立大会时更名为"人民阵线——为了俄罗斯"，普京总统作为唯一候选人当选该联盟最高领导人。

普京在成立大会上说，全俄人民阵线应该成为真正意义上的全俄组织，成为能汇聚不同人群和不同观点的平台，使大家讨论并找到解决问题的合理方案。该社会运动的定位值得注意，它并未像一些分析家所想象的那样成为另一个政权党，或者在统一俄罗斯党影响下降时成为该党的替代者。就目前情况看，全俄人民阵线作为社会运动不会对俄罗斯现有的政党格局造成影响，显然执政当局也不希望它成为政权党——统一俄罗斯党的又一个竞争者，而是希望它成为总统及执政上层与各方社会力量沟通、交流的又一个平台。

2013年9月8日，俄罗斯迎来了一年一度的地方行政长官和立法机关的选举。此次地方选举规模空前：在俄罗斯联邦83个联邦主体中只有圣彼得堡市、印古什共和国、卡巴尔达-巴尔卡尔共和国三个联邦主体不进行选举。其余80个联邦主体举行了七千多场选举，以选出各级地方行政长官和议员，其中莫斯科市、莫斯科州等八个联邦主体选举地方行政长官（共和国总统、州长、市长），车臣共和国、伊尔库茨克州等16个联邦主体举行地方议会选举。①

---

① 关于2013年俄罗斯地方选举的情况，详见本书"制度变革下的2013年俄罗斯地方选举"一文。

此次俄罗斯地方选举的特点,首先在于这是继2004年取消地方行政长官直接选举产生制度后进行的第一次直接选举。其次,这是在2012年俄罗斯执政当局放宽了政党注册登记限制之后进行的地方选举,参加各级选举的政党数量自然十分可观,共有54个注册政党提出了自己的候选人。政权党,即国家杜马第一大党——统一俄罗斯党当仁不让,有意争夺96.5%的待选席位。俄罗斯共产党、自由民主党和公正俄罗斯党等主要政党也不甘示弱,积极参与地方选举竞争。

在地方选举中,最令人关注的是莫斯科市长选举,在此之前由普京任命的莫斯科市长索比亚宁于6月5日提前退职、准备参加新一轮市长选举,以示公平竞争。

选举结果仍然是政权党——统一俄罗斯党大获全胜,在11个地区地方行政长官的选举中,该党候选人在十个地区获得连任,包括莫斯科市长索比亚宁,而只有普罗霍罗夫领导的公民纲领党候选人、反毒品人士罗伊兹曼以33.25%的选票当选俄罗斯第四大城市叶卡捷琳堡的市长。一切尽在掌控之中,在野党、反对派人士在个别地方选举中当选并不能改变统一俄罗斯党一党独大、执政当局全面掌控的局面,而这其中似乎也有执政当局释放的一种信号:和解、合作、公平竞争、共同发展是反对党的出路,对立、对抗则毫无出路。

三 民族问题凸显,恐怖主义阴影挥之不去

在俄罗斯领导人看来,俄罗斯基本制度建设工作业已完成,今后要做的主要是发展经济、改善民生、振兴国家的具体工作。而在苏联解体过程中出现的车臣问题一直是困扰俄罗斯的一大难题,经过1994～1996年、1999～2000年两次车臣战争,联邦军队最终消灭了车臣非法武装,联邦中央对该地区实行了有效的控制。但战争确也留下了严重的后遗症,恐怖主义活动便是其中危害最大的一个。在车臣及整个北高加索地区恐怖主义袭击事件仍然时有发生,破坏了一些地区的稳定与和谐,但在护法机关的严厉打击下,恐怖袭击数量近年来呈下降趋势。

2013年12月29～30日,俄罗斯南部城市伏尔加格勒遭到恐怖分子的袭

击，在火车站和无轨电车上接连发生两起爆炸。这显然与当时即将举行的索契冬季奥运会有关——恐怖主义分子妄想借此制造社会紧张气氛，引起国际社会而主要是西方国家的关注，并破坏联邦政府的威信。从另一个侧面看，在俄罗斯总体社会政治形势稳定的背景下，恐怖主义分子处于绝望困境，也有做"最后一搏"的成分。

频频发生的恐怖活动的另一个危害是，这不可避免地会加剧俄罗斯各民族间尤其是俄罗斯族民众对车臣及高加索各民族的猜忌和过度防范甚至敌视，从而导致大俄罗斯民族主义、排外情绪蔓延，对社会和谐造成伤害。

Y.3 制度变革下的2013年俄罗斯地方选举

李雅君*

摘　要： 在恢复地方行政长官直选、扩大政党数量和参选规模的条件下，俄罗斯2013年地方选举的过程并没有出现人们预想的党派之间的激烈竞争，选举的结果也没有改变统一俄罗斯党（简称统俄党）占据各级地方政权机构绝大多数席位与行政职位的局面。普京2012年以来实行的制度改革，并没有使俄罗斯目前的政治生态出现大的改观，现政权对统俄党"制度扶持"的效应依然存在，普京第三任期内统俄党"一党独大"的局面仍将难以根本打破。因而，能否在保持社会稳定发展的同时，真正满足社会不同阶层政治发展的需要，将是对普京政权维持其执政合法性与扩大民众基础的最大挑战。

关键词： 俄罗斯　地方选举　政治生态　统一俄罗斯党

随着普京第三次入主克里姆林宫，2011～2012年选举周期出现的社会政治骚动渐渐归于沉寂。总统选举后，普京政府推出的以恢复地方行政长官直选、扩大政党数量与参选规模为主要内容的一系列制度性改革和政策调整，将民众对国家政治生活的关注点从联邦一级选举转移到各级地方权力机构选举上。反对派主导的各种社会运动也逐渐失去了活力，政治形势的发展迫使他们

---

* 李雅君，中国社会科学院俄罗斯东欧中亚研究所俄罗斯政治社会文化研究室副主任、研究员。

不得不改变行动目标,将组建新党与办理政党登记手续,以及参与各级地方选举作为自己的近期政治目标。由于国家杜马议员和总统任期延长,俄罗斯下一个选举周期要到2016~2018年,这期间每年一次的地方选举就成了俄罗斯民众参与国家政治生活的唯一途径,这也是2012年秋季地方选举和2013年9月地方选举引起俄罗斯社会广泛关注的主要原因之一。

继取得2012年地方选举绝对胜利后,统俄党在2013年的地方选举中继续保持领先地位。尽管有大量新党参选,但整个选举的过程并没有出现人们预想的党派之间的激烈竞争,选举的结果也完全没有改变统俄党占据各级地方政权机构绝大多数席位与行政职位的局面。本文以2013年地方选举为参照物,试图对俄罗斯的政治生态现状进行一些具体分析。

一 选举前的制度调整

自2012年6月通过《有关恢复地方行政长官直选法》后,俄罗斯国家杜马于2012年9月和2013年3月又针对地方选举,专门审议和通过了两项补充法律。

第一项是《有关实施统一选举日的法律》。该法是2012年9月由国家杜马审议并通过的。根据该法,自2013年起,俄联邦主体地方权力机关与地方自治机关的选举日定为每年九月的第二个星期天,若这一天恰好与节假日、节假日的前一天或后一天重叠,则选举日顺延到第三个星期天。由于该项法律的实施,今后俄罗斯的地方选举将由以前的每年两次(春季、秋季)选举,改为每年一次(夏季)选举。①

第二项是《有关联邦主体自行决定地方行政长官选举方式的法律》。该法案最早是2012年年底由北高加索地区的部分地方领导人提出来的,并得到了普京总统的支持。2013年年初,杜马12位议员联名提出相关法案供杜马讨论。经过反复修改、审议,2013年3月22日,国家杜马三读以305票对93票

---

① 2012年10月2日,有关更改地方选举统一选举日的相关条款被写进了《俄联邦公民选举权及参与全民公决权基本保障法》(«Об основных гарантиях избирательных прав и права на участие в референдуме граждан Российской Федерации»)。

通过了这一法案。根据该法，联邦主体权力机关有权放弃行政长官直选制，改由地方议会代表选举地方行政长官。该法规定，一旦联邦主体决定不实行地方行政长官直选，则进入该联邦主体地方议会或国家杜马的政党，有权向俄罗斯总统提出本党三名地方行政长官的人选，俄罗斯总统可以从这些候选人名单中挑选三名候选人提交该联邦主体地方议会审议，最后再由地方议会代表从这三名候选人中推选出一位担任该联邦主体的地方行政长官。该法还规定，获得政党提名的行政长官候选人，在候选人名单提交俄罗斯总统之前，须撤销其海外的所有银行账户，断绝其所有的国外资产。2013年4月2日，普京总统签署了这一法律，该法正式生效。

据政府相关部门提供的信息，2013年俄罗斯将有十个联邦主体的领导人任期届满，按规定，这些联邦主体都应该在9月8日的统一选举日进行地方长官的直选，其中北高加索地区的达吉斯坦共和国和印古什共和国也位列其中。然而，4月2日《有关联邦主体自行决定地方行政长官选举方式的法律》生效后，4月18日，达吉斯坦共和国议会率先通过了《有关修改共和国宪法》与《有关取消共和国总统直选的法律》，宣布将共和国总统的直选改为在共和国议会内由议会代表选举产生。① 4月24日，印古什共和国议会也紧随其后，通过了一个类似的法律，宣布取消共和国总统直选，改为在议会内进行选举。按照自行决定行政长官选举方式的法律规定，如联邦主体选择在地方议会内部选举行政长官，则选举日期可以与现任领导人任期届满的日期相一致。也就是说，已经宣布放弃共和国总统直选的达吉斯坦共和国和印古什共和国，可以根据各自的实际情况，自行决定在地方议会内选举共和国总统的日期，而不限于在9月8日的统一选举日内举行选举。② 这样，达吉斯坦共和国和印古什共和国就成为第一批自行决定放弃地方长官直选制的联邦主体。

以上两项补充法律的出台，显然有利于联邦政府对地方选举进程的掌控和

---

① Парламент Дагестана принял закон, отменяющий прямые выборы главы региона http://www.cis-emo.net/ru/news/parlament-dagestana-prinyal-zakon-otmenyayushchiy-pryamye-vybory-glavy-regiona.

② Парламент Ингушетии отменил прямые выборы главы республики. http://lenta.ru/news/2013/05/08/ingush/.

调整。首先，地方选举由一年两次改为一次，既可以为政府组织竞选活动节约大量经济和人力成本，也可以在目前政党数量增大、政府反对派大量参与地方选举的条件下，防止因地方竞选活动过于频繁而影响社会稳定。其次，允许联邦主体自行决定是否直选地方长官，是普京政府在全面恢复地方长官直选制后一种特意的政治安排。在必要时，联邦政府可以利用这一法律，借助统一俄罗斯党在地方议会中的优势地位，收回个别"不驯服"地区或者某些民族分离倾向尚存、社会尚不稳定的北高加索地区领导人的直选。这一点很快就得到了印证：2013年第一批提出放弃行政长官直选的两个联邦主体，正是来自北高加索地区的达吉斯坦共和国和印古什共和国。

在议会审议以上两项法律的过程中，俄罗斯社会各界出现了广泛争议。部分反对派政党和新登记的小党对实施一年一次统一选举日的规定表示了不满。他们认为，将一年两次的地方选举合并为一次举行，所有参选政党的竞选活动被限定在6~8月的夏季展开，相对减少了参选政党竞选宣传的时间。因为按照俄罗斯选举法的相关规定，参选政党（候选人）应在选举日的前三个月开始竞选宣传，竞选期间还可获得国家一定的竞选资金支持。而减少竞选次数，各参选政党也就失去了一次可以免费进行竞选宣传的机会，尤其对一些小党和新党来说，参与各种竞选活动是他们可以直接接触选民、宣传本党纲领和主张的唯一途径。此外，将各种级别的地方选举活动集中在一天举行，客观上也会扩大选举的竞选规模，这自然给许多小党和新党参与和组织本党的竞选活动造成资金和人员方面的困难。应该说，这种情况已有所显现。例如，在本次地方选举中，尽管在中央选举委员会登记参选的政党数量达到了54个，但每个联邦主体内实际参选的政党却平均不足十个，且基本上是一些大党和老党。而反对《有关联邦主体自行决定地方行政长官选举方式的法律》的人认为，尽管这项法律考虑到了地区差异和民族地区的特殊情况，但它的实施将会破坏国家共同的法律空间，是一种"变相的任命制"。①

---

① Есть варианты: Депутаты правят законопроект, отменяющий прямые выборы губернаторов. http://www.rg.ru/2013/03/12/zakonoproekt.html.

俄罗斯黄皮书

二 2013年地方选举：难以突破的瓶颈

按照俄罗斯联邦宪法和联邦相关法律的规定，俄罗斯的地方选举主要分为：联邦主体地方行政长官和地方代表权力机关（地方议会）代表选举，联邦主体内的行政中心城市（首府）市长与市代表机关（市议会）代表选举，以及联邦主体内各区（市）、市（县）的地方自治机构领导人和自治机构代表选举。

根据新的"单一选举日"法，2013年地方选举的统一选举日被确定为9月8日。与往届选举相比，2013年地方选举的竞选规模和参选政党的数量都有很大增加。

俄中央选举委员会公布的数字显示，2013年9月8日当天，在全国83个联邦主体中，除印古什共和国、卡巴尔达-巴尔卡尔共和国和圣彼得堡市没有举行任何选举活动外，其他80个联邦主体①的4.6万多个选区内，共举行了6861场不同级别的地方选举，参加投票的选民达到了5300万，登记参选各类竞选活动的候选人总数达到了104499人，最终共选举出了41476名各级代表机关代表与各级执行权力机关领导人，其中包括：八名联邦主体的地方行政长官、825名联邦主体地方议会议员；八名联邦主体中心市（首府）市长、425名联邦主体行政中心代表机关代表；230名区（市）级领导人、5922名区（市）代表机关代表以及2125位市（县）级领导人。②

自2012年出台有关简化政党登记手续的法律后，俄罗斯在短短的一年多时间内就出现了大量新党③。此次地方选举中，共有54个注册政党提出了自己的候选人，比2012年秋季选举时的23个参选政党增加了一倍多。但如果从提名候选人的数量来看，此次地方选举中仍以四个议会政党——统俄党、俄罗斯共产党、自由民主党和公正俄罗斯党的候选人为最多（总共有六万多人），

---

① 2012年秋季地方选举时，在全国83个联邦主体中有78个举行了选举活动。
② 本文有关2013年地方选举的所有相关数据，均根据俄罗斯中央选举委员会官方网站发布的数据整理而成。参见：http://www.cikrf.ru/banners/vib_arhiv/electday/vib_080913/vib.html。
③ 截至2013年9月27日，在俄罗斯司法部登记的政党达到了73个。

占了所有参选候选人总数的60%以上,其中由统俄党提名的候选人为40098人,占所有参选候选人总数的38%,且他们共参加了全国96.5%的待选席位的争夺;俄罗斯共产党、自由民主党和公正俄罗斯党提名的候选人分别为8208人、9471人和6371人,分别参与了全国21%、23%和15%待选席位的竞选。而其余50个参选政党提名的候选人的总和,仅占所有候选人总数的16%,参与了40%待选议席的竞选。相比较而言,此次地方选举中独立候选人的比例有了大幅提高,占到了候选人总数的20%左右。这些独立候选人分别参与了全国50%以上待选议席(尤其是行政长官和市长、区长等职位)的竞选。

在9月8日的选举中,联邦主体一级行政长官选举和地方议会选举最为引人关注。其中,在八个联邦主体举行了地方长官选举,有三个联邦主体属于经济发达、人口众多的中央联邦区(弗拉基米尔州、莫斯科州和莫斯科市),五个联邦主体属于人口相对稀少、经济欠发达的远东联邦区(楚科奇自治区、哈巴罗夫斯克边疆区和马卡丹州)和西伯利亚联邦区(外贝加尔边疆区和哈卡斯共和国)。参加这次地方长官选举的政党共有12个(统一俄罗斯党、俄罗斯共产党、自由民主党、公正俄罗斯党、爱国者党、亚博卢党、右翼力量党、社会公正共产党、俄罗斯共产党人党、公民力量党、公民立场党、俄罗斯共和党—人民自由党),它们分别提出了38名候选人,另有两名独立候选人也获得登记参加了竞选,平均每个行政长官职位有五名候选人参选,候选人数量几乎是2012年选举时的两倍。

竞争最激烈的当属莫斯科市市长的选举。这是近十年来莫斯科举行的第一次市长直选,整个选举的过程也是一波三折,引起了社会上的不少争论和猜测,被认为是2013年俄罗斯国内最重大的政治事件之一。2013年6月5日,莫斯科市市长、统俄党成员谢尔盖·索比亚宁突然宣布辞去市长职务,并表示准备参加新一届莫斯科市长选举。实际上,索比亚宁的市长任期要到2015年才结束,年初他还公开表示不会考虑提前举行莫斯科市长的选举。索比亚宁的辞职请求很快就得到了普京总统的批准,同时他被任命为莫斯科市代市长,直至选举结束。6月7日,莫斯科市议会通过了于9月8日举行市长提前选举的决议,竞选活动也随即开始。显然,索比亚宁的提前辞职和莫斯科市长的提前选举,对索比亚宁的竞争对手是一个不小的打击,他们已经没有足够的时间全面开展竞选活动。最终获得登记参加莫斯科市长选举的候选人共有六个：代市长索比亚宁、俄罗斯共和党—人民自由党领导人阿列克塞·纳瓦尔尼、俄罗斯共产党副主席伊万·梅尔尼科夫、公正俄罗斯党主席尼古拉·列维切夫、亚博卢党领导人谢尔盖·米特罗欣和自由民主党的米哈伊尔·狄格特亚耶夫。在这些候选人中，索比亚宁最主要的竞争对手是俄罗斯著名的"反腐败斗士"、政府反对派领袖阿列克塞·纳瓦尔尼。参选前，纳瓦尔尼因涉嫌犯有侵吞财产罪而受到了检察院的起诉并被判五年监禁，但于当天又被准许保释，让他可以继续开展竞选活动。有分析人士认为，这次的莫斯科市长选举不仅是纳瓦尔尼与索比亚宁之间的对决，也是俄罗斯反对派与俄罗斯政府之间的直接较量，因而检察院的做法很可能是迫于国内国外反对派的压力，也可能是为了显示莫斯科市长选举的公正性。获得保释后，纳瓦尔尼积极参加了竞选活动，频频在莫斯科各种场合露面，每天发表多场演讲，呼吁选民为他投票，竞选场面十分热烈。竞选期间，每位候选人在"莫斯科24"电视台的专门频道都获得了60分钟的竞选宣传时间。① 但最终选举结果，索比亚宁在第一轮投票中获得51.33%的选票，顺利当选，纳瓦尔尼获得27.27%的选票，列居第二。②

地方行政长官选举的结果没有出现任何意外。在所有八个地方行政长官的选举中，全部由总统在选举前任命的代理行政长官获得。除莫斯科外，统俄党推举的候选人在其余七个联邦主体中的六个行政长官选举中，均以高票当选，其中有四位属于竞选连任成功的，得票最高的是莫斯科州候选人、前州长安德烈·沃罗比约夫（得票率为78.94%），其次是弗拉基米尔州的候选人、前州长斯韦特兰娜·奥尔洛娃（得票率为74.73%）。唯独在外贝加尔边疆区，由于统俄党没有参选，行政长官一职被公正俄罗斯党的候选人所获得。

在16个联邦主体（巴什科尔托斯坦共和国、布里亚特共和国、卡尔梅克共和国、萨哈共和国、哈卡斯共和国、车臣共和国、外贝加尔边疆区、阿尔汉格尔斯克州、弗拉基米尔州、伊万诺沃州、伊尔库茨克州、克麦罗沃州、罗斯

---

① Дебаты кандидатов в мэры Москвы стартуют на телеканалах 12 августа. http：//ria.ru/society/20130730/952960884.html.
② ВЦИОМ прогнозирует победу С. Собянина в первом туре выборов мэра. http：//top.rbc.ru/politics/14/08/2013/870138.shtml.

托夫州、斯摩棱斯克州、乌里扬诺夫斯克州和雅罗斯拉夫尔州)举行的地方议会选举中,共有47个政党提出了竞选名单,由各党派推举的候选人和独立候选人共计14178个(其中独立候选人为205人),而由新党推举的候选人占了候选人总数的一半以上。在选举方式上,有14个联邦主体采用的是混合制选举法,车臣共和国和卡尔梅克共和国全部采用比例代表制;有四个联邦主体为政党进入议会设置的门槛线为5%,其余12个联邦主体仍沿用了7%的规定①。根据中央选举委员会最终的统计结果,在此次地方议会全部825个席位(其中包括378个单席位)的争夺中,统俄党共夺得636席,平均得票率为77%(其中在车臣共和国的得票率高达90.2%),另外三个进入国家杜马的政党共获得141席(俄罗斯共产党72席、公正俄罗斯党37、自由民主党32席)。仅有三个反对派政党在三个联邦主体的地方议会选举中以微弱优势越过了5%的门槛(爱国者党在卡尔梅克共和国议会选举中获得5.77%的选票,公民纲领党在伊尔库茨克州议会选举中获得8.5%的选票,俄罗斯共产党人党在哈卡斯共和国议会选举中获得6.44%的选票),共获得27个议席。独立候选人获得20席。

此外,9月8日当天,在八个联邦主体的首府(彼得罗扎沃茨克、阿巴坎、哈巴罗夫斯克、符拉迪沃斯托克、沃洛格达、沃罗涅日、诺夫哥罗德、叶卡捷琳堡)举行了市长选举;在12个联邦主体的首府(麦科普、雅库茨克、克孜勒、阿巴坎、克拉斯诺亚尔斯克、阿尔汉格尔斯克、别尔哥罗德、伏尔加格勒、诺夫哥罗德、梁赞、叶卡捷琳堡和秋明市)举行了市议会选举。选举结果,统俄党战胜所有其他政党,取得了全部12个联邦主体市政中心议会中的绝大多数席位。在八个联邦主体的首府市长职位的争夺中,除了叶卡捷琳堡市市长一职被反对派政党公民纲领党候选人列·罗伊兹曼获得、彼得罗扎沃茨克市市长一职由得到亚博卢党支持的独立候选人希尔申娜获得外,其他六个首府的市长职位均被统俄党候选人所获得。

与此次地方选举的竞选规模和参选政党数量极不相称的,是选民极低的参选率。据统计,八个行政长官选举的平均参选率为34.36%,最低的是弗拉基

---

① 根据2008年选举法修正案,议会选举中获得5%~7%选票的政党,可以在议会中得到1~2个席位。这一条也适用于地方议会选举。

米尔州（28.52%），最高的是楚科奇自治州（64.44%）；16个联邦主体地方议会选举的平均参选率为43.52%，其中伊尔库茨克州、阿尔汉格尔斯克州、弗拉基米尔州和斯摩棱斯克州的参选率都不足30%；联邦主体首府市长和市议会选举的参选率则更低，分别为27.37%和25.81%。即使在人口最稠密、竞选最激烈的莫斯科市市长、莫斯科州州长和叶卡捷琳堡市市长的选举中，选民的参选率也都只有30%左右。①

选举结果公布后，面对统俄党的再次大获全胜，民众的注意力也被集中到统俄党和现政权是否对选举结果实行了操纵的问题上，但并没有相关组织提出直接的证据。据俄罗斯媒体报道，选举当天有42个政党和候选人指定的近八万名选举观察员对此次选举的过程进行了监督。尽管一些观察员表示，在莫斯科州等地发现了个别违法宣传和舞弊现象，但并没有发生重大的违规情况。②选举结束后的第二天，俄罗斯中央选举委员会副主席列·伊夫列夫表示，9月8日的地方选举一切顺利。当日，俄罗斯总理梅德韦杰夫也认为，9月8日的选举是在真正的政治竞争环境下举行的。

从2013年地方选举的整个过程和选举结果来看，尽管有大量新党和反对派政党候选人参选，但地方各级权力机关中的大多数席位仍被四个议会大党所控制，统俄党更是稳稳地占据着地方议会第一大党的位置和几乎所有地方行政长官的职位，自2007年以来形成的"一党独大、多党陪衬"的政党格局在此次地方选举中也表现得更加稳固。

三 从2013年地方选举看俄罗斯政治生态现状

如果说2011～2012年选举周期发生的社会抗议浪潮反映了民众对选举不公与当下俄罗斯政治缺乏竞争的不满，那么在恢复了地方长官选举制度与放宽了政党登记制度以后，2012～2013年两次地方选举的选举过程和选举结果，

---

① 资料来源：俄罗斯中央选举委员会官方网站，http：//www.cikrf.ru/banners/vib_arhiv/electday/vib_080913/vib.html。
② 俄中选委："俄顺利举行地方选举未发生重大违规情况"，http：//rusnews.cn/eguoxinwen/eluosi_shehui/20130909/43859052.html。

并没有对统俄党在地方权力体系中的统领地位造成威胁,反对派主导的、由城市中产阶级和知识分子参与的社会运动也渐渐失去了活力。尽管反对派领袖把赢得叶卡捷琳堡市市长和彼得罗扎沃茨克市市长选举看作是对政权党的胜利,但他们也承认大多数反对派领袖的民意支持率还非常低。

透过2013年地方选举这一参照物,我们也可以窥探出目前俄罗斯政治生态的一些特点。

1. 普京对政权党的"制度性扶持"效应仍在起作用

以制度建设规范政党活动,继而服务于政权利益,是普京当政以来最主要的政治手段之一。在普京执政的前两个任期,普京着力推动了一系列明显带有扶持政权党意图的制度改革,成功地打造了一个议会中的政权党。从2001年起,在普京的倡议下,国家杜马通过了《俄罗斯政党法》、新的《国家杜马代表选举法》和《俄罗斯政府法修改法》等联邦法律,严格规范了政党组成的形式、规模和方式,去除了大量中、小政党,国家政治生活中只保留了十几个党员人数在四万人以上的大党和老党;将参选政党进入议会的门槛线由5%提高到7%,在议会选举中全面推行"比例代表制",严格禁止政党或政治联合组织组建"竞选联盟"参加选举,将一些缺乏选民基础的右翼政党挡在了议会门外;允许政府官员直接参与政党活动和议会活动,为政府监督与领导政党的活动创造了条件。与此同时,普京还利用自己的个人威望公开支持统俄党,帮助统俄党在2003年杜马选举中取代俄共(俄罗斯共产党简称)成为议会第一大党。在2007年第五届杜马选举中,普京又亲自领导统俄党参选,最终促成统俄党获得了议会2/3以上的宪法多数席位。

针对统俄党在地区选举中成绩不突出的问题,从2003年起,普京又从改革地方选举体制入手,将比例代表制推广到地方议会中,规定各联邦主体及地方自治立法机关的一半席位或者立法机关两院中的一院应该按照比例制原则选举产生。① 2006年,重新修订了《俄联邦公民选举权利及参与全民公投权利基本保障法》的部分内容,严格规定:不允许一个政党在竞选名单中加入其他

---

① Федеральный закон «Об основных гарантиях избирательных прав и права на участие в референдуме граждан РФ».

党派的成员；候选人在当选为议会代表后，不能脱离其参选时所在的党而另投他党；完全取消了各级选举中的"反对所有人"选项；取消了对选民参选率的最低限制等。这些法律规定进一步限制了中、小政党联合或合作参选的可能性，却大大增加了统俄党在选举中的总票数比例，起到了保护统俄党自身选举优势的作用。到2007年，能进入国家杜马和地方议会的只有统俄党、俄共、自由民主党和公正俄罗斯党四个政党。自2008年地方选举以来，统俄党连续在大多数地方选举中赢得绝对多数席位，所获得的平均总席位达到了70%以上，遥遥领先于俄共、自由民主党和公正俄罗斯党等其他三个议会政党（见表1）。

表1 俄罗斯四个议会政党在地方各级权力机关选举中获得的总席位百分比

单位：%

时间 \ 政党	统一俄罗斯党	俄罗斯共产党	自由民主党	公正俄罗斯党
2008年3月	73.2	9.8	3.9	3.9
2008年10月	76.6	6.3	4.4	5.9
2009年3月	73.0	10.0	3.6	6.0
2009年10月	79.3	14.1	1.5	5.2
2010年3月	68.0	13.0	8.2	7.8
2010年10月	76.2	11.2	4.6	6.5
2011年3月	68.4	12.6	5.9	9.0
2012年10月	78.7	9.8	2.2	4.3
2013年9月	78.7	9.8	2.2	4.3
平均总席位数	74.1	8.7	3.9	5.5

注：表中数据为四个议会政党在2008~2013年联邦主体代表机关和地方自治机关选举中所获总席位百分比。

资料来源：俄罗斯中央选举委员会网站，http：//www.cikrf.ru/banners/vib_arhiv/electday/vib_080913/vib.html。

2004年年底，普京提出取消联邦主体行政长官直选，改为由总统提名、地方议会批准，这被认为是提升统俄党影响力的又一项改革措施。最初，新的地方行政长官人选是由各联邦区总统代表负责推荐，再由普京从中筛选的。2006年，普京签署了《有关联邦主体立法机关和执行机关组织总原则的修正案》，将行政长官人选的提名权赋予了进入地方议会的政党。2009年，梅德韦杰夫

制度变革下的2013年俄罗斯地方选举

总统又提出一项新法案,规定只有进入地方议会的第一大党有权提名地方行政长官的人选。这一时期,统俄党适时地将党的工作中心转移到地方选举,并成功地占据了绝大多数地方议会的多数席位,因而也控制了几乎所有地方行政长官人选的提名权。这样,取消行政长官直选后,任命地方行政长官的过程也就成了统俄党主导下的"党内推荐制",即统俄党的领导人与地方精英通过协商来选定和推荐地方行政长官的人选。统俄党真正起到了中央与地方之间联系的纽带作用,一方面,联邦中央通过统俄党来控制地方精英,另一方面,为表示对总统的忠诚,以获得连任的机会,地方精英们也纷纷选择加入统俄党,并在地方选举中积极支持统俄党,甚至利用手中掌握的行政资源为统俄党助选。①

普京执政时期,正是通过对统俄党的这种"制度性"扶持,并利用政权党在联邦和地方各级权力机关的绝对优势地位,实现了对国家权力的垄断。2011~2012年选举周期期间爆发的民众抗议浪潮,迫使普京重新恢复了地方行政长官直选制,并放宽了对政党登记的限制。但在提名行政长官候选人人选方面,依然表现出了对政权党在制度上的有意扶持。按照新的地方行政长官选举方式,所有申请登记参选的各党派或个人提名的候选人,在征得总统认可的同时,还要取得该联邦主体地方议会代表一定数量的"信任签名"。② 显然,在目前统俄党占据各地方议会绝大多数席位的情况下,这些"信任签名"绝大多数也出自地方议会中统俄党的议员。这种被称为"选举过滤器"的规定,自然对反对派候选人非常不利。例如,在2013年楚科奇自治区地方长官选举中,包括统俄党在内,共有五个政党提出了自己的候选人,最终俄共和正义力量党提名的候选人由于没能在规定时间内征集到足够的议会代表签名,而没有

---

① 据统计,在普京第二任期任命的82名地方行政长官中,有54名(占65.8%)属于再次任命,新任命的仅为28名,其中两名是因为原任已死亡,所以真正意义上新任命的行政长官为26名(占32%)。在梅德韦杰夫任总统期间,截至2011年12月4日议会选举之前,共任命了65名地方行政长官,其中再次任命的为26名(占40%),39名(占60%)为重新任命。在被撤换的领导人中,包括连任三届的莫斯科市长尤里·卢日科夫(Юрий Лужков)、鞑靼斯坦共和国总统明季梅尔·沙伊米耶夫(Минтимер Шаймиев)和巴什科尔托斯坦共和国总统穆尔塔扎·拉希莫夫(Муртаза Рахимов)。大串敦:《支配型政党的统制界限?——统一俄罗斯党与地方领导人》,《俄罗斯研究》2012年第2期。
② 根据相关法律规定,每个行政长官候选人取得"信任签名"的数量要达到每个联邦主体地方议会议席总数的8%~10%。

获得登记。选举结果，统俄党候选人以78%的得票率顺利当选。又如，在2013年莫斯科州州长选举中，有16个政党提出了本党的候选人，最后只有统俄党、俄共、自由民主党、亚博卢党和爱国者党等六个政党的候选人获得了登记，俄罗斯共产党人党、公民力量党等十个小党提名的候选人，同样因未能征集到足够的州议员签名，而未获得参选资格。不仅如此，在此次地方行政长官选举中，当选的八名地方行政长官，除了莫斯科市市长索比亚宁是以独立候选人身份参选外，其余七人都是统俄党提名的候选人，且七人中有三人是经总统同意后，得到了统俄党提名而最终竞选连任成功的。其中，最为典型的是弗拉基米尔州的州长选举。选举前几个月，普京发布命令更换了任期届满的俄共成员、前州长尼古拉·维诺格拉多夫，任命统俄党成员韦特兰娜·奥尔洛娃为临时州长，后者随即被统俄党提名为州长候选人，并在选举中以高票当选。①

2013年，普京将联邦主体自行决定地方行政长官选举方式的权力也交给了地方议会。这充分说明，普京在交出地方行政长官任命权后，仍然希望借助统俄党在地方议会中的优势地位，有效控制地方政府。虽然目前使用这一规则的地区只有北高加索地区的两个共和国，但可以预见，这种方式有可能很快就会被其他地区所仿效而得到推广。

2. 大量小党冲击反对党阵营，统俄党"一党独大"地位无可撼动

2012年政党修改法出台后，俄罗斯出现了一轮建党风潮。成立政党的最低人数限制由四万人降到500人，这促使大量小党应运而生。截至2013年9月，在俄罗斯司法部登记的政党已达到73个。但与叶利钦时期党派林立、乱象丛生的政党体制不同，目前统俄党"一党独大"的地位，在很大程度上确保了普京政权的稳定。由普京亲自打造的统俄党，不仅是一个党员人数众多、分支机构覆盖全联邦的超大型政党，而且还是现政权有意扶持和倚重的政权党，大量小党的出现并没有对它构成实质性的威胁，相反却给以俄共为主的政府反对派阵营造成了极大冲击。

以2013年16个联邦主体的地方议会选举为例，统俄党在每个联邦主体选举中的得票率都达到了60%以上，其中在八个联邦主体的得票率达到了80%

---

① Выборы губернатора Владимирской области_ (2013). http://ru.wikipedia.org/wiki/.

以上，在克麦罗沃州和车臣共和国甚至达到了90%以上，而且统俄党在每个联邦主体单名制选区也取得了绝对多数席位，遥遥领先于其他政党。相比较而言，俄罗斯共产党、俄罗斯自由民主党和公正俄罗斯党等议会反对派政党的得票率则略有下降，如在卡尔梅克地方议会选举中，统俄党赢得了66.7%的选票，俄共获得14.8%的选票，公正俄罗斯党和自由民主党分别获得4.5%和2.6%的选票，但因没有达到5%的门槛线，这两党都未能进入该联邦主体的地方议会。而在其他反对派政党中，只有少数几个政党，如公民纲领党、俄罗斯共和党—人民自由党、爱国者党、亚博卢党、俄罗斯共产党人党等，在个别地方议会选举中得到了法定票数，但所获席位均不足10%。如由政府反对派涅姆佐夫领衔的俄罗斯共和党—人民自由党，在雅罗斯拉夫尔州议会选举中取胜，突破了5%的门槛线，所获席位甚至超过了日里诺夫斯基领导的俄罗斯自由民主党。①

禁止建立政党联盟和在地方议会选举中使用比例代表制，是大量小党无法获胜并对反对派政党阵营造成冲击的一个主要原因。以俄共、社会公正共产党（Коммунистической партии социальной справедливости）和俄罗斯共产党人党（Коммунисты России）等三个政党在2013年地方选举中的表现为例（见表2），这三个同以"共产党"命名的政党，都属于左派政党，而且它们的党纲和政治主张的内容也十分相近。在2013年地方选举中，三个政党同时参加了11个联邦主体的议会选举，并形成了三党竞争的局面。如在伊尔库茨克州，俄共获得18.87%的选票，社会公正共产党和俄罗斯共产党人党分别获得3.26%和1.64%的选票，尽管后两个政党没有取胜，但无形中却分散了俄共近5%的选票（见表2）。而在哈卡斯共和国，俄共和俄罗斯共产党人党同时参选，俄共获得14.4%的选票，俄罗斯共产党人党获得6.44%的选票，几乎是俄共的1/2，还算幸运的是，两党最后都越过了5%的门槛线，一同进入了哈卡斯共和国地方议会。

---

① Единый день голосования 8 сентября 2013 года. http：//ru. wikipedia. org/wiki；Александр Кынев，Все оттенки спойлерства：вредное，полезное и неизбежное. http：//slon. ru/russia/vse_ottenki_ spoylerstva_ vrednoe_ poleznoe_ i_ neizbezhnoe－1012411. xhtml.

表2 俄罗斯共产党、社会公正共产党和俄罗斯共产党人党的得票率

单位：%

政党 联邦主体	俄罗斯共产党	社会公正共产党	俄罗斯共产党人党
布里亚特共和国	19.37	3.67	1.1
卡尔梅克共和国	11.41	0.94	2.11
哈卡斯共和国	14.4	—	6.44
雅库特共和国	12.82	1.94	—
外贝加尔边疆区	14.15	3.1	—
阿尔汉格尔斯克州	12.88	1.13	1.63
弗拉基米尔州	13.54	3.73	0.74
伊万诺沃州	14.57	1.86	2.19
伊尔库茨克州	18.87	3.26	1.64
克麦罗沃州	2.58	0.27	0.47
罗斯托夫州	14.71	1.4	1.45
斯摩棱斯克州	15.02	2.51	1.06
乌里扬诺夫斯克州	14.08	2.47	2.37
雅罗斯拉夫尔州	11.07	1.04	3.91

注：表中数据为三个政党2013年9月8日统一选举日在各联邦主体内的得票率。

资料来源：Александр КыневВсе оттенки спойлерства：вредное，полезное и неизбежное. http：//slon. ru/russia/vse_ ottenki_ spoylerstva_ vrednoe_ poleznoe_ i_ neizbezhnoe – 1012411. xhtml。

在此次地方选举中，一些以行业和社会群体为标志的新党，如俄罗斯退休者争取公正党、俄罗斯争取妇女党的表现比较积极，但由于它们与公民纲领党和公民力量党等有一定社会影响的反对派政党在纲领上比较接近，因而也瓜分了某些有希望获胜政党的选票，这些政党也被俄罗斯媒体形象地称为"搅局党"。例如，在萨哈共和国（雅库特）议会选举中，公民纲领党、俄罗斯退休者争取公正党和俄罗斯争取妇女党都参加了竞选，分别获得了4.93%、2.51%和2.18%的选票，但都因没有越过5%的门槛线而宣布竞选失败，而公民纲领党只差了0.07%的选票。[①]

另外，由于2013年参选政党数量增加，选票的内容和形式也更加繁杂，再加上选举日又由两次改为了一次，很多选民都表示无法获得足够的有关政党

---

① 俄罗斯独立选举研究院网站，http：//www. vibory. ru/elects/reg – zak_ r_ 13. htm#Yakut。

和候选人的信息。另外，竞选宣传安排在 6～8 月，即通常公众安排休假的时间，很多选民正在忙于休假，对竞选宣传不太感兴趣，以致在投票日当天，很多选民对新党的信息不了解，参加投票的大多是统俄党或一些老党的忠实选民，因此这在一定程度上也影响了大量小党和反对派政党在此次地方选举中的表现。

3. 选民参选意愿降低，城市中产阶级政治热情下降

2013 年地方选举的一个突出特点是选民参选率的降低，平均只有 30% 左右。即使在莫斯科市、莫斯科州和弗拉基米尔州这些人口众多、中产阶级集中的大城市或俄罗斯的中心地区，选民参选率也不足 40%。其中，莫斯科市长选举的投票率更是创了新低，仅为 33%，而在十年前（2003 年）取消行政长官直选前的那次莫斯科市长直接选举中，选民的投票率曾达到了 50% 以上。低投票率一方面表明选民对现政权体制下政治参与的淡漠，另一方面也反映出目前俄罗斯大部分公众更关注自己的个人生活。

随着普京顺利回归总统职位，2013 年俄罗斯的政治形势也逐步趋向稳定，普京执政之初大规模的街头抗议活动明显减少，参加反对派组织的游行人数也大为降低。2013 年 6 月组建了公民纲领党的反对派领袖米克哈伊·普罗霍罗夫，在领导该党参与了 9 月地方选举后，于 9 月 16 日突然宣布退出俄罗斯政坛。2012 年 10 月成立的反对派协调委员会，由于各派领导人之间分歧严重，在成立仅一年后，于 2013 年 10 月 19 日也宣布停止活动。政府反对派的这些举动大大降低了他们在民众中的形象和影响力。而 2011～2012 年选举周期抗议行动中的主力——城市中产阶级和知识群体的政治热情，也随着时间的推移而正在逐渐消退。从某种意义上来说，俄罗斯的城市中产阶级和知识分子有其固有的脆弱性和局限性，虽然他们对俄罗斯目前的政治现状表示不满，但他们也不愿与政府发生激烈对抗，而引发社会动荡。

与此相对，从 2012 年下半年起，普京政府采取果断措施，迅速通过了一系列整顿社会秩序和打击反对派的政策和法律，其中包括设立诽谤罪，出台《非营利组织法》，对于网络和社会组织（尤其是接受国外资金的社会组织）进行严格的监管，威胁关闭"YouTube"网站，严格保护宗教观点，等等。莫斯科市长选举前对纳瓦尔尼的审判，以及 2013 年年底提前释放霍多尔科夫斯

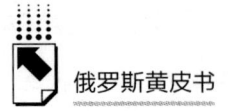

基,也被看作是普京对政府反对派采取的一种软硬兼施、分化瓦解的策略。此外,为赢得民众的普遍支持,普京第三次就任总统以来,出台了一系列新的反腐措施,包括禁止国家公职人员拥有国外账户和外国有价证券,公职人员在国外拥有不动产必须进行申报等,增强了政府和政权党在民众中的公信力,客观上也提升了统俄党的社会支持率。

总的来看,普京2012年以来实行的制度改革,并没有使俄罗斯目前的政治生态出现大的改观。由于现政权对统俄党"制度扶持"的效应依然存在,反对派政党的活动空间受到了压制,大量小党参与政治生活的结果也出现了彼此相互削弱的现象,普京第三任期内统俄党"一党独大"的局面仍将难以根本打破。但是,目前统俄党对国家政治经济资源高度垄断的局面,也使俄罗斯面临着各种潜在社会矛盾再度爆发的危险。因而,能否在保持社会稳定发展的同时,真正满足社会不同阶层政治参与的需要,将是对普京政权维持其执政合法性与扩大社会基础的最大挑战。

Y.4 2013年俄罗斯总统国情咨文评述

李 莉*

摘　要： 2013年12月12日俄罗斯总统普京在宪法20周年纪念日向联邦两院发布年度国情咨文，具体涉及民生问题、政治民主制度改革、国家经济发展及创新、民族问题、对外关系和国防安全等重要内容。国情咨文延续了普京一贯务实、关注民生的风格，体现了普京执政理念和执政原则的连续性；同时针对俄罗斯目前的发展状况也提出了修改宪法、建立地方自治政权、提高社会组织和个人参与国家生活等改革措施。

关键词： 俄罗斯　宪法　民生问题　民族问题　地方自治政权　欧亚一体化

2013年12月12日是俄罗斯国家宪法通过20周年纪念日，同2012年一样，普京总统仍然在宪法日向俄罗斯联邦会议两院发布国情咨文，在某种程度上也体现出对宪法的尊重和咨文的连贯性。该文关注到国内、国际形势的变化，也综合考虑了政治体制和社会生态的变化因素，延续了普京一贯重视经济和民生的风格，对医疗卫生、住房、教育文化、创新经济及反对离岸经济等问题都有具体表述。除此之外，咨文还论及了此前民众和精英比较关注的政治民主制度改革、民族和移民问题以及国际关系等问题。

咨文体现了普京执政理念和执政道路的连续性，对很多国家发展战略等原

---

* 李莉，中国社会科学院俄罗斯东欧中亚研究所俄罗斯政治社会文化研究室助理研究员、博士。

则性问题保持了一贯立场。同时，针对俄罗斯社会发展出现的新形势提出了适应性改革措施，如修改宪法，建立地方自治政权，加强国家、社会及个人责任感，提高公民社会参与意识和能力等。

一 国情咨文的社会背景

2013年国情咨文的发布适逢俄罗斯宪法20周年纪念日，意义深远。与此前两次出任总统不同，经历了2011年底统俄党杜马选举舞弊、"梅普组合"再次"王车易位"、2012年大选前后民众的街头抗议活动等事件后，普京的个人权威、普京的治国理念、普京治理下的国家制度都遇到了前所未有的挑战。2013年俄罗斯政治形势总体较为平稳，反对派日渐式微；但经济问题突出、发展滞缓；民族问题和民族矛盾较为突出，甚至有过激趋势；对外关系方面得分较多，普京在很多问题上坚持了自己的原则和立场，赢得多数国家的肯定和认可。正是在这样的国内、国际形势下，普京发布了自己任总统的第十篇国情咨文。

1. 政治局势

2013年俄罗斯政治局势整体稳定，反对派活动日渐式微，大规模的街头抗议和游行示威活动减少了，反对派表现得较为平静。根据列瓦达研究中心对全俄45个地区130个居民点的18岁以上公民所做的调查报告显示，反对派的力量逐渐缩减，其支持者和反对者的数量同样在减少。目前俄罗斯社会无论是对抗议事件，还是对主要反对派活动家的态度都变得更加冷漠。①

地方直选恢复后，统俄党在地方选举中表现出绝对的优势，可以说是大获全胜，选举丑闻披露较少，统俄党作为执政党运用和调动资源的能力和技巧日臻完善。全俄人民阵线于2013年6月12日由一个松散的超党派联盟变为社会运动，团结社会各种力量。俄专家认为此举的最大化方案是在下个选举季，如果统俄党的支持率大幅下滑，全俄人民阵线将转变成真正的政党；最小化方案

---

① Движение равнодушных: россияне не за и не против оппозиции, http://www.km.ru/2014 - 02 - 05.

是统俄党和全俄人民阵线组成双核政党体系。12月5日普京参加了全俄人民阵线代表大会,具体讨论有关医疗、经济、住房-公共产业、教育和文化等问题,① 成为国情咨文发布的前奏。

2. 经济状况

2013年俄罗斯经济下行压力增大,国内需求以及投资和消费的步伐放缓。最令普京和俄罗斯政府失望和难堪的大概就是不佳的经济状况,总体表现为增长乏力,甚至停滞。受全球经济形势不利和世界新能源革命的影响,国际市场对俄罗斯出口能源的需求下降;工业生产连续零增长,投资环境不佳,私人资本外逃情况加剧,投资增速持续为负。具体数据为:2013年俄罗斯GDP增长1.4%~1.5%,通货膨胀超过6.2%;2013年工业增长速度降低了0.1%,投资降低了0.8%②。

俄罗斯的官员和专家都承认,俄罗斯经济状况不佳主要是内部原因,能源依赖型经济结构失去了增长动力,经济的创新能力和竞争力不足。俄罗斯总理梅德韦杰夫表示,经济状况将影响俄罗斯的财政预算。大选前的政治承诺,包括在医疗、养老、住房及教育等民生领域的发展目标能否兑现出现了不确定性因素,解决不好将进一步销蚀普京的个人权威和政治信用。

3. 民族问题

民族矛盾和宗教问题一直以来是俄罗斯社会稳定和发展的障碍,也是俄罗斯历任领导者的难题。2013年俄罗斯民族主义高涨,民族矛盾和民族冲突频发,同时相伴的还包括宗教和移民问题。2013年俄罗斯族和高加索及中亚地区的民族爆发了多次大规模冲突和暴力事件。俄罗斯民族主义上扬的思想内核倾向于激进的排外主义和孤立主义,这恰恰凸显了俄罗斯在社会转型过程中国家身份认同的缺失。尽管《俄罗斯联邦宪法》《俄罗斯联邦民族政策构想》等相关法律明确将国家身份置于民族身份之上,但由于历史和文化的惯性以及地区发展间的差异等原因总会出现偏差,加之社会不满情绪严重,移民问题没有在法律上得以规范,最终导致民族冲突的频发。

---

① Конференция Общероссийского народного фронта, http://www.kremlin.ru/2014-01-30.
② Хроники стагнирующей экономики, http://www.gazeta.ru/business/2013-12-27.

4. 国际形势

2013年国际关系错综复杂，总体平稳，局部动荡，国际力量分配和布局处于调整期。俄罗斯外交强势回归，国际影响力上升，特别是叙利亚和伊朗事件为普京争得更多的国际信誉和声望。普京提出以"化武换和平"解决方案，提议叙利亚将化武交由国际管控，避免了叙利亚战火的扩散之势，维护了中东地区的相对稳定。在俄罗斯的努力下，伊朗核问题也取得初步进展。"棱镜门"事件中普京再次显示了其独立外交原则，在价值观和国家安全利益等方面坚决捍卫自己的立场。2013年欧亚经济一体化的推进力度加强。俄罗斯在继续加深与独联体国家合作的同时，积极发展与亚洲国家的关系。普京重新执政后采取积极的外交政策，意欲为实现强国梦想创造良好的国际环境，将俄罗斯打造成"保卫世界权利的领导者"。

二 国情咨文的主要内容

1. 政治改革

2013年俄罗斯总统国情咨文是在俄罗斯联邦宪法20周年纪念日发布的，体现了对宪法的尊重。针对咨文发布前外界的疑虑、猜测和传言（普京将要取消地方选举和对宪法进行修改①），普京给予了回应："宪法的框架应该是稳定的，首先涉及有关人和公民权利及自由的宪法第二章节是稳固的。但同时也应指出，制宪过程是需要不断调整和完善的，根据法律适用的实践、现实生活进行点状的调整既是可能的，也是必需的。"②

关于地方自治政权，咨文指出2014年将进一步明确地方自治机构的总体原则，发展强有力的、独立的、财政自主的地方政权，提高社会参与国家政治的主动性。法律方案、国家关键决策、战略计划的制定和实施应该有公民、非营利组织和社会机构的参与。在联邦或地方一些权力执行机构建立社会理事

---

① Послание Путина – 2013：просвещенный консерватизм？http：//www. golos – ameriki. ru/2013 – 12 – 28.

② Послание Президента Федеральному Собранию, 12 декабря 2013 года, www. kremlin. ru/2013 – 12 – 13.

会，号召专家甚至是反对派加入，积极研究出台《社会监督法案》。

2. 民生问题

近年来俄罗斯的人口平均寿命得到提高，人口自然上升率也得到自1991年以来最好的数据：在几乎一半的联邦主体出生率高于死亡率。俄罗斯在医疗卫生领域中就业者工资水平和专业化程度都得到了提高；实施全民强制医疗保险，强调社会和个人的双重责任；建立整体的联邦救治中心，支持联邦主体首府城市建立救治中心；2015年起每年将对所有儿童和青少年进行一次免费的疾病系统防治，成年人每三年一次。

俄罗斯联邦政府确立了《俄罗斯家庭住房》方案，至2016年全国整体上需要建设7500多万平方米的住宅，2017年计划补充建设不少于2500万平方米的住宅，以使中等收入家庭能够改善自己的住房条件。提高住房用地审批程序的透明性和效率，提高建设单位的相应责任。

提高教育者工资，放权给学校。制定不间断培训机制，提高教育服务质量。未来五六年将根据人口积极的动态变化，在建设幼儿园和学校方面提前做好应对工作。借助喀山世界大学生夏季运动会和索契冬季奥运会的平台，继续加大建设儿童－青年体育运动的基础设施。对于多民族国家来说，文化、历史、俄语等具有团结和凝聚的作用，2014年是俄罗斯文化年。普京指出："应该让这一年成为真正的启蒙运动年，应该关注我们的文化之根，关注爱国主义、道德和精神问题。"①

3. 民族关系

普京认为，民族关系问题是最需要公开讨论的问题，显然也是社会政治、经济、教育和文化等诸多领域交织的问题。2013年是民族矛盾甚至是民族冲突较为突出的一年，俄罗斯族和高加索及中亚地区的民族爆发了多次大规模冲突和暴力事件，主要特点表现为俄罗斯主体民族与其他少数民族之间的群体骚乱，与之相伴的还包括宗教和移民问题。

咨文指出："在民族问题中聚焦了很多问题和很多社会经济发展的困难，

---

① Послание Президента Федеральному Собранию，12 декабря 2013 года，www. kremlin. ru/2013 - 12 - 13.

俄罗斯黄皮书

还有腐败问题,有国家机构工作中的缺陷,当然还有在教育和文化政策中的失败,这些都可能成为导致族际矛盾的真正根源。""是那些失去了文化的、失去了对传统尊重的人,那些对自己和他人缺乏尊重的人,经常会挑起民族矛盾。"因此普京号召人民:"必须团结一致,积极应对这些挑战。必须维护民族间的和平。这意味着我们的社会是个整体,意味着俄罗斯国家的统一和完整。"①

4. 经济问题

解决社会发展任务的基本条件就是恢复经济稳定增长,因此普京将经济问题称为所有工作的核心。咨文提出发展高质量的职业教育、灵活的劳动市场、良好的投资环境和现代的工艺技术;加大对科研成果、知识产权转换的增益值进行投资;推行和建立一系列新的职业标准,建立经济部门工艺状态水平的统计评价系统;改善农业发展状况,政府投入资金,发展农业综合体方案,提高在农村地区生活和工作的吸引力;支持非能源的出口,提高行政审批效率。

移民劳动力问题是2013年非常突出的问题。普京认为,一方面俄罗斯不能够切断与原苏联加盟共和国之间特殊的联系,但同时也需要清理和整顿秩序。改革现行的许可证体系,让法人和个体企业主都能在许可证的基础上雇用外国劳动者。加强对外国公民入境目的的监管。

咨文再次强调整治离岸经济。在离岸司法管辖区登记的、收入属于俄罗斯所有者的公司,应该按照俄罗斯的税收原则征税;在外国司法权管辖下注册的公司,不能利用国家的支持手段,包括贷款和国家担保,禁止离岸公司执行国家合同和有国家参与的机构的合同;提高经济的透明度和责任感,强化问责制的原则,银行、保险公司、退休基金及其他金融机构将根据其管理的职能承担相应的刑事责任。

促进西伯利亚和远东地区的发展是俄罗斯21世纪国家优先发展方向,将建立超前发展地区,实施优惠的税率和其他优惠条件。对于以非能源产品出口为主的新建高新技术企业,提供五年的免税政策和优惠的保险费率等。创造条

---

① Послание Президента Федеральному Собранию, 12 декабря 2013 года, www. kremlin. ru/2013 - 12 - 13.

件以引导企业在亚太地区的商业中心开展竞争。

5. 对外关系与国防安全

咨文再次强调了尊重国家主权和解决国际问题的原则。普京认为："世界是多极化的，解决国际问题应该秉持协调原则。"① "任何国际问题能够，也应该主要利用政治资源来解决。"② 他认为在叙利亚事件中俄罗斯做出了极其重要的贡献，国际社会最终在国际法基本原则及和平逻辑基础上做出了负责任的选择。关于伊朗核计划应寻求更加广泛的解决方式，同时保障伊朗及其他国家和平发展核电和安全方面的权利。

大力推进欧亚经济一体化进程。首先，欧亚经济联盟进入了准备合同条约的关键阶段。目前正在起草吉尔吉斯斯坦和亚美尼亚加入关税同盟的路线图。其次，通过关税同盟的实际成果提高伙伴国家的参与兴趣，其中包括乌克兰。但俄罗斯并不强迫任何国家加入关税同盟，如果其他国家自身有参加的意愿，将在专家层面继续推进这项工作。最后，欧亚经济一体化方案建立在平等权利和现实经济利益基础之上，与其他一体化方案并不冲突。

咨文强调加强国防军事力量。计划用于重新装备军队和舰队改造、用于国防工业现代化的拨款资金总计23万亿卢布。关于反导防御系统，普京认为，实际上这是战略进攻潜力的极重要部分，某些国家加强战略性高科技非核武装系统的潜能，增强与反导防御系统潜力的相互配合，可能会导致战略力量平衡的破坏，但俄罗斯有能力保障自己国家的安全。

三 对国情咨文的评析

通过对咨文及相关评论的整理与分析，以及与以往普京所做国情咨文的比较，本文认为，2013年国情咨文体现了普京治国理念的连续性，普京的基本观点和立场没有发生根本变化，在国内问题方面延续了其一贯关注民生与经济

---

① Послание Президента Федеральному Собранию, 12 декабря 2012 года, www. kremlin. ru/2012 - 12 - 13.

② Послание Президента Федеральному Собранию, 12 декабря 2013 года, www. kremlin. ru/2013 - 12 - 13.

的务实立场；国际问题方面仍然坚持主权民主的思想，反对西方将自己的发展模式强加给其他国家。2013年国情咨文突出的特点是强调"责任感"，国家、社会和个人的相互责任和义务，这也是对公民不断上涨的政治参与意识的回应。

1. 普京的治国理念和强国思想保持连续性

2013年国情咨文基本上延续了普京一贯的政治方针和执政理念，本质上普京仍然坚持"主权民主"思想，尽管普京在表述上有时会有所不同。如"俄罗斯不想谋求超级大国称号和世界霸权地位，不想侵害某些国家的利益，不会把自己的庇护强加某人，也不打算教任何人学习生活"，但显然普京是在指责某些国家强行灌输民主。接下来又指出，"最近几年我们看到，那些企图强加给其他国家的好像是更加进步的发展模式，实际上反而使这些国家转向倒退、残暴、大的流血事件"。这表明普京反对"输入式"民主，捍卫本民族国家价值的立场，强调国家主权和完整。

2014年是俄罗斯文化年，普京认为这应该成为一个真正的启蒙运动年，强调俄罗斯文化之根，关注爱国主义、道德和精神问题。他认为对于多民族的国家来说，文化、历史、语言具有团结和凝聚的作用。2013年俄罗斯民族矛盾和民族冲突事件频发，恰恰表明了国家意识和国家身份认同的缺乏，如何发掘传统文化的内核，建立民族-国家认同是普京必须要考虑和解决的问题。

普京依然坚持保守主义的立场，并援引别尔嘉耶夫的话："保守主义的意义不在于阻碍向前和向上的运动，而在于阻碍向后和向下的运动，防止走向混乱和回到原始状态。"显然，强国意识、爱国主义、国家作用及社会稳定仍是普京保守主义思想的主要内核。

2. 继续推进政治民主化进程

2014年是地方自治法颁布150周年（沙皇俄国于1864年颁布《省、县地方机构法令》），普京提出建立地方自治政权具有重要意义。

一方面，这能够激活地方积极因素，满足反对派和民众特别是城市中产阶级日益高涨的扩大政治参与、增加政治竞争的需求。普京相信强有力的地方自治能够成为国家人才潜能补充和更新的重要资源；通过选举机制让那些受过培训、目标明确、具备职业化素质和责任感的人进入权力机构；提高政治透明性和效率，促进政治开放性和竞争。

另一方面，这也是巩固和扩大自己执政合法性的手段。由于普京的长期执政及"梅普组合"的政治权术，统俄党一党独大，俄罗斯权力机构包括总统本人的合法性问题也越来越尖锐化，而地方自治改革对内可以安抚反对派和群众的不满情绪，对外可以回应西方国家在选举方面对俄罗斯的指责，减轻其国际压力。

由于政府对国家的掌控能力加强，同时选举活动需要强大的行政资源与财政资源，因此现阶段提出建立地方自治政权对执政党非常有利，并不会从根本上影响选举的最终结果，动摇其执政地位。俄罗斯社会学者也认为，大部分俄罗斯民众多多少少还是希望能有信仰强大的政权和全能的国家。对于他们来说，在现在政权下生活好于反对派可能带来的不确定性。民众害怕混乱和失序。① 咨文还反复强调社会组织、社会委员会等在国家管理中的参与意识和监督作用，出台《社会监督法》，提升公民社会在国家生活中的地位和作用。

3. 外交领域及欧亚一体化政策沉稳务实

2012年国情咨文中，普京提出了欧亚联盟构想。2013年国情咨文中普京没有继续提及这个方案与构想，而是重点强调欧亚经济联盟的问题。如到2014年5月1日完成欧亚经济联盟合同文本的协调工作，准备吉尔吉斯斯坦、亚美尼亚加入关税同盟的路线图，不强迫乌克兰等国加入；稳步推进欧亚进程，但不反对其他一体化方案；欧亚经济联盟是平权和开放的，建立在现实的经济利益基础之上。显然，由于乌克兰国内反对派的持续游行和示威活动，以及相关国家对欧亚联盟政治目的的担忧，普京首先要稳步、务实地推进欧亚经济联盟，只有在平等权利、经济互利互惠基础上才可能吸引欧亚国家加入。

2013年俄罗斯在外交领域中的很多热点问题如叙利亚问题、伊朗核问题上得分颇多。在叙利亚问题中，俄罗斯作为各种力量的平衡和调整器，发挥了积极作用，使叙利亚问题从战争威胁回归到政治解决的轨道。伊朗核问题方面在俄罗斯的积极努力下也取得初步成果。普京一方面认为，俄罗斯应坚定、理性、深思熟虑地做事，这是成熟和负责任的大国应该做的；另一方面，他也表

---

① Россияне предпочитают путинскую стабильность обещаниям оппозиции，http：//inotv.rt.com/2012-09-16.

现得很低调，一再表示上述成功是国际社会共同努力的结果，并肯定了联合国在解决国际政治问题方面的中心地位。

4. 宪法原则与"责任感"

2013年俄罗斯宪法发布20周年，选择此日发布国情咨文具有特殊意义。强调宪法原则和责任感是普京咨文的主要特点。咨文开始就提出宪法强调的是公民权利自由的至高地位与强大国家两者间的相互责任、相互尊重和相互保护；结尾处又再次强调，对国家的责任感是宪法的主题。在经济、社会、政治还有国际关系等领域普京都一再重申"责任感"的立场，号召"责任感应成为2014年政府、社会和公民的座右铭"，三者各司其职，各尽其能，完成国家现代化的发展目标。

四 政治前景的初步分析

2013年普京的国情咨文更多的是指明未来的发展方向和目标，总统令的很多规划和落实情况并没有被提及。俄罗斯民众对咨文的态度逐渐变得消极，对普京改革信心不足。根据全俄社会舆论调查研究中心数据表明，近三年来（2011～2013年）俄罗斯民众对国情咨文的关注程度越来越小，完全积极态度即"非常关注"的比例2011年为10%，2012年同样为10%，2013年则跌至9%，与2006～2008年平均17%的比例相差甚远；中性态度即"不太关注，了解主要思想"的比例为20%，同样数据2006～2008年平均为31%；消极态度如"不关注或对政治不感兴趣"这两项数据呈上升趋势，2013年两项累加就达70%，同样数据2006～2008年平均为49%，消极者比例上升很大，占2/3强。另一组数据，"认为总统在国情咨文中提出的是具体的、现实的任务，短期内很可能完成"的人占29%；"认为任务是具体的、现实的，但可能不会完成"的人占46%；"认为总统提出的任务太过笼统，不具体，不可能实现"的人占20%，显然"认为任务不可能完成"的加起来计66%之多，约占受访者的2/3。① 民众的

---

① Пресс‐выпуск №2481，Послание президента федеральному собранию，wciom.ru/2013‐12‐26.

信心和耐心在减弱，对国家、政府乃至普京个人的信任感逐渐降低。普京也意识到了这一点，他在此次咨文中强调，国家发展的战略目标都应该不折不扣地完成，这是政府主要的、最重要的任务。"我们的责任是增强人民的信任，只有在这种条件下，才能增进公民的积极性，产生为国家发展贡献力量的想法。"①

普京反复强调的"责任感"体现了其务实风格，但也凸显了俄罗斯的"动员型"社会特点，正如历史学家克柳切夫斯基所说的，俄罗斯人民只有在动员体制下才能正常工作。批评者认为总统在咨文中关注的问题都过于具体，这不是总统的职权范围。"如果国家领导者将注意力集中在此类问题上，这只能意味着：权力垂直体系完全衰退了，不能完成自己的职责，而国家完全进入了'手动管理'方式。"② 普京强调由国家主导建立各种委员会和社会监督共管机制也显现出父权制和国家至上的痕迹。行会制、各种组织委员会本身是一种自发的行为，是为了对抗国家权力，在国家和市民层次之间起到权力缓冲剂的作用。应该说，俄罗斯传统文化中"好沙皇"、国家领导的"人民之父"形象等思想意识持续影响着国家社会生活的发展。从长远来说不利于俄罗斯公民社会的发展，也与咨文中倡导的社会组织积极参与国家政治治理的原则相违背。

普京第三次当选总统标志着新普京时代的开始。尽管在执政理念和强国思想等方面普京保持其立场和观念的连续性，但普京同时也体现了其政治体制具有一定的弹性和灵活程度。第一，修改宪法。尽管宪法的总体框架是稳定的，但普京也提出要根据社会发展情况对其进行点状调整。第二，建立地方自治政权，提高政治管理体制的参与性和透明度。第三，地方选举出现某些新情况。2013年9月8日，乌拉尔地区反对派公民纲领党代表列昂尼德·罗伊兹曼获得33%的选票，当选叶卡捷琳堡市市长。莫斯科市长候选人、反对派领袖阿列克谢·纳瓦尔尼尽管没有当选，但也获得了高达27.27%的选票，位列第

---

① Послание Президента Федеральному Собранию, 12 декабря 2013 года, www. kremlin. ru/2013 - 12 - 13.
② Мелкотемье«отца нации», левопатриотическая мимикрия, антирусская риторика. Экспресс - анализ десятого президентского послания Путина, http://kprf. ru/party - live/cknews/126197. html/2014 - 02 - 02.

二。难怪有学者认为,60万莫斯科人清楚地表明了他们想要恢复正常的民主实践活动、自由和诚实的选举、自由的媒体信息制度、独立的司法制度[①]。尽管短期内反对派难有大的作为,但这种现象的出现说明了当权者不可能像过去那样完全动用行政资源左右选举结果,未来各联邦主体特别是大城市发展拥有更多自治权。第四,民众对反对派评价更趋客观,"颜色革命"的可能性不大。全俄社会舆论研究中心研究报告显示了从2005年到2013年俄罗斯反对派的活动及其未来的机遇。首先,民众对现代社会中反对派地位和作用的看法发生了改变,认为"反对派的任务首先就在于,为了实现自己的路线进入政权"的占比由29%上升到40%;认为"没有反对派当前的民主是不可能的"占比由33%上升到48%。在过去的七八年中,认为反对派作用上升的占28%,下降的占30%,没有变化的占32%;认为反对派获得选举机会更大的为28%,机会变小的为37%,没有变化的为30%[②]。

正如咨文所说,经济问题是所有工作的核心,解决社会发展任务的基本条件就是恢复经济的稳定增长。2013年俄罗斯经济总体情况还不能令普京满意,很多发展目标和规划都没有完成。目前俄罗斯缺乏有效办法转变经济结构、摆脱发展低迷的状况。如果缺乏经济良性发展,民生问题很难得到改善,社会阶层固化,民族矛盾上升,政治消极群体可能会与反对派形成合力,对俄罗斯的政治稳定产生消极影响。

---

① Виктор Шендерович: Системная оппозиция в России умерла, www. nr2. ru/2014 - 02 - 05.
② оппозиция и власть в россии: вчера и сегодня, пресс - выпуск №2448, www. wciom. ru/2014 - 02 - 05.

Y.5 俄罗斯互联网发展与政治实践

马 强*

摘　要： 本文通过互联网参与俄罗斯政治实践的视角来考察俄罗斯互联网的发展进程及俄罗斯政治体制的现状和运作逻辑。互联网的兴起与发展在引起社会结构变迁的同时，也实现了权力结构的转型。十多年以来，互联网在俄罗斯政治实践中是大众传媒工具，是政治实践主体，也是严格管控的对象，这是俄罗斯政治生态的独特现象。互联网所构建的网络公共领域对现有的政治体制造成巨大的冲击，网络空间不仅是各派政治力量争夺的场域，更体现了国家权力和公民社会的博弈。

关键词： 俄罗斯　互联网　公共领域　政治实践

20 世纪末以来，网络信息技术进入了人们的日常生活，互联网开始渗透到社会生活的各个方面。互联网改变了人们以往的交往方式、信息传播方式和社会认同方式。可以说网络化给人类社会带来了自工业社会以来空前深刻的社会结构转型①。正如卡斯特指出的那样："我们的世界，我们的生活，正在被全球化和认同的对立趋势所塑造。信息技术的社会形式——网络社会。这个新

---

* 马强，中国社会科学院俄罗斯东欧中亚研究所俄罗斯政治社会文化研究室助理研究员。
① 刘少杰：《网络化时代的社会结构变迁》，包智明主编《社会学名家讲坛》，中国社会科学出版社，2014，第 75 页。

的社会组织形式以及普遍的全球性，扩散到了全世界……它撼动了各种制度，转变了各种文化……它的确是一个新世界。"①

身处世界信息技术变革大潮的俄罗斯也走进了网络化时代。随着计算机、互联网、手机等现代通信技术的普及应用，俄罗斯网民群体规模迅速扩大，网络经济快速增长。互联网的快速发展，不可避免地参与到了政治实践中，并扮演了不同的角色。作为大众媒体，它充当政治实践的工具，成为政治行动者和民众的中介。当互联网中个人自由表达意愿以及信息交往、流通成为公共舆论的公共领域时，互联网似乎也就成为俄罗斯现行政治体制下最适宜孕育公民社会的土壤。它成为政治实践的主体，对原有的权力结构造成了巨大的冲击。随着网络管控措施的出台，国家权力进入互联网领域，互联网成为公民社会和国家权力博弈的空间。互联网参与俄罗斯的政治实践是近十多年来的新生事物，本文希望通过这个新视角，从互联网作为政治实践的工具、主体和管控对象这三个角色来考察俄罗斯政治体制的现状和政治实践的逻辑。

一 俄罗斯互联网发展概况

近年来，俄罗斯互联网发展势头迅猛，表现为网民和网站的数量增加，互联网深度介入民众生活，网络经济方兴未艾。

根据相关的统计信息②，2013年秋季，在俄罗斯，一个月之内使用过网络的人数为6610万（占18岁以上人口的57%）；一周之内使用过网络的人数为6240万（54%）；一天之内使用过网络的人数为5220万（46%）。也就是说，几乎一半的俄罗斯成年人几乎每天都在使用网络。俄罗斯网民的数量近年以来呈爆炸式增长。在2004年，一个月之内使用过网络的人数仅为1370万（占成年人口的12%），2007年为2610万人（23%），2009年就已经达到了3920万

---

① 〔美〕曼纽尔·卡斯特：《认同的力量》，曹荣湘译，社会科学文献出版社，2006，第416~417页。
② 《Интернет в России》，выпуск 43，осень 2013，ООО 《инФОМ》，http：//fom.ru/SMI-i-internet/11288.

人（34%），2010年快速增长到4650万人（40%）。在地域分布上，莫斯科和圣彼得堡的网民分别占11%和4%，百万人口以上大城市的网民占11%，50万~100万人口城市的网民占8%，10万~50万人口的城市的网民占19%，10万人口以下城市的网民占27%，乡村网民占20%。这基本上与俄罗斯的人口分布相吻合。随着计算机、手机的普及，俄罗斯人都平等地享有使用互联网的机会，网民分布并无太大城乡差异。从国际比较上看，俄罗斯的网民所占成年人口的比例与西方世界仍有差距（澳大利亚为89%，德国为83%，法国为80%，美国为78%），但是这个差距在逐渐缩小，目前已经超过了同为金砖国家的中国（40%）与巴西（39%）。

与此同时，俄罗斯的网站数量也不断增加。在俄罗斯，俄语网站或者俄罗斯网站被称为Рунет①，截至2014年2月，以".ru"为域名的网站约为491.86万个，另有以".рф"和".su"为域名的网站81.47万个和12万个②，其中以".ru"为域名的网站数量为世界第六位③。2012年6月至2013年6月，平均每天浏览Рунет的人数从2767.7万增加到3057.4万，增长了10.46%④。Рунет使用者数量快速增长说明其影响力逐渐加大，2012年，Рунет的网络服务（5630亿卢布）和网上支付（2687亿卢布）总额占2012年俄罗斯国内生产总值的1.3%，比2011年增加39%，预计2013年将会在此基础上增长26%。与网络相关产业的市场交易额为43000亿卢布，占2012年国内生产总值的6.9%。从事与网络市场相关产业的就业人数达到110万⑤。虽然网络经济的体量较小，但较之低迷的传统经济领域则更具活力和发展前景。同时，我们可以看到更多的网民参与到网络经济之中，其方便、快捷、有效率的优势已被民众认同，网上消费、网上支付已经不再是年轻人的时尚。

---

① 在各个大陆都有Рунет网站，甚至在南极洲。但主要是在独联体国家，特别是在俄罗斯注册。
② 详见http://statdom.ru/。
③ 网站数量排名前五位的网站为以".tk"（托克劳）、".de"（德国）、".cn"（中国）、".uk"（英国）、".nl"（荷兰）为域名的网站。
④ 详见http://fom.ru/SMI-i-internet/11288。从2012年6月至2013年6月，网站访问量的前三位没有变化。Google从2012年的第四名下降到第五名。《Одноклассники》从第五名下降到第六名。
⑤ Исследование экономика рунета 2012–2013，详见экономикарунета.РФ。

俄罗斯黄皮书

二 互联网的兴起：作为政治实践工具

在政治实践中，互联网会成为政治行动者的重要工具。在西方社会（如美国），互联网在政治实践中发挥着巨大的作用。在新媒体时代，政治行动者要塑造自己完整的形象，不仅要在电视和纸质媒体上，还要在各个网络空间（比如个人网站、博客、社交网络等）上引起网民的注意，与政治对手竞争。网络对政治行动者和政治团体产生影响源于网民的从众效应，政党网站可以吸引数以百万的网民，通过线上辩论后，政党会将网民意见作为政治决策的基础。在互联网和政治配合较为成熟的美国，候选政党的网站上的访问者会逐渐成为这个或者那个政党的支持者[①]。在网络时代，这些政治信息会变成一种传播速度快、容易收集和出卖的产品[②]，在大数据时代的背景下，美国政治顾问可以使用专业技术根据网民社会调查的结果、人口信息、消费账单、注册信息等模拟出这些网民（选民）的政治偏好，政治家会以此为基础参加选举活动。同时，网络在政治活动，特别是选举中成为有力的筹钱工具，汇集大量的财富和社会资本，对政治活动提供巨大的支持。

在俄罗斯，互联网与政治活动结缘相对滞后。在1999~2000年，还处于萌芽阶段的公众互联网才开始对俄罗斯的选举活动产生影响。1999年杜马选举时，候选人开始对互联网在线宣传注入资金。此时，网络公司成为选举大本营的一部分[③]。这个时期由于缺乏网络监管，网络成为散播竞选对手黑材料的平台。例如，1999年，伪造莫斯科市市长卢日科夫的个人网站上线，内容都是对他的蔑视和冷嘲热讽，这对卢日科夫产生很大的负面影响[④]。同时，互

[①] Bimber, B. Information and American democracy: Technology in the evolution of political power. New York: Cambridge University Press, 2003.

[②] Howard, Ph. Deep Democracy, Thin Citizenship, The Impact of Digital Media in Political Campaign Strategy. / The Annals of the American Academy of Political and Social Science. Vol. 597, № 1, 2005, p. 167.

[③] Водолагин А. Л. Интернет – СМИ как арена политической борьбы. / Общественные науки и современность. № 1, 2002.

[④] Соленикова Н. В. Политический Интернет в российских избирательных кампаниях (Тенденции развития). / Общественные науки и современность. № 5, 2007. с. 72.

网也首次成为政治家形象包装的工具，鲍里斯·涅姆佐夫（Борис Немцов）率先用互联网来宣传自己的政治主张并听取反馈，他的"青年俄罗斯"（Россия молодая）组织成功地通过自己的网站吸引了众多支持者①。

2004年总统选举时，政治家们都借助互联网来提升自己的政治实力。六位总统候选人建立了自己的个人网站。俄共为了改变形象，还建立了其政党的网站 kprf.ru。但互联网在当时的影响力还不及传统媒体，在2003～2004年系列选举中并没有发挥更大的作用。这主要是因为当时普京推行"可控民主"战略，将电视媒体置于国家的控制之下，减少寡头的影响力，将政治反对派边缘化。这种执政党"清理政治游戏场"的做法使得统一俄罗斯党和普京本人获得了更多的支持率，总统和议会选举竞争性减弱。在这种背景下，各个政党成为政治竞争的"布景板"。而当时尚不发达的互联网上出现的"意见领袖"，主要是网民中的精英群体，如政治评论家、记者，他们操控着网络上的社会舆论。这些"意见领袖"的观点往往是传统媒体的延伸，互联网沦为半官方的宣传工具。2008年的总统选举也有相似的情况，执政党几乎控制了全部媒体。在选举期间，梅德韦杰夫在媒体出现的频率是其他候选人的两倍。当时，相对于线下媒体（特别是电视媒体），网络媒体自我"封闭"，只能向民众释放政治信号，而没有对选举的进程产生影响，而且此时的网络媒体又一次成为"黑材料的蓄水池"，反对派政治人物不堪入目的视频短片和揭露官员受贿的材料充斥网络。一些政治运动和快闪族（флешмобы）的活动通过网络召集，但是影响不大。

从互联网与政治实践的最初接触来看，互联网还只是作为政治实践的传播工具出现的，而信息权力完全掌握在政治行动者，更确切地说是执政者手中，信息通过互联网自上而下地传达给网民。政治行动者还会通过控制互联网"意见领袖"来影响网民的选择。这个时期，国家权力采用管控传统媒体的办法实现了对互联网的管控。但是在网民快速增长、网络公共领域形成，互联网不再单纯地作为传媒工具，而是开始掌握信息权力的时候，与国家权力相碰撞就在所难免，国家原有的互联网管控措施开始失效。

---

① Сметанин Михаил. Борис Немцов – первый политик в российском Интернете. /Русский Журнал. 20 марта 2002 г.

三 网络公共领域：权力结构的转型

"公共领域"（public sphere）是西方政治哲学中的重要主题，哈贝马斯对此研究最为深入。他认为，公共领域应被理解为介于公共权力领域与私人领域之间的中间地带①。其重要的特征在于其独立于政治权力的公共交往和公众舆论，公共领域不仅是政治现实的批判力量，也是政治合法性的基础。而公共领域的形成往往是通过私人社团，而且常常是学术协会、阅读小组（Lesegesellschaften）、共济会、宗教社团这种机构，人们自发聚集在一起。剧院、博物馆、音乐厅，以及咖啡馆、茶室、沙龙等为娱乐和对话提供了一种公共空间。这些早期的公共领域逐渐沿着社会的维度延伸，并且在话题方面也越来越无所不包：聚焦点由艺术和文艺转到了政治。这种联系和交往网络最终成了处在市场经济和行政国家"之间"或"之外"，但与两者都"相关"的某种市民社会的基本要素。……市民社会提供了在政治问题上多多少少是"自由的"舆论能够产生的土壤②。随着互联网的扩展和人们对互联网的广泛使用，人与人之间的交流和沟通方式发生了很大的变化，人与人之间的交往部分转向虚拟空间，人类的公共空间得到了极大的延伸，这为批判精神的产生和公众舆论的生成提供了新的重要的空间和环境，从而为塑造一个全新的公共领域形态——"网络公共领域"创造了重要条件③。

Рунет近年来网民数量不断增长，已经占成年人口的一半。互联网作为新媒体全面地改变了旧有的大众传媒格局，根据全俄社会舆论调查中心的调查结果④，在1991年，电视是俄罗斯人最大的新闻信息源，占65%；报纸仅次于电视，占30%；广播占5%。如今，48%的受访者通过网络了解国家的信息，而40%的受访者通过电视，7%的受访者从报纸上获得新闻资讯。选择电视媒

---

① 〔德〕哈贝马斯：《公共领域的结构转型》，曹卫东译，学林出版社，1999，第35页。
② 〔德〕哈贝马斯：《关于公共领域问题的问答》，《社会学研究》1999年第3期。
③ 熊光清：《中国网络公共领域兴起、特征与前景》，《教学与研究》2011年第1期。
④ ОНЛАЙНИ ОФЛАЙН: откуда получают информацию россияне, Пресс－выпуск N2370, Всероссийский центр изучения общественного мнения（ВЦИОМ），13 августа 2013 года, // http://wciom.ru/iNdex.php?id=459&uid=114345/.

体和网络媒体的人群在年龄、地域和受教育程度方面有着显著的差异，电视媒体在45岁以上（72%~76%）和受过初等教育（74%）的俄罗斯人中间更有影响力。而网络媒体更受莫斯科人和圣彼得堡人（35%），18~24岁的人（50%）和受过高等教育受访者（32%）的青睐①。活跃于网络世界的网民大多数是受教育程度较高的中青年社会成员，他们思维活跃、思想独立、关心社会、嗅觉敏锐、公民意识强。随着计算机、互联网、手机等现代通信技术的普及应用，每个社会成员都具备发布信息、表达观点和抨击时弊的条件和能力，拥有了信息权力，形成了自下而上的信息力量。这种信息权力会产生汇聚社会资本的效应，互联网上的社会资本集聚到一个新的水平，将会吸引更多的使用者和网民。网民群体在网络公共领域会形成针对某个事件而聚集起来的公民社会组织，如出现了公民互助的网站，比如democrator.ru，taktaktak.ru，streetjournal.ru等。这种社会自组织的形态生成的催化剂或者为自然灾害（如俄罗斯2010年的火灾），或者是对现政权低效率的不满②。后者在选举期间会表现得尤为明显。

网络公共领域还可以形成社会认同力量。"互联网交流的相对匿名性，身体和非词语互动的缺失，减少了许多具体环境的限制，更有助于人们相互间形成共享的信念和价值观。"③ 在网络公共领域中，个体在自主性和自觉性基础上形成集体认同，达成社会共识。这种民众的集体认同有感性的特征，"感性认同具有强大的整合功能，它不仅可以使人们在面对面交往的在场群体中实现团结，还能作为宗教的现代形式在广阔的社会空间掀起狂热的集体兴奋。在网络交往中，这种集体兴奋不仅可以引发网络信息以排山倒海之势快速宣泄，而且可以直接引起数以万计社会成员投入实际的集体行动之中。"④

---

① Пресс - выпуск N2415, Всероссийский центр изучения общественного мнения（ВЦИОМ），30 сентября 2013 года, // http：/ wciom. ru / index. php? id =459&uid =114515/.
② Алексей СИДОРЕНКО: Настоящее и будущее российского Интернета: существующее положение, региональная проекция, перспективы. Вестник общественного мнения№ 3（105）июль - сентябрь 2010.
③ John A. Bargh and ketelyn Y. A. McKenna, The Internet and Social life, Annual Review of Psychology, 2004. 55：573 –590.
④ 刘少杰：《网络化时代的社会结构变迁》，包智明主编《社会学名家讲坛》，中国社会科学出版社，2014，第91页。

"网络群体可以在很短的时间迅速放大,在沟通和传播效率上也会成倍放大。因此,网络群体表达出来的社会认同是一种潜力无限的强大的社会力量或社会权力。"① 2011年以来,突尼斯、埃及和利比亚爆发的大规模社会运动,英国伦敦、德国汉堡的骚乱,以及美国的"占领华尔街"运动,再到如今的乌克兰危机,互联网都在其中起到了引导、助燃的作用,呈现了基于集体认同而形成的集体兴奋。2011~2012年在俄罗斯选举活动中爆发的大规模抗议示威活动与之极为相似,我们可以从这些抗议示威活动中观察到俄罗斯网络公共领域的生成,其拥有的信息权力、认同力量在与国家权力的抗争中淋漓尽致地显现出来。

2011年的抗议集会中,社交网络和有众多用户的网站(Facebook、Вконтакте、Twitter、LiveJournal、Youtube、论坛、博客等)成为组织和进行街头抗议集会的必需工具②。互联网成为动员民众的工具,抗议活动从自发的无组织的状态变为有组织的状态主要是通过大众传媒(特别是网络)形成的。抗议集会的信息在互联网上疯狂传播,同时促使网络-客户端用户暴增。如2012年2月4日的抗议游行中,多数人是积极的网民,60%的参与者每天都会使用网络,其中70%的参与者是通过网络获取关于集会游行信息的③。英国社会学家吉登斯依据电视等电子媒体的发展提出了传递经验的概念(mediated experience)④,它是通过信息沟通而形成的超越身体经历和在场事务的缺场经验,是人们通过信息沟通而相互影响和持续传导的动态经验。互联网中的传递经验,比起吉登斯所依据的电视媒体,无论在传递内容和形式上,还是在传递速度、广度和深度上都已经有了巨大的扩展和提升。正是在这种传递经验的作用下,网民会通过互联网汇聚,线上的联络会变成线下在街头和广场的集会。

抗议集会的组织者通过互联网传递出的理念和价值被网民认同后,形成了参与者的意识形态(符号化为"自由"和"民主"),这种认同力量在动员民

---

① 刘少杰:《网络化时代的权力结构变迁》,《江淮论坛》2011年第5期。
② Зайцев Д. Г., Карастелев В. Е. Протестное движение в России 2011 - 2012 годов: проблема субъектности. Государство и общество в пространстве власти и политических коммуникаций. Политическая наука. Ежегодник 2013М.: РОССПЭН, 2013. с. 231 - 266.
③ 具体内容详见Пресс - выпуск ВЦИОМ №1954, 15. 02. 2012。
④ 〔英〕吉登斯:《现代性与自我认同》,赵旭东、方文译,三联书店,1998,第25~29页。

众参加抗议集会中起到了巨大的作用。根据列瓦达中心的调查①，2011年12月24日在萨哈罗夫大街进行的"为了诚实的选举"抗议活动中，参加者791人中间，从年龄上看集中于25~39岁，绝大多数受过高等教育（70%），或者正在接受高等教育（占13%）；职业分布较为广泛，有专家、官员和商人；经济收入较高，其中68%的人自认为可以买一些较贵的东西，超过1/4（28%）的人甚至可以买汽车。这些人不属于任何一个政党或政治运动，大部分人（69%）认同政治自由和民主的观点，大多数集会游行的参加者都是社交网和网络的使用者，有37%的参与者会定期在社会交往圈中讨论政治局势。我们可以看出，网络公共领域的行动者往往是政治运动的活跃主体。基于类似的抗议集会参与者社会构成的调查，有些媒体认为这是俄罗斯"中产阶级"登上政治舞台的标志②。虽然俄罗斯"中产阶级"的划分标准和构成特征在学术界还没有形成共识，但网民群体有一定的经济基础、善于表达政治意愿、具有强烈公民意识等特征与"中产阶级"的特征基本吻合。

在网络公共领域中，每个社会成员具备发布信息、表达观点和抨击时弊的条件和能力，逐渐成为信息权力的主体。而在传统社会，信息权力是掌握在政治权力和意识形态的控制者手中，是一种自上而下的权力。正如卡斯特说的那样，网络化时代的"权力不再集中于机构（如国家）、组织（资本主义企业）和符号的控制者（公司制媒体、教会）之手。它散布在财富、权力、信息与图像的全球网络中，在可变的几何学和非物质化的地理学系统中传播和嬗变"③。在俄罗斯，这种权力转换在政治实践中表现得极为明显，随着俄罗斯社会网络化程度加深，互联网已经不再像互联网发展初期那样只是被国家权力控制的大众传媒工具，而是民众表达社会情绪、多元社会舆论形成、新的政治势力滋生的公共领域。这个公共领域形成的社会权力对原有的权力结构造成了巨大的冲击，实现了网络空间权力结构的转型。

---

① Официальный сайт Аналитического Центра Юрия Левады（Левада - Центр）// http：// www. levada. ru/26 - 12 - 2011/opros - na - prospekte - sakharova - 24 - dekabrya 26 декабря 2011 г.

② Шустер С. Революция в России готовится в Twitter, Facebook и Youtube от 16. 11. 11 http：// www. inopressa. ru/article/16Jan2012/time/twitter. html.

③ 〔美〕曼纽尔·卡斯特：《认同的力量》，曹荣湘译，社会科学文献出版社，2006，第416页。

俄罗斯黄皮书

四 网络"书报检查制度": 国家对互联网的管控

哈贝马斯提出"公共领域"的概念意在探讨"公共领域的结构转型",他认为,19世纪末期以来,具有相对独立地位的资产阶级公共领域开始消失。主要是由于公共领域与私人领域出现了融合的趋势①,内心领域便退到了私人领域的边缘地带②。随着大众传媒日益商业化、娱乐化并被国家控制,文化批判的公众不断转变为文化消费的公众③,公共领域作为一个独立的领域面临被瓦解的危险。在俄罗斯,普京政权从2012年起开始对互联网进行严格的管控,独立于社会和个人的公共领域呈现国家在场的局面,俄罗斯网络公共领域因国家力量的介入而进行结构转型。

在2011~2012年抗议集会如火如荼进行的时候,俄罗斯当局已经发现并注意到互联网在政治抗议活动中起到的重大作用,开始有了管控网络空间的动作。俄罗斯内务部官员建议采用激进的措施来治理网络空间,指出:"社交网络是社会安全最主要的隐藏的威胁。我们注册真实的名称和地址,如果你是一个诚实的人、守法的人,为何要藏起来?"2011年12月7日,圣彼得堡安全部门的官员致信社交网站"В Контакте"的创始人和管理者巴威尔·杜罗夫,请求封锁与组织抗议集会活动相关的五个组织和两次活动。2011年12月9日,他又收到圣彼得堡检察院与此相关的信函。杜罗夫回绝了这个请求,他认为:"我们不对政府负责,也不对反对派负责,也不对任何政党负责。我们是自由论者的观点,他们并没有影响整个进程。"④ 这些管控措施在当时并没有顺利施行,主要原因是俄罗斯联邦法律体系中并没有相应的网络管控的内容,当局无法找到管控"抓手",单凭行政命令很难产生效力。

普京第三次就任总统以后,俄罗斯对互联网进行了越来越严格的管控,与

---

① 〔德〕哈贝马斯:《公共领域的结构转型》,曹卫东译,学林出版社,1999,第171页。
② 〔德〕哈贝马斯:《公共领域的结构转型》,曹卫东译,学林出版社,1999,第179页。
③ 〔德〕哈贝马斯:《公共领域的结构转型》,曹卫东译,学林出版社,1999,第187页。
④ Дуров ответил ФСБ на запрос о блокировке оппозиционных групп //http://www.rosbalt.ru/main/2011/12/08/922324.html 8декабря 2011 г.

俄罗斯互联网发展与政治实践

以往垄断网络和传媒资源不同的是，俄罗斯出台了一系列限制信息传播和互联网自由的法案，在法律的框架下逐渐建立网络检查制度，管控的力度比对电视、广播和报纸等传统媒体要大①。

管控网络信息传播最为基本的法律文件是2006年7月27日通过的《信息、信息技术和信息安全法》②，它确定了依法管控网络的总体原则：依法搜寻、获取、转发、生产和传播信息的自由。获取信息要在以宪法为基础的法律框架下，保护他人的道德、健康、人权和利益不受侵害，以及保证国防和国家安全。

就在2011~2012年俄罗斯因选举而爆发的大规模集会抗议活动结束以后，俄罗斯出台了一系列的法令来限制政治集会示威活动，以做亡羊补牢之举，对互联网的管控是其重点，并成为俄罗斯在管控互联网的法律实践中的创新。2012年7月11日，国家杜马以434票赞成，0票反对，16票弃权的票数通过了"网站黑名单法"③。新法案的核心就是创立了一份网站域名和地址的清单，这些网站的内容和信息在俄罗斯传播是被禁止的。这份清单由互联网监察部门（Роскомнадзор④）拟定。俄罗斯政府责成专业的机构负责收集相关的信息，通过法院裁决后方为违法信息，进入黑名单。第一批进入黑名单的是含有儿童色情、生产和使用毒品、自杀方法内容的网络资源。"网站黑名单法"虽在表面上只限制有害于儿童成长的网站，但是这开启了网络检查制度，对于限制和监察网络信息的传播有了法律依据。

"网站黑名单法"从草案提交国家杜马之时就已经在国内外社会上引起强烈的反响。一些大的网络公司，如Яндекс、谷歌、维基百科、LiveJournal等都

---

① Левова И., Шуклин Г., Винник Д. Права интернет - пользователей: Россия и мир, теория и практика / И. Левова, Г. Шуклин, Д. Винник. М.: Ассоциация интернет - издателей; «Кабинетный учёный», 2013. – 144 с.

② № 149 – ФЗ «Об инфор - мации, информационных технологиях и защите инфор - мации»

③ 法律文件全称为《О внесении изменений в федеральный закон , О защите детей отинформации, причиняющей вред их здоровью и развитию и отдельные законодательные акты Российской Федерациипо вопросу ограничения доступа к противоправной информации в сети интернет》。

④ Федеральная служба по надзору в сфере связи, информационных технологий и массовых коммуникаций，即联邦通信、信息技术和大众传媒监察局，见 http://rkn.gov.ru/。

被审查，而这些网站正是在抗议集会中最为活跃的网络平台。为此，谷歌网站收集保卫网络自由和开放性的签名，在全世界范围内征集到300万个签名。2012年6月29日，联合国人权委员会出台了《提升、保护和实现网络中的人权》的决议，认为个人有在网络上和其他技术空间自由发表自己想法的权利，俄罗斯对此并无回应。2012年7月1日，俄罗斯海盗党（Пиратская партия России①）发起对网络检查的抗议集会。2012年10月1~28日，法案生效的第一个月，俄罗斯多个城市爆发了"反对网络检查"的抗议活动。2013年11月1日"网站黑名单法"实施一周年之际，国家的宣传机构都在谈这部法律帮助儿童远离自杀、毒品和色情。互联网自由委员会（РосКомСвобода）的报告指出，列入"网站黑名单"的信息中有83215条是正常的网络信息，含有违法信息的网站中，98%都被查封。而就在此后不久的11月15日，进入"网站黑名单"的标准进一步放宽，除了审查内容以外，有内容、域名、IP地址链接到被禁止的网络资源的网站也会被列入"网站黑名单"。

　　一波未平，一波又起。2013年1月25日，文化部公布了"在包括互联网在内的电信网络打击侵害著作权的法律修改草案"。6月6日，国家杜马将这个草案列入修改草案序列。在民间，这个法案受到社会广泛关注，很多人认为国家对网络管控更为严格，网络检查的力度已经达到了这个时代的顶峰。这个法案有各种绰号："反盗版法""反网络法""俄罗斯的SOPA"②，等等。2013年7月2日，普京签署"反盗版法"激起了声势浩大的反对声浪。7月4日至8月10日，海盗党、互联网使用者协会、互联网自由委员会联合发动了废止"反互联网法案"的签名活动，一个月时间内，共收集到十万人签名。7月28日，在俄罗斯的多数城市（莫斯科、圣彼得堡、喀山、加里宁格勒、托木斯克等）爆发多场反对"反盗版法"的抗议活动。2013年8月1日，"反盗版法"生效，这一天，全俄互联网工作者罢工，请愿的签名已经达到100万人。

---

① http://pirate-party.ru/.
② 《禁止网络盗版法案》（Stop Online Piracy Act），缩写为SOPA。该法案由美国众议院得克萨斯州共和党议员兰默·史密斯（Lamar Smith）于2011年10月26日提出。如果该法案得到通过，将扩大美国执法部门及版权拥有者在应对网络上贩售盗版产品及冒牌货时的权利。该法案现已提交至美国众议院司法委员会。

俄罗斯互联网发展与政治实践

进入2014年，面对国内的反对声浪，俄罗斯并没有停下网络管控的脚步。2月28日，1月中旬提交国家杜马的"反恐怖主义法案"通过一读。如果这个法案通过，将会给公民权带来限制：对公民在互联网的信息传播控制更为严格，所有的网站都要在Роскомнадзор注册并保留半年内用户的信息，网上支付和汇款会受到限制，而这些措施授权给ФСБ（联邦安全局）。

从"网络黑名单法"到"反盗版法"，再到还没有通过施行的"反恐怖主义法案"，俄罗斯对互联网的管控，对网络资源获取和传播的限制越来越严苛，网络检查制度的轮廓也越来越清晰，让人不禁联想到苏联时代的书报检查制度。在Freedom House组织推出的全球互联网自由度指数中俄罗斯被下调一个级别，从"自由"变为"部分自由"。对于占人口近一半的网民来说，这些法案剥夺了他们的网络自由、公民权益、个人信息安全。网络空间有了国家力量的监控，与官方主流价值观和意识形态相左的信息和内容都会以危害国家安全、信息安全、知识产权等理由被屏蔽，政治反对派难以在网络空间动员民众和发挥影响力，网络监督的功能弱化。可以说，随着不断严苛的网络检查法案逐步实施，刚刚诞生的网络公共领域面临危机。同时，国家力量这种依靠权力进行管控的方式是否能在公民精神和公民意识更为强烈的网络空间有效，"可控的民主"从现实世界嫁接到网络空间是否可行，我们拭目以待。

五　结语

互联网作为大众传媒是人际交流的工具，反映社会舆情，影响决策部门的决策。与大多数大众媒体自由的国家相比，俄罗斯将包括互联网在内的大众媒体放置在严酷的国家控制之下①。俄罗斯当局此举有保卫国家信息安全、保护著作权、打击恐怖主义等目的，但其核心还是国家权力和执政党要增加对互联网的影响力。在网络化时代，政党组织的愿景和意识形态会通过新的网络传媒技术展示出来。政党希望最大限度地将自己的声音通过媒介自上而下地传播到

---

① Доклад о состоянии гражданского общества в Российской Федерации за 2013 год. – М., Общественная палата Российской Федерации, 2013. с. 132.

社会的各个阶层。

从互联网参与政治实践的过程中，我们会发现俄罗斯政党政治的特点。在俄罗斯，政权党被学者称为"卡特尔"政党，实质上是精英集团的联盟，它要把各种资源聚集在政权中心周围，动员选民的、商业的和媒体的支持力量维护自己的利益，并消解其他政党的势力[①]。在此过程中，政权党获得不对称和不平衡的力量，将政治资源和资本注入一个党，从而在政党竞争中无往而不胜。这种后共产主义国家的卡特尔类型的政党为了最大限度地发声，体现它的影响力，需要使用网络传播技术将它的观念自上而下地传播[②]。而一旦失去了互联网这个阵地，信息权力结构转换，政权党会陷入被动的局面。2011~2012年的抗议示威活动使得执政当局措手不及，正是在那个时期，互联网作为公共领域在动员民众、传递信息、制造公共舆论方面的价值才被执政当局充分认识到。之后实施的一系列互联网管控措施也就不难理解了。

目前，对互联网的管控措施或刚刚施行不久，或仍在审核之中，管控的结果还没有最终显现。现在实行的对互联网的管控措施仍是监管传统媒体的"书报检查制度"模式，这对于匿名性强、信息流动快、开放性高的网络媒体未必奏效，为了达到预期的管控目的，将会付出巨大的成本。如果这些措施被严格执行，那么刚刚兴起的、活跃的网络空间将会受到严厉的打击，俄罗斯政治体制下相对自由的公共领域也会受到限制和封锁，俄罗斯公民社会建设会再一次受挫。互联网管控措施使得政治反对派、民众表达意见和发泄不满及负面情绪的公共领域消失，互联网不再具有社会"安全阀"的功能，这些不满情绪会从虚拟空间转移到现实空间，这对于社会稳定、国家安全也是威胁。限制互联网信息的获取与传播，对刚刚兴起的网络经济也是严重打击，会逐渐将俄罗斯与世界割裂开来，这在互联网异军突起、网络经济飞速发展、网络社会快速崛起的时代显然是不合时宜的。

---

① Oversloot, H., R. Verheul. The Party of Power in Russian Politics. / Acta Politica. No 35, 2000.
② Römmele, A... Political Parties, Party Communication and New Information andCommunication Technologies. / Party Politics. Vol. 9, No1, 2003.

Y.6 俄罗斯的社会情绪

庞大鹏*

摘　要：

俄罗斯社会情绪保持整体稳定。在此基础上，俄罗斯政府倡导保守主义价值观，加强社会的心理认同。但近期由于经济增长放缓等原因，俄罗斯的社会情绪出现焦虑，尤其值得关注的是，由于民族宗教问题而导致社会情绪中的非理性因素有所增加。在民族关系上建立良好的社会情绪疏导机制是俄罗斯政府需要面对的挑战。

关键词：

俄罗斯　社会情绪　保守主义　民族问题

社会情绪一般指弥散在社会群体中的心境状态，是一种心理感受。广义的社会情绪包含一个社会的价值取向。这种价值取向在很大程度上影响了执政者治国理念的形成，同时也会被执政者加以吸纳采用，上升为国家意识形态，从而反过来影响宏观社会心理状态，促成社会共识的形成。就俄罗斯的社会情绪而言，从中长期时间段来看（普京2000年上台执政以来），社会情绪日趋稳定，普京由此提出保守主义的价值观，加强社会的心理认同。但是，近期由于经济增长放缓等原因，俄罗斯的社会情绪出现焦虑，尤其值得关注的是，由于民族宗教问题而导致社会情绪中的非理性因素有所增加。在民族关系上建立良好的社会情绪疏导机制是俄罗斯政府需要面对的挑战。

---

* 庞大鹏，中国社会科学院俄罗斯东欧中亚研究所研究员。

俄罗斯黄皮书

一　中长期时间段的社会情绪：总体稳定

2013年全俄舆论中心与社会舆论基金会等机构以俄罗斯人对最近10～15年以内社会变迁的感受为主题组织了大规模的社会调查。这项社会调查的目的是通过掌握客观信息，反映普京2000年执政以来俄罗斯的社会情绪。最终的调查结果以《俄罗斯感到惊讶：统计数字和社会学不支持错觉和偏见》为总题目于2013年11月公布。①

这项调查分为九个部分：俄罗斯的国家形象、俄罗斯民众的自我感觉、富裕与贫穷情况、俄罗斯经济（不仅仅是石油和天然气）、政府与民众、俄罗斯民族情况、军队与社会情况、体育与奥林匹克运动会情况，以及科学教育文化情况。每一部分都是以人们对于俄罗斯各个领域约定俗成的观点作为调查的问题，然后将这种已有的认识与调查的答案进行对比。对比分析推翻了人们在认识上对俄罗斯很多方面的误区。这项调查具有权威性，而且调查的内容涉及社会生活的方方面面，本身具有极强的针对性。在这次社会调查的九个部分中，能够反映俄罗斯社会情绪的调查集中在以下五个部分。

一是在以"俄罗斯人的自我感觉"为主题的部分，调查显示俄罗斯民众对于生活的满意度较高。② 其一，关于"俄罗斯人不满意自己和自己的生活"的调查。实际情况与人们的印象相反。2005年以来，俄罗斯民众中对生活满意的人大大增加，同时，不满意自己生活的人减少一半（从2005年第二季度的37%下降到2013年5月的19%）。因此，从中长期的时间段看，多数俄罗斯人满意自己的生活状况。③ 其二，关于"俄罗斯人似乎感到不幸福"的调查。这与人们的普遍印象差别很大。与20世纪90年代初相比，俄罗斯民众的幸福感几乎增加一倍。1992年感到幸福的俄罗斯人只有42%，而如今有2/3

---

① Россия удивляет, http://www.russia-review.ru/.
② Социальное самочувствие - каждый второй респондент в 2010 - 2012 гг. заявлял о том, что для его семьи прошедший год был хорошим и удачным, http://www.russia-review.ru/o-proekte/socialnoe-samochuvstvie/.
③ Большинство удовлетворено своей жизнью, http://www.russia-review.ru/o-proekte/socialnoe-samochuvstvie/.

的人（76%）认为自己是幸福的。① 其三，关于"俄罗斯人认为自己很穷"的调查。受访者多数认为自己的家庭物质条件是好的，与2005年相比，认为自己物质状态不好的人减少了一半。例如在2005年第二季度，认为自己的物质状态糟糕的人有34%，而2013年5月，只有16%。② 其四，关于俄罗斯民众对于未来预期的调查。首先，认为"俄罗斯人过一天算一天"的认识不符合事实。俄罗斯人的确不喜欢从长计议，但是近2/3（62%）的受访者会努力为自己做出几个月的计划。③ 其次，"在俄罗斯，对什么都别信"，这种认识也不全面。调查表明，有这种感觉的人越来越少。例如，在2000年时有2/3的人缺乏信心，2010年悲观主义者与乐观主义者的人数持平，虽然在2011年时悲观主义者有所增加，但是2012～2013年又回到持平的状态。④

二是在以"富裕与贫穷"为主题的部分，调查表明俄罗斯民生状况一直在改善，俄罗斯人也梦想生活越来越好。⑤ 有一半的受访者应用互联网，⑥ 1/3的人使用银行卡，2013年有1/5的俄罗斯人通过各种卡进行支付。⑦ 几乎所有成年人都使用手机，⑧ 2006年多数家庭（63%）还没有汽车，但现在无车家庭急剧减少，2013年几乎一半家庭（48%）拥有私家车。⑨ 廉价国产车不太

---

① Счастливых людей становится больше, http：//www. russia - review. ru/o - proekte/socialnoe - samochuvstvie/.
② Россияне все лучше оценивают свое материальное положение, http：//www. russia - review. ru/o - proekte/socialnoe - samochuvstvie/.
③ Растет горизонт планирования, http：//www. russia - review. ru/o - proekte/socialnoe - samochuvstvie/.
④ Растет уверенность в завтрашнем дне, http：//www. russia - review. ru/o - proekte/socialnoe - samochuvstvie/.
⑤ Богатство и бедность - Практически каждый десятый россиянин ориентируется в целях и планах на жизнь на среднюю семью в Западной Европе и США, http：//www. russia - review. ru/o - proekte/bogatstvo - i - bednost/.
⑥ Каждый второй пользуется Интернетом, http：//www. russia - review. ru/o - proekte/bogatstvo - i - bednost/.
⑦ Пластиковые карты входят в привычку, http：//www. russia - review. ru/o - proekte/bogatstvo - i - bednost/.
⑧ Мобильный телефон есть у каждого, http：//www. russia - review. ru/o - proekte/bogatstvo - i - bednost/.
⑨ Половина населения имеет персональное авто, http：//www. russia - review. ru/o - proekte/bogatstvo - i - bednost/.

流行，外国品牌汽车有稳定需求。① 1/5 的人计划未来几年购买新车。② 从 2005 年到 2013 年，俄罗斯人的存款增加 2.5 倍，从 9.95 万卢布提高至当前的 25 万卢布。③ 住房越来越舒适、方便和有科技含量。④。

三是在以"俄罗斯的国家形象"为主题的部分，调查显示俄罗斯人对于国家形象的满意度较高。43% 的人认为俄罗斯是先进国家。半数人相信，自己生活在一个富裕而自由的国度里，俄罗斯的世界影响力不断提高。⑤

四是在以"政府与民众"为主题的部分，调查显示俄罗斯民众对普京有好印象，他拥有很大的关注度和支持率。在普京时代，不同职业的人生活得比戈尔巴乔夫和叶利钦时代更好，不同民族的人也感到如今在俄罗斯更舒服，可以有尊严地生活了。大多数俄罗斯人认为政治形势正常，国家发展方向正确。俄罗斯不会爆发革命。⑥

五是在以"俄罗斯民族"为主题的部分，调查显示爱国主义是一面旗帜。俄罗斯人越来越感到自己是爱国者，扭转了爱国者不再时髦的认识。他们尤其对自己国家的历史、体育、文化和艺术感到自豪。曾经在苏联时期生活过的人现在对解体已经不感到惋惜了，不想回到过去。⑦

从上述调查可以看出，普京执政以来，社会情绪总体上积极健康，对普京

---

① Отечественные автомобили теряют популярность, http：//www. russia - review. ru/o - proekte/bogatstvo - i - bednost/.

② Каждый пятый планирует приобрести автомобиль в ближайшие годы, http：//www. russia - review. ru/o - proekte/bogatstvo - i - bednost/.

③ Сто тысяч уже не считают сбережениями, http：//www. russia - review. ru/o - proekte/bogatstvo - i - bednost/.

④ Дома становятся комфортными, http：//www. russia - review. ru/o - proekte/bogatstvo - i - bednost/.

⑤ Образ России в мире - Каждый второй опрошенный считает, что живет в богатой стране. При этом по мнению большинства, Россию в мире считают богатой страной, http：//www. russia - review. ru/o - proekte/obraz - rossii - v - mire/.

⑥ Власть и народ - При Путине всем представленным профессиональным группам живется лучше, чем при Горбачеве и Ельцине, http：//www. russia - review. ru/o - proekte/vlast - i - narod/.

⑦ Российская нация - Россияне больше всего гордятся историей своей страны, российским спортом, культурой и искусством, http：//www. russia - review. ru/o - proekte/rossiiskaja - nacija/.

执政的认可度维持高位。这也是普京执政基础雄厚的根本原因所在。正是在社会情绪整体稳定的前提下，普京执政团队倡导的保守主义价值观才能深入人心。2008年9月，时任政府总理的普京作为统一俄罗斯党党主席在瓦尔代会议上表示，他本人愿意成为将民主价值与俄罗斯国家传统相结合的保守主义者。格雷兹洛夫指出，保守主义的常量是文化、精神、爱国主义和国家力量，其变量是科学的发展、新技术的运用和民众生活水平的提高。① 虽然俄罗斯保守主义的核心观念是反对一切激进的革命，主张以妥协手段调和各种社会势力的利益冲突，但是在当代俄罗斯政坛，保守主义在大多数情况下代表了一种政治符号，即代表中派主义，更多的是强调一种政治价值取向。俄罗斯政治信息中心主任穆欣认为，社会对保守主义政策的需求早已成熟，普京再次回应这种社会情绪的政治时机是适宜的。2013年12月12日，普京在国情咨文中重申，俄罗斯选择保守主义方向，并将新时期的政策内涵解读为捍卫传统的家庭价值观，始终如一地坚持俄罗斯的立场。俄罗斯确有成为领导者的雄心，但不会教其他国家如何生活或是不惜一切代价恢复自己的超级大国地位。普京认为，俄罗斯最推崇建立在相互尊重基础上的价值观和价值导向。②

二 近期社会情绪：焦虑感与非理性倾向

虽然普京执政以来，俄罗斯社会情绪十多年来总体保持平稳，但是金融危机以来，公民社会的意识逐步增强，中产阶级登上政治舞台。民众的期待越来越高，多元化趋势越来越明显，社会情绪开始进入复杂多变期。③ 在这种情况

---

① Идеология Партии основана на консерватизме, http://edinros.er.ru/er/text.shtml?32471/110022.
② Алексей Мухин, В духе здорового консерватизма, Российская газета, 19 декабря 2013г.
③ 据俄罗斯战略研究中心估计，中产阶级在莫斯科占到总人口的40%，在其他城市大约占30%。这是一个相当大的选民群体。这一群体在权力机构中实际上没有自己的代表。中产阶级不仅人数相当多，而且是俄罗斯社会中素质最高的一个阶层。近十年来中产阶级的观点被公然忽视，这是俄罗斯当权者的一个重大政治错误。参看：Политический кризис в России и возможные механизмы его развития, http://www.csr.ru/index.php?option=com_content&view=article&id=307：2011-03-28-16-38-10&catid=52：2010-05-03-17-49-10&Itemid=219&lang=ru。

下，俄罗斯社会进入发展新时期。经济增长问题不仅涉及社会成员，包括社会稳定阶层——中产阶层的基本生存和生活的问题，而且还涉及社会成员自我发展和自我完善的问题，是影响社会情绪的重要因素。

然而，2012年下半年以来，尤其进入2013年以来，俄罗斯出现经济增长放缓甚至停滞的问题，俄罗斯联邦国家统计局2014年1月31日公布初步统计数据，2013年俄国内生产总值较上一年仅增长1.3%，低于预期，不及2012年3.4%增速的一半。① 2013年11月9日，经济发展部又下调2013～2030年俄经济增速预测，2030年前年均增长为2.5%。②

经济增长放缓对社会情绪造成了消极影响：尽管从中长期看，俄罗斯社会情绪保持稳定，但是从近期特别是2013年10月爆发反移民骚乱来看，俄罗斯社会情绪的焦虑感和非理性倾向有所抬头。

根据政治技术中心主任布宁的分析，若以对现政权是否支持为标准划分俄罗斯社会阶层的话，可以划分为2∶2∶6。就是说，普京的绝对支持者20%，坚定的反对派20%，摇摆派60%。20%的拥护者，无论经济形势如何都支持普京。20%的坚定反对派认为国家的问题是普京个人造成的，普京正将国家带入死胡同。第三个阶层，人数最多，占60%，之所以是"摇摆派"，是因为这个阶层的投票动机主要出于社会经济的考量。事实上，金融危机出现之前，正是在这个群体的基础上形成了"普京多数派"。腐败、行政管理低效、公民与政权分离等问题过去就存在，只是在经济稳步发展的背景下对于这个阶层而言不重要。但是，经济增长放缓了，普京在民生领域的承诺难以实现时，民众中的不满情绪总体上加大了。③

根据列瓦达11月份的民调，认为国家发展正进入死胡同的民众已经达到了41%，为近期新高。普京的信任指数已经降到了24%，为2012年再次就任总统以来的最低点。政治信任减弱，政治合法性受到质疑，这对于政治稳定会产生消

---

① Росстат: ВВП России в 2013 г. вырос на 1,3%, ниже ожиданий, http://www.interfax.ru/news/355195.
② В ближайшие 17 лет ВВП России будет расти по 2,5% в год, http://xn--80appbun8c.xn--p1ai/novosti/ekonomika/2013/11/09/vvp.html.
③ Игорь Бунин, Алексей Макаркин, Турбулентная Россия: общество, власть, оппозиция, http://www.politcom.ru/14030.html.

极影响。对俄罗斯社会情绪出现的焦虑感及其影响需要在 2014 年继续追踪观察。

除了社会焦虑感较此前有上升以外,经济增长放缓对民族关系的和谐稳定也有影响,造成社会情绪不理性因素的出现。1992 年俄罗斯有 1/3 的人收入低于贫困线,2000 年贫困人口占 29%。俄罗斯对贫困率的界定标准是收入低于最低生活保障线。目前俄将贫困人口标准界定在月收入 6700 卢布以下。按照这个标准,2010 年贫困人口占 12%,现在贫困人口又回潮到 15%。俄罗斯 10% 的居民十分富有,他们的收入相当于 10% 的最贫困居民的 15 倍,占全民总收入的 1/3,而集中在穆斯林群众的最贫困阶层的收入仅占 2%。这种两极分化的情况已成为民族矛盾的催化剂,因为排他和偏执的社会情绪更容易在贫困阶层中传播。而且,贫富差距造成民族心理上的被剥夺感,反映到现实的民族关系问题上就有可能造成隔阂和对抗。

事实上,普京在 2012 年总统选举前夕发表的第二篇竞选文章即为《俄罗斯的民族问题》。普京在文中表示,当前俄罗斯民族关系紧张的地区在扩大,宗教间紧张程度在加剧。激进民族主义和宗教排他性已成为俄罗斯极端主义组织和流派的思想基础。[①] 这几年由于民族问题引起的恐怖事件时有发生。2009 年 11 月,"涅夫斯基"特快列车爆炸事件;2010 年 12 月带有民族主义色彩的球迷骚乱事件;2013 年 10 月,莫斯科又爆发了三年来最大规模的反移民骚乱;索契冬奥会召开前夕的 2013 年 12 月 29 日,伏尔加格勒市火车站发生爆炸,30 日又有一辆无轨电车爆炸,两起爆炸均被定性为恐怖袭击。

民族问题与宗教问题相互影响。在拥有 1150 万人口的莫斯科,有统计称居住其中的信奉伊斯兰教的人有 150 万。[②] 现在莫斯科已成为欧洲最大的穆斯林聚集地。随着穆斯林人口的不断增大,伊斯兰教的力量也在发展,并且出现与其他宗教信仰居民的对立情绪。2013 年 11 月 4 日,俄罗斯团结日的当天,莫斯科警察如临大敌,出动大批警力维持秩序,是莫斯科乃至全俄民族关系紧张的一个体现。

---

① Владимир Путин. Россия: национальный вопрос, http://www.ng.ru/politics/2012-01-23/1_national.html.

② Власти Москвы согласились на строительство трех мечетей, 17 декабря 2012, http://lenta.ru/news/2012/12/17/mosque/.

根据列瓦达中心2013年11月的民调显示,逾30%的俄罗斯人对与自己同城共处的高加索国家移民持反感态度,另有25%的受访者感到愤怒,6%的人表示害怕。社会中的排外心态和民族主义情绪皆呈上升势头。2013年10月在莫斯科爆发的反移民骚乱,其实并非是令民族主义情绪飙升的导火索,只是当前社会心理的精准折射。当前,73%的俄罗斯人主张将来自独联体其他国家的非法移民驱逐出境,而在2012年,持同样看法者仅为64%;支持"俄罗斯属于俄罗斯人"这一观点的人,也从2012年的56%升至66%;而认同"受够了养活高加索"一类口号的受访者,已经从55%升至2013年的71%。在所有外来移民中,54%的俄罗斯人最主张限制的是高加索人的数量。民调还显示,41%的人认为出现排外和民族主义情绪的原因是移民的不良举止,30%的人承认这是对移民的害怕及不满情绪的宣泄。43%的受访者强调,执法机关及地方政府深陷腐败,向非法移民提供保护伞也难辞其咎。62%的俄罗斯人担心大规模的种族流血冲突在身边爆发。①综上所述,近期社会情绪的特点是焦虑感与非理性倾向的增强。

三 对俄罗斯社会情绪问题的若干思考

其一,对政治稳定的影响。伴随着极端民族主义社会情绪的高涨,联邦主体中民族共和国的"90后一代"民族自觉意识也在抬头。这体现在瓦哈比主义在伏尔加河中下游地区的渗透。目前,出现了有地方分立主义色彩的政党,如"俄罗斯地区联合党"。虽然《政党法》不允许有地方分立主义色彩的政党注册,但是这反映了一种社会情绪。有评论指出,到2016年第七届国家杜马选举的时候,普京面临的重大挑战是解决民族宗教问题以及地方分立主义政党对他的挑战。②

其二,对国家安全的影响。伊斯兰教政治化即伊斯兰主义是俄罗斯联邦社

---

① «Левада - центр» сигнализирует о росте национализма в России, 5 ноября 2013г, http: // izvestia. ru/news/559996.

② Олег Горбунов, Регионы не хотят объединения и «русской доминанты», http: //politcom. ru/ 14763. html.

会制度及国家体制面临的最严峻威胁之一。其表现之一是俄罗斯穆夫提委员会不少成员经常发表与俄罗斯国家利益不相契合的主张,伊斯兰极端主义分子甚至从思想意识上将北高加索地区与俄罗斯的其他地区剥离开来。其表现之二是"瓦哈比院外集团"已经形成,并发展成为一个具有高管理水平的专业团体。这类院外集团的成员包括俄罗斯高加索民族大会两主席之一、地缘政治研究会副会长哈利托夫,俄罗斯社会院社会对话及公民社会制度发展工作小组组长马克西姆·舍甫琴科以及其他一些社会活动家、新闻记者,他们一直呼吁要与瓦哈比分子展开"对话",吸收他们进入国家机关及社会团体,事实上是要摒弃俄罗斯宪法所规定的世俗国家原则。① 可见,俄罗斯执政阶层必须抵制上述原教旨主义的思想倾向,打破伊斯兰院外势力通过媒体和现行政治体制对社会施加影响的企图。

其三,对外交战略的影响。反对中亚移民的游行示威在俄罗斯正在成为常态。这种仇外情绪的抬头不仅对移民构成真正的威胁,同时也对普京政权及其重塑俄罗斯大国地位的雄心构成了威胁。为应对来自企业的压力,普京在2006年放宽了劳动移民法,此后移民数量相比苏联时期的低水平有了大幅增长:据估计,如今中亚五国人口总数的14%居住在俄罗斯。移民和自由贸易是俄罗斯维持中亚国家依赖的核心组成部分。这从2011年由俄罗斯寄出的汇款占塔吉克斯坦国内生产总值48%的事实可见一斑。因此,限制移民会削弱俄罗斯在该地区的影响力。② 当然,当前这种比较尖锐的排外情绪与移民流动带来的劳动力市场竞争有关,但也说明民众对普京提出的后苏联空间一体化的支持有所保留,而这种怀疑的态度对普京欧亚联盟所寄托的政治抱负是否形成冲击,尚需要继续观察。

其四,对大俄罗斯主义社会情绪的思考。苏联解体后俄罗斯信仰伊斯兰教的穆斯林人口增长率超过信仰东正教的俄罗斯族,这被视为俄民族宗教领域的重大问题,并引发对俄国家特性的讨论。美国的亚裔少数民族的人口数量同样增长

---

① Яна Амелина, Исламизм, США и «ваххабитское лобби» в России, http://www.fondsk.ru/news/2011/03/09/islamizm – usa – i – vahhabitskoe – lobbi – v – rossii – 2228. html.

② David Priestland, Exploiting xenophobia is bad politics for Putin, Financial Times, November 18, 2013.

很快,有资料说21世纪中叶前在美国白种人口将不再占据多数,但美国并没有过多讨论"我们是谁"这类的问题。这种比较说明了什么?可以说,俄罗斯民族文化上的这种现象与苏联解体后俄罗斯民众在民族情绪上的反应是一致的。这种民族情绪就是强调人口最多的俄罗斯人的利益,实质是大俄罗斯主义问题。

这种观点认为,人口最多的俄罗斯人在苏联时期是最无权的,苏联解体前实际上一直存在着将小民族置于同大民族相比更为优越的条件之下,这一方针是苏联民族关系危机的根源,它在某种程度上决定了苏联的解体。1917年俄罗斯帝国的垮台和1991年苏联的解体都在于国家和俄罗斯人之间的脱节,在于人口最多的民族丧失了代表和捍卫其民族利益与价值观的能力、漠视帝国的命运。① 这反映了相当多俄罗斯族人的心态,即认为俄罗斯历史上的两次国家衰败都与国家对俄罗斯族重视不够息息相关。

在苏联解体进程中,主张俄罗斯民族回归俄罗斯民族精神、民族文化本源的一批俄罗斯思想家、学者和宗教界上层人士提出以传统的俄罗斯文化和东正教思想"拯救俄罗斯"。叶利钦抓住民众情绪的走向,提出了"复兴俄罗斯"的口号,使他得到了"新兴的"民主力量和传统的民族主义力量的支持,在同戈尔巴乔夫的政治角逐中取得了胜利。② 甚至在苏联解体后,还有许多俄罗斯族学者认为过去列宁和斯大林推行的是一条"反对俄罗斯人的方针政策",因为他们不准许俄罗斯人建立自己的民族国家,而且肢解俄罗斯领土,把原先俄罗斯的许多土地分割给其他少数民族。这些俄罗斯人竭力主张振兴大俄罗斯,甩掉其他落后的民族,利用俄罗斯的丰富自然资源,原有的经济、科学技术的优势,采用发达国家的管理方式和社会发展模式,把俄罗斯建设成为世界一流的富强国家。③

这种社会情绪对政治精英的观念有所影响,俄罗斯政府在制定民族政策战略中实际上并没有完全摆脱大俄罗斯主义的影响。2010年12月马涅什广场事件后,以宪法和国家建设委员会主席弗拉基米尔·普利金为首的国家杜马议员

---

① 刘显忠:《近年来俄罗斯史学界有关苏联民族关系史的研究状况》,《世界民族》2007年第2期。
② 薛衔天:《试论俄罗斯民族主义与苏联解体》,《东欧中亚研究》1996年第3期。
③ 陈联璧:《俄罗斯民族关系理论和政策的变化》,《东欧中亚研究》1999年第1期。

提出从 2015 年 1 月 1 日起对外国移民强制实行俄罗斯语言、历史和劳动移民法考试。这是大俄罗斯主义在思想领域的体现，实际上是要维持俄罗斯文化的优势地位。这遭到了其他联邦主体如民族共和国的反对。2012 年 10 月 29 日，在起草民族政策战略的工作小组会议上，以鞑靼斯坦共和国为首的一些俄罗斯联邦民族地区反对联邦中央继续合并行政区的倡议以及立法加强俄罗斯文化在国内优势地位的做法。这种政治举措对于缓和俄罗斯国内紧张的民族关系没有益处。① 从解体以来的政策实践看，俄罗斯领导层的着力点实际上集中在严厉打击地方分立主义倾向上，而对大俄罗斯主义思潮的应对力度不够。

在民族关系上建立良好的社会情绪疏导机制是俄罗斯政府需要面对的挑战。2011 年国家杜马选举和 2012 年总统大选前后，普京和梅德韦杰夫均意识到民族问题的重要性。梅德韦杰夫指出阻止民族仇恨爆发首先是地区领导人而不是强力部门的任务，他责成地区行政长官亲自管理民族和宗教关系问题。② 普京除了在竞选文章中专文阐述俄罗斯民族政策外，在 2013 年的瓦尔代论坛和国情咨文中都强调了民族融合的重要性。2012 年 6 月 7 日，普京成立隶属于总统的民族关系委员会。2012 年 12 月 19 日，俄罗斯政府正式公布 2025 年前国家民族政策战略。2013 年 7 月 21 日，俄罗斯政府批准了 2025 年前国家民族政策战略实施计划。这份计划共有 82 项内容，包括完善民族政策方面的国家管理、保障公民平等权利、落实公民宪法权利、加强俄罗斯多民族间的民族团结和精神一致以及保障民族间和平与和睦。这份计划还包括为有效实施民族政策采取措施保障社会经济条件、促进俄罗斯民族多样性发展和教育体系发展、对下一代进行爱国教育、支持俄语作为官方语言以及为移民适应社会和文化创造条件。③ 俄罗斯新时期民族政策对极端社会情绪疏导的成效如何，2014 年需要继续关注。

---

① Олег Горбунов, Регионы не хотят объединения и «русской доминанты», http：//politcom. ru/14763. html.
② Ирина Зубова, "Россияне – это пока не то", 27 декабря 2010, http：//www. utro. ru/2010/12/27/peredovica/.
③ Об утверждении плана мероприятий по реализации в 2013－2015 годах Стратегии государственной национальной политики Российской Федерации на период до 2025 года, http：//government. ru/docs/3229.

Y.7
俄罗斯"公共史学"的萌芽与兴起

王桂香[*]

摘　要： 俄罗斯经历了苏联解体等一系列重大社会变革，转轨给民众带来了强烈冲击，也引发了民众对历史的热衷并渴望从中寻找出解开现实困惑的答案。民众对历史的认知与评议，与当前政治现实和社会的未来密切相关。而俄罗斯官方对历史文化遗产的重视，历史通俗读物的井喷般地涌现，都正是顺应了这种社会需求，并形成全社会历史热的局面，因此，近年来俄罗斯"公共史学"悄然兴起，值得我们予以关注。本文以剖析有关贝利亚类书籍的大量涌现为例，来分析俄罗斯当前"公共史学"的兴起特点。

关键词： "公共史学"　苏联历史　俄罗斯

"公共史学"（public history）起源于美国20世纪70年代，后来逐渐形成一种新的史学派别，主要是指运用学院派历史学的知识和方法、史料分析等专业工具和研究成果，借助其他学科方法，服务于现实社会的"公共领域"，诸如政府各部门、公司企业、电视、电影、出版业等大众媒体。"公共史学"以社会需求为导向，强调史学的实用性，已发展成为美国史学研究的新领域。

---

[*] 王桂香，中国社会科学院俄罗斯东欧中亚研究所副研究员、博士。

在俄罗斯,"公共史学"(публичная история①)概念只是最近几年才偶尔被提及,还未获得广泛传播和达成统一认识。俄罗斯历史学家佐林(А. Л. Зорин)曾表示,在俄罗斯,对"公共史学"概念的认识,不同的人会给出不同的解答,"公共史学"并不是学院派教授们所研究并作为专门学科的专业史学,而是历史知识和技能在日常生活中的公共区域里的应用②。与欧美相比,俄罗斯的"公共史学"尚处于萌芽阶段,尚未形成独立的史学流派。既没有成立独立团体,也没有发行公开刊物。在高校开课情况,也仅仅是2012年夏莫斯科社会经济学院率先开设了"公共史学"研究生课程(Public history. Историческое знание в современном обществе)③。尽管如此,"公共史学"在媒体、电影、电视,尤其是出版业中形成了热潮,并与传统的学院派史学并行发展,在俄罗斯社会民众中产生了巨大的影响。

一 俄罗斯"公共史学"兴起的原因

(一)为满足社会需求应运而生

苏联时期,受意识形态的影响,历史学成为服务于苏联政治现实的工具,官方历史观统领一切。不与此为伍的统统被称为持不同政见者,其文稿和著述经常性地被审查和扣押,很多只能在国外发表或出版,例如,我国读者熟知的罗伊·麦德维杰夫的《让历史来审判——论斯大林和斯大林主义》最先就是从英文版翻译成中文的。20世纪80年代末戈尔巴乔夫改革开始后,"填补历史空白点"使全社会对历史的关注急剧升温,以前的"禁书"纷纷在苏联国内出版,非学院派史学类书籍应运而生。

---

① 关于"公共史学"的概念,我们在翻译英文 public history、俄文 публичная история 时,有各种译法,诸如公共史学、公众史学、大众史学、公共历史、大众历史等,概念的界定尚不尽一致,也有学者视其为"通俗史学",笔者认为,用"公共史学"更为客观,避免主观评定因素的干扰,特此说明。
② http://theoryandpractice.ru/posts/7566 - zorin, 2014 - 03 - 18 «Мы всегда находимся в зоне интерпретации исторического факта»: Андрей Зорин о публичной истории.
③ http://www.msses.ru/about/faculties/129/programma - kursa/.

俄罗斯黄皮书

20世纪90年代初，苏联解体给俄罗斯社会带来了巨大的冲击，面对激烈的社会大变革，"从何而来？""谁之罪？""怎么办？""走向何方？"等问题成了全社会关注的焦点。人们期待从历史中寻找答案，了解历史真相，弄清苏联解体的原因，判断俄罗斯未来发展方向。俄罗斯史学开始在多元化的空间里蓬勃发展，出现了百家争鸣的局面。各类书籍大量出版，对重大历史事件、重要历史人物得出不同甚至截然相反的观点。例如，俄罗斯政治百科出版社（РОССПЭН）与叶利钦总统基金会合作出版的项目"斯大林主义史"（серия «История сталинизма»），自2008年起至今已经出版了98部书籍，旨在对苏联时期的斯大林主义进行剖析，以加强俄罗斯社会民众的认识。而"青年近卫军"等出版社则出版发行了大量歌颂斯大林功绩的书籍，"维切"（Вече）出版社2007年出版发行了系列五卷本"关于斯大林的200个神话"。围绕斯大林及其时代的激烈争论一直未停，折射出俄罗斯社会对此存在的巨大分歧。

苏联时期出版的通俗史学读物大多是官方正统观点的注释和阐述，从戈尔巴乔夫时期开始，回归历史真相、重评重大历史事件、讨论历史发展道路，已经不只是学院派历史学家和历史科研人员们的工作内容。对历史的认知关系到国家的现在和未来，影响一个民族对现实的接纳和对未来的规划，这是俄罗斯"公共史学"产生的根源。因此，在档案文献、学术专著层出不穷的同时，多元化的大量历史通俗读物井喷般地涌现。

（二）官方的大量关注促进了公共史学的发展

俄罗斯官方近年来对"历史问题"一直格外重视。这主要体现在三个方面。一是2009年5月专门成立了"打击以损害俄罗斯利益为目的篡改历史行为俄罗斯总统直属委员会"，时任总统梅德韦杰夫指出，任何人都不能质疑俄罗斯在取得伟大卫国战争胜利方面创下的功绩；二是2012年年初发布总统令举办俄罗斯历史年；三是重视并着手解决历史教科书问题。

2012年1月9日时任总统梅德韦杰夫签署了《关于在俄罗斯全境举办俄罗斯历史年》的总统令，旨在通过一系列纪念活动进一步唤起全社会对俄罗斯历史和俄罗斯在世界历史进程中的作用的关注。在俄罗斯历史年（2012年是许多重大历史事件的整数纪念年，如抗击拿破仑入侵的"卫国战争"200周年、从波兰侵略者手中解放莫斯科 400 周年、斯大林格勒保卫战胜利 70 周年、古罗斯国家建立 1150 周年等）中，俄政府组建历史年组委会，在全国举办纪念活动、专题研讨会、学术讨论会，积极拍摄重大历史题材的电影和电视片，制作广播专题节目，并在驻外使馆文化处建立"俄罗斯文化中心"，对外积极宣传。上述举措使俄罗斯社会对历史的关注度得到进一步提升。

对此，俄著名历史学家萨哈罗夫表示："'俄罗斯历史年'要宣传历史真相，宣传俄罗斯民族自豪感。"谢尔盖·卡尔波夫院士认为，举办"俄罗斯历史年"的基本目的，是"净化并确立俄罗斯人民的历史记忆"，"尊重历史、净化历史"。当然，也有人指出，俄高层是以"俄罗斯历史年"的形式开展了一场新形式的"爱国主义运动"，是从对历史的回顾中，为俄当前官方历史观寻找注脚。

历史教科书问题困扰俄罗斯社会多年，普京早在其总统第一任期（2003 年）就曾想规范历史教科书问题。2007～2008 年菲利波夫等人主编的教师手册《俄国现代史（1945～2006 年）》《俄国史（1900～1945 年）》因带有官方导向而引发激烈争论。普京重返总统宝座后，规范历史教科书问题再次被提上日程。由于近年来高校入学统一考试的不断普及，以及教科书扩大到更多的高校，因此统一历史教科书已变得越来越有可操作性。

（三）现代信息技术促进了"公共史学"的发展

计算机的普遍应用为书籍的写作和出版带来了很大方便，缩短了成书与出版的时间，为写作历史和传播历史提供了更便捷、更经济的方式，这是促进"公共史学"发展的技术动因。

例如叶·布鲁特尼科娃的《贝利亚的最后一搏》[①] 一书先后在 2009 年、2011 年出版，首次出版发行 6000 本，再版发行 4000 本，而且 2011 年还发行了电子版。电子书的发行出版不仅节约了发行成本，而且扩大了阅读群体，能够产生更大的影响力。

---

① Елена Прудникова, Последний бой Лаврентия Берии, 2009 г., 2011 г. изд. Олма Медиа Групп, 480 с. 参见 http://www.ozon.ru/context/detail/id/5669185 2014 – 01 – 07.

除了电子书,光盘的可视性更是增强了视觉影响力,各种电子技术手段使公众获得了直接的在场感,增加了大众对历史的兴趣。

新时代公司曾出版发行了一系列的俄罗斯20世纪历史光盘,例如2007年发行了有关二月革命的三张光盘、国内战争的一张光盘、苏联建立的一张光盘、大清洗镇压的一张光盘、1941年初的一张光盘①,其他公司发行的还有"伟大的胜利,将军们""解冻措施(纪录片)""克里姆林宫-9号,拉·贝利亚:冲向权力,从被逮捕到被枪毙"②,其中关于贝利亚被逮捕到被枪毙的光盘内容曾在电视台的档案频道播放过。贝利亚案件的谜团激发了人们探寻猎奇的好奇心。也正是这个原因,最近几年有关贝利亚的"公共史学"类书籍接连不断地出版,对公众的历史意识产生了很强的影响力。

二 俄罗斯"公共史学"的特点

(一)"公共史学"具有很强的社会影响力

为满足民众对过去许多重要问题进行了解的需求,历史类通俗读物大量出版。如果说学院派史学书的发行量一般在一千册左右(甚至有的只有几百册),那么历史类通俗读物的发行量通常在三千册以上,其发行量是相对较大的。而且书价也比学院派史学专著便宜,较易为读者接受。因此这类书籍对普通民众的影响力可以说是远胜于学院派史学专著。下面以贝利亚及"贝利亚事件"为例,来谈谈俄罗斯"公共史学"目前的状况。

---

① Смирнов Н. История России XX века. Фильмы 27 – 28. Февральская революция. (диск 3) DVD;ИсторияРоссии XX века. Фильмы 39 – 40. Гражданская война. (диск 1) DVD;История России XX века. Фильмы56 – 57. Начало СССР. (диск 1) DVD;История России XX века. Фильмы 72 – 73. Репрессии. Чистки. Возмездия. Часть 2. DVD История России XX века. Фильмы 82 – 83. 1941 год начало. (диск 1) DVD,2007 г. Изд. компания Новое время.

② Дюрич Евгений. Великая победа. Генералы. DVD,2006,ЗАО Телеком – проэкт;Владимир Новиков,Операция «Оттепель»,документальный фильм. DVD,2011 г. изд. Благословение,Техинвест – 3,Штандарть;Пиманов Алексей,Кремль – 9. Лаврентий Берия:Рывок к власти. От ареста до расстрела. DVD 2001 г.,Телекомпания Останкино.

俄罗斯"公共史学"的萌芽与兴起

2011 年之前仅俄罗斯民主基金会在 1999 年出版了一本档案类文集《贝利亚在 1953 年，苏共中央七月全会速记记录及其他文件集》①，并没有讨论这个问题的学术专著。而在"公共史学"中，这类书籍近年来出版发行过 20 余部②，诸如托普特金的《被禁止谈论的贝利亚，是国家安全的天才还是魔鬼？》，美国学者戴维·赫拉维的译著《神秘 1937 年——研制核武器进程——拉·贝利亚》以及其与人合著的《贝利亚，古拉格帝国（文集）》，马尔季罗相的《关于贝利亚的 100 个传说——从荣耀到被诅咒（1941～1953）》，等等③。

有些作者的观点在其书名中就袒露无遗，如普鲁德尼科娃的《贝利亚，不曾有的犯罪行为》，谢·克列姆廖夫的《贝利亚——20 世纪最出色的经理人》《贝利亚没做反对克里姆林宫的事》《假如没枪毙贝利亚的话……永恒的纪念》，等等④。

提到关于贝利亚的书籍，不能不谈到多产作家谢尔盖·克列姆廖夫（Серей Кремлёв）。2011 年他以编者身份出版了三卷本贝利亚秘密日记《斯大林不相信眼泪，1937～1941 年》《我无法再承受第二次战争，1941～1945 年》

---

① 《Лаврентий Берия. 1953: Стенограмма июльского пленума ЦК КПСС и др. документы》. - М.: Международный Фонд "Демократия", 1999. (Россия. XX век. Документы).
② Там же.; Рубин Н., *Лаврентий Берия: миф и реальность*. М.: «Олимп» и Смоленск, «Русич», 1998; Антонов - Овсеенко А., *Берия*, М.: «Изд - во АСТ», 1999. 480 с.; Некрасов В. Ф., *Берия: Конец карьеры*. М., 1991, более 289 с.; Серго Берия, *Мой отец - Лаврентий Берия*, М.: «Современник», 1994. - 431 с; Серго Берия, *Мой отец Берия в коридорах сталинской власти*. М.: ОЛМА - ПРЕСС, 2002.; Мухин Ю., *Убийство Сталина и Берия*. - М., 2002. - 731 с.; Жуков Ю. Н., *Тайны Кремля: Сталин, Молотов, Берия, Малеков*. М.: ТЕРРА - Книжный клуб, 2000. - 688 с; Топтыгин А., Лаврентий Берия. Неизвестный маршал госбехопасности. М.: Яуза, Эксмо, 2005.; Кремлёв С., Берия. Лучший менеджер XX века. М.: Яуза; Эксмо, 2008, .
③ Топтыгин А. Запрещенный Берия. Гений госбезопасности или исчадие ада? 2011, изд. Яуза, Эксмо, 480 с.; Дэвид Холловей, Дональд Рейфилд, Гровер Ферр Берия. Империя ГУЛАГ. Сборник 2012, Алгоритм, Дэвид Холловей Загадка 37 года, Атомоход, Лаврентий Берия. 2011, Эксмо, 240 с (美国教授在书中对贝利亚在领导苏联研制核武器方面的贡献予以充分肯定).; Мардиросян А. Сто мифов о Берии от славы к проклятиям 1941 - 1953 гг., 2010, Вече.
④ Прудникова Е. А. Берия. Преступления, которых не было. - СПб: изд. Нева, 2005, 480 с.; Кремлев С. Берия. Лучший менеджер XX века. 2011.; Кремлёв С. Если бы Берию не убили... Вечная память! 2012, Яуза - пресс.

《有了核武器我们可以继续生活，1945～1953年》①。由于对其日记来源的合理性缺乏足够的考证，人们更多的是把他的日记体裁作为文学创作形式来看待。俄罗斯科学院通讯院士科兹洛夫曾质疑日记的真实性，认为是作者依据已出版的斯大林访客日志中的档案文献杜撰而成②。2012年克列姆廖夫还出版了《假如再给我20年……贝利亚的最后日记》《权力天才的政治遗嘱，贝利亚个人日记》③等。

曾担任过《新时代》杂志和《消息报》副主编的列·姆列钦（Леонид Млечин）作为独立电视台的政治观察员曾主持播放多年的"特殊卷宗"（Особая папка）栏目，其以镜头感很强的电视片手法将重大历史事件的新材料、新观点向观众阐述，在社会上引起强烈反响。他整理编撰了多部通俗史学的读物，诸如《解密克格勃——国家安全委员会主席们的命运》《权力公式——从叶利钦到普京》《普里马科夫的仕途之路》④，等等，对公众产生一定的影响。

从对贝利亚的研究中可以看出俄罗斯"公共史学"的影响。十几年前俄罗斯人谈论贝利亚时，多半沿用苏联时期的官方观点，视其为刽子手、残暴的化身，现如今普通学者及各行各业的公民都能讲出贝利亚对苏联国防工作，尤其是领导对原子弹、氢弹的研制工作方面的贡献，以及斯大林逝世后他提出的一系列应急举措等，应该说，这些书在潜移默化中向公众传递了新的史学认识。

网络的兴起、电子书阅读器、手机上网阅读都使阅读变得更为简便，进一步扩大了通俗史学读物的传播影响力，为历史知识的传播提供了更为便捷的途径，一定程度上改变了历史研究远离社会的状况。"公共史学"还将学院派研

---

① Берия Л. П. "Сталин слезам не верит". Личный дневник 1937 – 1941 гг. Лаврентий Берия, 2011, Яуза – пресс; Берия Л. П. "Второй войны я не выдержу…"Тайный дневник 1941 – 1945 гг. 2011, Яуза – пресс；Берия Л. П. "С Атомной бомбой мы живем!" Секретный дневник 1945 – 1953 гг. 2011, Яуза – пресс.
② Козлов В. П. Реабилитация подлогов, «Вопросы истории», 2012, №4, с. 83 – 90.
③ Берия Л. П. "Пожить бы еще лет 20!" Последние записи Берии 2012, Яуза – пресс; Берия Л. П. политическое завещание гения власти. Личный архив Берии. 2012, изд Эксмо.
④ Леонид Млечин , «КГБ Председатели органов Госбезопасности. Рассекреченные судьбы» (3 - е изд., доп. изд. «Центрполиграя», . 2002 г861 с.), «Формула власти. От Ульцина к Путину», «Увгений Примаков. История одной карьеры».

究的成果推广到全社会,为学院派史学和现实社会搭建起沟通的桥梁。

需要指出的是,"公共史学"作品在追求真相、还原历史情境、客观分析历史事件的同时,不可避免地带有作者的主观认识、片面的历史观,也会对读者产生负面影响。

(二)"公共史学"是介于史学与文学之间的分支学科

俄罗斯的"公共史学"读物可以分为两类。一类是以报纸、杂志公开报道为依托,以广大民众为读者对象,注重语言的可读性、趣味性;但与学院派史学著作相比,则缺乏严格的学术规范,所用材料的真实性有的还需考察。罗伊·麦德维杰夫曾明确表示:"我们这些历史学家、作家和学者的共同职责是:从我们每人不同的角度来记述所发生的事件,并做出初步分析,而无须顾及我们掌握的原始材料的局限性。我们这些同代见证人的观点和论断必然是主观的和有局限性的,然而正是这种主观的和带有局限性的观点和论断将会成为未来研究的基础。"① 像谢尔盖·卡拉姆尔扎的《苏联解体》、菲德尔·布尔拉茨基的《俄罗斯国家管理者,改革时代》② 等书均属于此类。这类通俗史学读物也收集、辑录大量历史材料,并加以编纂与叙述,辅以观点性的注释征引。书名页中通常写明"本书面向所有对俄罗斯过去和未来关注的人"③。这类介于史学与文学之间、更倾向于学院派的"公共史学"读物,更易于为大众接受。另一类是更接近于历史类题材的文学作品,像前文提到的谢尔盖·克列姆廖夫的作品、列·姆列钦的著作多半是属于文学范畴的历史类读物,材料来源没有严格出处,缺乏严谨性,有的只是观点记录、思想记录,内容有自我推理一面,有自己的发挥成分,不讲历史逻辑,带有功利性。当前在俄罗斯这类书比比皆是,各种观点层出不穷,既体现了俄罗斯社会的包容性,也有待于严肃的学院派史学依据翔实的档案史料加以匡正。

---

① 〔俄〕罗伊·麦德维杰夫:《普京时代——世纪之交的俄罗斯》,王桂香等译,世界知识出版社,2001,第5页。
② Рой Медведев, Окружение Сталина; изд. Молодая гвардия, 2010 г. 528 с.; Сергей Кара - Мурза, Крах СССР, изд. Алгоритм, 2013 г. 448 с.; Федор Бурлацкий, Руусские государи. Эпоха реформации. Изд. Фирма Шарк, 1996 г. . 512 с.
③ Сергей Кара - Мурза, Крах СССР, изд. Алгоритм, 2013 г.

俄罗斯黄皮书

三 学院派史学与"公共史学"的关系

首先,学院派史学思想和方法论的多元化发展、档案文献的出版,促进了俄罗斯"公共史学"的兴起和繁荣。

成立于 1993 年的俄罗斯民主基金会近年来出版了大量专题文献档案集,其中已公开出版"俄罗斯 20 世纪文献集"系列 79 部书[1],"20 世纪俄罗斯选集"系列 66 部书[2]。笔者曾多次拜访基金会主席亚·雅科夫列夫院士,他明确表示,"离开档案文献是不可能科学地理解苏联历史、俄罗斯历史的",这也是他致力于此项工作的意义所在。这些档案文献的披露催生了大量俄罗斯"公共史学"书籍的诞生。

以贝利亚研究为例,大量通俗读物的出现是在俄罗斯民主基金会 1999 年出版的《贝利亚在 1953 年,苏共中央七月全会速记记录及其他文件集》[3] 之后涌现的。在俄罗斯购书网站 OZON. RU 网站输入"贝利亚"（Ларентий Берия）就能检索出 170 多部书,酌情减掉重复计量的再版书,其中核心书籍也有几十部,前面已有介绍,在此不一一枚举。

其次,"公共史学"反过来也会促进学院派史学的发展,相得益彰。

从某种意义上来说,也许正是"公共史学"类贝利亚案件书籍的大量出版,引起了社会的广泛关注,因此也促进了相关档案文献集的出版。2012 年

---

[1] http://www.ozon.ru/?context=search&text=%f4%ee%ed%e4+%e4%e5%ec%ee%ea%f0%e0%f2%e8%e8, 2014-04-22, 可以检索到俄罗斯民主基金会出版的大部分尚可以购买的文献书籍,诸如《苏美关系 1927~1933 年》, 2004 年还出版了《苏美关系 1945~1948 年》, 2006 年出版了《苏美关系 1949~1952 年》；关于赫鲁晓夫也出版了《尼·谢·赫鲁晓夫——时代的两种颜色,文件集》〔Никита Сергеевич Хрущев. Два цвета времени. Документы（комплект из 2 книг）, 2009 г.. 1552 с. http://www.ozon.ru/context/detail/id/4410834/2014-04-22〕,《赫鲁晓夫 1964 年》（Никита Хрущев. 1964, 2007, 576 с.）http://www.ozon.ru/context/detail/id/4157380/2014-04-22。

[2] В настоящее время Фондом Александра Н. Яковлева опубликовано 79 книг серии «Россия. XX век. Документы» и 66 выпусков альманаха "Россия. XX век". http://www.alexanderyakovlev.org/news/65693, 2014-4-22.

[3] 《Лаврентий Берия. 1953: Стенограмма июльского пленума ЦК КПСС и др. документы》. - М.: Международный Фонд "Демократия", 1999.（Россия. XX век. Документы）.

新出版了两本档案文集《政治局与贝利亚事件，文件集》①《贝利亚事件，不得上诉的审判，文件集》②，为贝利亚案件的研究提供了必要的档案资料。

《政治局与贝利亚事件，文件集》的编写得到了"打击以损害俄罗斯利益为目的篡改历史行为的俄罗斯总统直属委员会"的支持，并得到企业家的资助，全书共分为两部分，第一部分是"贝利亚事件"与其同僚们，收录了216封信函，开篇收录了1953年6月28日~7月2日贝利亚分别写给马林科夫、赫鲁晓夫、布尔加宁等人的信函，以及致苏共中央委员会主席团的书信，而后收录了大量的审讯记录复印件。第二部分收录了33封信函，是当年一些中央委员分别写给赫鲁晓夫、马林科夫、布尔加宁等人的表态、声明函以及民众对这一事件的反响。

此外，俄罗斯民主基金会继1999年出版《贝利亚在1953年，苏共中央七月全会速记记录及其他文件集》之后，于2012年又出版发行了档案集《贝利亚事件，不得上诉的审判，文件集》。解密档案文献的不断出版有助于辨别"公共史学"书籍的观点的正误，帮助作者们纠正错误。

再者，学院派历史学家和历史工作者应积极介入公共事务当中，肩负责任和使命。

俄罗斯"公共史学"的迅猛发展，显示了"公共史学"的力量。但史学类通俗读物的作者水平良莠不齐，有的不去认真收集资料，为标新立异而歪曲事实，有的甚至就是发泄情绪而已。

历史学家萨哈罗夫指出："目前社会上对历史有各种解读，作为历史学家，我们必须尽可能客观地讲述历史，不应该把历史事件向有利于某一种政治

---

① 《Политбюро и дело Берия. Сборник документов》/ под общей ред. О. Б. Мозохина. - М. : Кучково поле，2012. - 1088 с.（тираж 1000 кн.）изд. подготовлено во взаимдействии с Комиссией при Президенте Российской Федерации по противодействию попыткам фальсификации истории в уцерб интересам России. Составитель О. Б. Мозохин，А. Ю. Попов. Составители и издательство благодарят ген. директора ООО Транспортно-производственная компания Промтехдепо Богдановича Збыслава Сигизмундовича за помощь в издании данного сборника документов.

② «Дело Берия. Приговор обжалованию не подлежит, документы» /составитель Хаустов Владимир，М. : Международный Фонд "Демократия"，2012. - 752 с.（Россия. XX век. Документы）.

势力的方向解读。这种危险的倾向,无论是在历史学家中,还是在老百姓中都存在着。"①

我国著名的世界史学者钱乘旦曾建议历史学家应更多介入"公共史学"。他说:"历史有两个功能,一是尽可能恢复历史的真实性,这是历史学家的使命,让大家知道过去;二是历史学有警示作用,无论在西方还是中国,历史传统都强调这个。历史学有非常强的趋向性,历史学的立场是客观存在,但历史学家都是有立场的,不可能存在没有立场、彻底客观的历史学家。有人问学历史有什么用?他们只是把历史看作物质。只有不把这种'有用'简单地看作GDP和金钱,才会真的有用。其实他们没有认识到历史是凝聚一个民族的认同感、缔造一个民族文化最强有力的武器。"②

四 结论

对历史的认知与评议,往往是服务于政治现实与社会的未来。历史与现实在俄罗斯的紧密联系,使得"公共史学"有很强的现实需求。

科技的迅猛发展加速了公民社会的发展,建构公共知识体系呼唤历史学走向社会大众,对此持反对或消极态度都不足取。"公共史学"要与学院派史学有机结合起来,形成立体的发展体系,相互促进,相互发展。"公共史学"需要根据公众的兴趣来做选题,学院派史学要为"公共史学"培养输送人才,也要把严肃的史学著述转化成具有社会影响力的大众读物,为传播真实的历史知识做出努力,通过潜移默化的方式传播历史观念。

史学在构建正确的历史观和文化观方面承担着重大的社会责任,"公共史学"也是如此。俄罗斯"公共史学"的进一步发展还有待于继续观察。

---

① http://mall.cnki.net/magazine/Article/LSYJ201003003.htm 2012 - 11 - 20.
② 爱思想网站,http://www.aisixiang.com/data/70895.html,2013 - 12 - 27 23:59:33.

俄罗斯经济

Экономика России

Y.8 2013年俄罗斯经济形势与未来发展趋势

程亦军*

摘　要： 2013年是俄罗斯后金融危机时期表现最差的一年，绝大多数经济指标趋向恶化，生产下降，投资不振，出口减少，国民经济几乎处于停滞状态。从现实状况和发展潜力来看，俄罗斯经济短期内基本不具备高速增长的基础，但大幅度衰退的可能性也不大，未来若干年将继续维持低速增长态势。俄罗斯2020年前国家发展战略、普京的"五月命令"以及一系列重大开发项目都将因国民经济的低速增长受到影响和制约。

关键词： 俄罗斯　经济增长　能源　出口　投资　消费

---

* 程亦军，中国社会科学院俄罗斯东欧中亚研究所俄罗斯经济研究室主任、研究员。

一 2013年俄罗斯主要经济数据

综合分析俄罗斯经济发展部、中央银行、国家统计局、海关的统计数据可以看出,2013年俄罗斯经济形势非常不理想,反映经济景气状况的各项宏观指标大幅下降,与金融危机后的历年相比,绝大多数指标趋向恶化,生产下降,投资不振,对外出口减少,未来发展前景不容乐观。

1. 国民经济微弱增长

据俄罗斯联邦经济发展部发表的《2013年1~11月俄罗斯联邦社会-经济发展总结报告》显示,1~11月俄罗斯国内生产总值为490320亿卢布(按照同期汇率折算大约相当于15017.46亿美元),同比增长1.3%,与上年同期3.6%的增长率相比下降了63.89%。这是最近15年来(2009年受国际金融危机影响出现负增长除外)的最低增长率,也是15年来(2009年除外)首次低于世界平均经济增长率。① 这预示着俄罗斯后金融危机时期自2010年以来的经济增长逐渐趋于停滞(见表1)。

表1 2013年1~11月俄罗斯主要经济指标

单位:%

时间	2012年		2013年		
	11月	1~11月	10月	11月	1~11月
国内生产总值	2.0	3.6	1.7	1.0	1.3
工业生产	1.9	2.7	-0.1	-1	-0.1
加工业	4.0	4.4	-1.9	-0.9	-0.6
农业生产	-9.5	-4.9	26.3	18.3	6.8
消费物价指数	0.3	6.0	0.6	0.6	5.9
工业生产者价格指数	-1.2	6.3	-1.5	2.6	-1.2
固定资产投资	2.5	8.2	-1.9	0.2	-0.8
建筑业	0.6	2.6	-3.6	-0.3	-1.3

---

① 本文所引数据除特别注明外均引自俄罗斯经济发展部《2013年1~11月俄罗斯联邦社会-经济发展总结报告》。"Об итогах социально - экономического развития Российской Федерации в январе - ноябре 2013 года", http://www.economy.gov.ru/minec/main.

续表

时间	2012年		2013年		
	11月	1~11月	10月	11月	1~11月
交付住宅	10.9	4.7	21.9	5.1	12.1
居民实际可支配收入	9.1	4.5	5.3	1.5	3.6
实际工资收入	6.7	8.7	5.4	4.8	5.5
名义月平均工资收入（卢布）	27448	25948	30069	30670	29285
失业率	5.2	—	5.5	5.4	—
货币M2	1.4	2.4	—	2.2	6.5
汇率（1美元兑卢布）	31.41	31.12	—	32.65	31.74
卢布兑美元实际汇率增长	-0.2	4.1	—	-1	-1.7
零售总额	5.0	6.5	3.6	4.5	3.9
居民付费服务总额	3.8	3.8	2.6	-0.2	2.2
出口（亿美元）	453	4798	440	430	4697
进口（亿美元）	306	3039	308	293	3093
外汇储备变动（亿美元）	14.70	295.87	—	-86.94	-220.28
乌拉尔牌石油平均价格（美元/桶）	108.3	110.7	107.9	107.3	107.7

资料来源：俄罗斯经济发展部：《2013年1~11月俄罗斯联邦社会-经济发展总结报告》。"Об итогах социально - экономического развития Российской Федерации в январе - ноябре 2013 года"，http://www.economy.gov.ru/minec/main.

1~11月，俄罗斯工业生产同比下降0.1%，而上年同期增长2.7%。与上年同期相比，工业生产有6个月出现下降，1个月零增长，只有4个月实现了微弱增长。其中，矿产采掘业3个月负增长，2个月零增长，在6个增长月当中只有2月、3月两个月取得了1%的增长，其他4个月的增长都是微不足道的。天然气和水的生产与分配情况也不佳，11个月中有7个月出现负增长。加工业的业绩更加糟糕，11个月中8个月为负增长，总体下降幅度达到0.6%，而上年同期增长为4.4%。

同一时期，建筑总量同比下降1.3%（上年同期增长2.6%），不过其中的民用住宅建设业绩不俗，同比实现12.1%的高增长，较之上年4.7%的增长率提高了7.4个百分点。在整个国民经济不景气、建筑业全面萎缩的大背景下，居民住房建设能取得如此高速增长，这显然与普京政府高度关注民生、努力兑现其竞选承诺，从而达到稳定执政基础的目的密切相关。

1~11月，对俄罗斯国计民生意义重大的石油（含天然气凝析油）产量为

4.78亿吨，同比增长0.8%；天然气和伴生气产量达6034亿立方米，同比增长2.4%。其他矿产品生产同比各略有增减，其中煤炭产量下降较为明显，3.16亿吨的产量比上年同期减少了3%，俄联邦经济发展部认为这是国内需求减少的结果。

2013年俄罗斯农业遇到了少有的好年景，农业生产扭转了上年的下降趋势（同比下降4.9%），1~11月取得了同比增长6.8%的好成绩，成为今年宏观经济数据中为数不多的亮点之一。截至11月底，俄罗斯共出口小麦和面粉1225.3万吨，收入30.66亿美元。

2. 民众生活水平进一步提高

2013年俄罗斯居民名义月平均工资逐月增加，其中10月为30069卢布，11月为30670卢布，1~11月平均为29285卢布，比上年同期的25948卢布增长了12.86%。1~11月，居民实际工资收入同比增长5.5%，略低于上年同期8.7%的增长率。居民实际可支配收入同比增长3.6%，较上年同期的4.5%的增幅有所下降。其中，10月同比增长5.3%，11月同比增长1.5%，有增幅逐月缩小的趋势。

从目前的情况看，不景气的经济并未造成大范围的失业，居民就业情况还比较平稳。根据俄罗斯经济发展部的评估，3~4季度失业人口占经济自立人口的比例在5.5%~5.6%之间，11月为5.4%，略高于上年同期的5.2%。

3. 消费物价指数与上年持平

2013年俄罗斯消费物价指数上涨幅度基本控制在6%以下，但第4季度有所抬头，1~11月平均上涨5.9%，与上年同期的6.0%大体持平。尽管绝对数并不低，但对俄罗斯而言这已经是相当不错的成绩了。2012~2013年是自20世纪80年代末至今俄罗斯通货膨胀率最低的时期。

同一时期，俄罗斯工业生产者价格指数上涨2.6%，明显低于上年同期的6.3%，这是整个工业生产负增长所带来的自然结果。

4. 社会零售总额、居民有偿服务额小幅增长

1~11月，社会零售总额同比增长3.9%，比上年同期6.5%的增长率降低2.6个百分点，下降幅度高达40%。居民有偿服务额增长2.2%，较之上年的3.8%下降了1.6个百分点，下降幅度超过42%。上述情况在一定程度上表明，俄罗斯国内市场需求的增长潜力显著下降。

5. 固定资产投资大幅下滑

统计数据显示，前3个季度俄罗斯固定资产投资状况很不理想，第4季度开始有所改善，11月实现了0.2%的微弱增长，但1~11月总体水平比上年同期降低0.8%，远远低于上年同期8.2%的增长率。

6. 进口微升，出口下降，外汇储备减少

1~11月，俄罗斯对外贸易总额为7790亿美元，较之上年同期的7837亿美元下降了0.6%。其中，出口4697亿美元，比上年同期的4798亿美元减少101亿美元，下降2.11%；进口3093亿美元，比上年同期的3039亿美元增加54亿美元，增长1.78%。由于外贸顺差减少，这一时期俄罗斯外汇储备同比减少了220.28亿美元。

俄罗斯中央银行网站资料显示，截至2014年1月1日，俄罗斯外汇储备总额为5095.95亿美元，比上年同期减少280.23亿美元，下降5.2%。这是多年来的首次年度余额负增长。十多年来俄罗斯外汇储备一直在稳步增长，即便是金融危机最严重的2009年，外汇储备总额依然保持了增长。

据俄罗斯海关统计，2013年前11个月，俄罗斯对华贸易总额为800.22亿美元，其中对华出口320.41亿美元，自华进口479.81亿美元。中国依然为俄罗斯第一大贸易伙伴，中俄双边贸易额在俄罗斯对外贸易总额中的比重较上年又提升了0.1个百分点，达到10.5%，遥遥领先于俄罗斯与其他贸易伙伴的贸易规模。俄罗斯其他主要贸易伙伴按照贸易规模排序依次为荷兰（占俄罗斯外贸总额的9.1%）、德国（占8.9%）、意大利（占6.4%）、乌克兰（占4.7%）、日本（占4.0%）、白俄罗斯（占3.9%）、土耳其（占4.8%）、美国（占3.3%）、波兰（占3.3%）。①

7. 金融形势相对平稳

2013年，新兴经济体资本市场大多表现不佳，俄罗斯也不例外，上半年证券市场指数跌幅一度接近两成，但下半年有所恢复，全年下跌5.52%，表现优于同属金砖国家的巴西（下跌15.5%）和中国（沪深300指数下跌

---

① 俄罗斯海关：《俄罗斯与主要国家和国家集团的贸易情况》。"Внешняя торговля Российской Федерации по основным стрвнам и групы стран"，http://www.customs.ru/.

7.65%），只逊色于印度（上升8.94%）。1~11月，俄罗斯广义货币（M2）供应量同比增长6.5%，较上年同期的2.4%明显扩大。

2012年卢布兑美元汇率呈升值态势，其中1~11月实际升值达4.1%。2013年卢布兑美元汇率反向发展，呈贬值态势，并且贬值的幅度逐渐加大，1~11月实际贬值1.7%。1~11月平均31.74卢布兑1美元（上年同期为31.12卢布兑1美元）。其中，11月32.65卢布兑1美元，与上年同期31.41卢布兑1美元相比，贬值幅度达到3.9%。

1~11月，卢布与世界其他主要流通货币汇率变动情况如下：对欧元贬值3.7%，对英镑贬值1.8%，对瑞士法郎贬值1.4%，对日元增值17.4%，对加拿大元增值3.9%，对澳大利亚元增值9.3%。

截至2013年12月1日，俄罗斯债务总额为71913.6亿卢布，较上年同期增加了6714.7亿卢布，增长10.3%，占同期国内生产总值的14.67%。其中，对外债务占25.8%，对内债务占74.2%。

据联合国有关部门提供的统计数据显示，2013年俄罗斯吸引外资工作有很大进展，同比增长83%，吸纳外国直接投资总额达到940亿美元。这一指标仅次于美国（1590亿美元）和中国（1270亿美元），位居全球第三。在外国投资总额中，英国BP公司用于购买俄罗斯石油公司18.5%的股权所支付的资金占有相当大的比重，因此当年外资大规模上升带有一定的偶然性。①

8. 营商环境显著改善

根据世界银行编制的2014年度世界营商环境发展报告，在过去的一年里，俄罗斯营商环境有了较大改善，在被调查的189个经济体当中位列第92名，比上年同期提升了20个位次，领先于金砖国家中的中国（居第96位）、巴西（居第116位）和印度（居第134位）。世界银行表示，尽管在跨境交易、建筑许可申请等方面俄罗斯的国际排名还相当靠后，分别排在第157位和第178位，但是在用电环境方面却取得了巨大的进展。通过全面改革，俄罗斯大范围

---

① 俄新社2014年1月29日电：《2013年俄国吸引外国直接投资940亿美元跻身全球三强》。见俄新社网站，http://rusnews.cn/。

改善了电力接入环境,使其在该类别的国际排名跃升了71位。据俄罗斯联邦电网公司首席执行官奥列格·布达尔金介绍,以停电时数来衡量,俄罗斯境内电力供应的稳定性和可靠性已经超过许多发达国家。据统计,目前全球平均停电时长为3.3小时,欧洲国家一般为1.7小时,而俄罗斯只有0.9小时。与此同时,俄罗斯海关的货物通关手续也明显简化,通关时间显著缩短。此外,俄罗斯在财产注册方面也前进了29位。① 当然,上述评估只是基于理论指标考核而得出,并不表明俄罗斯实际营商环境已经全面优于中国、印度和巴西。

二 2013年俄罗斯经济形势分析

2013年1月16日,俄罗斯总理梅德韦杰夫在莫斯科召开的盖达尔论坛上发表讲话时指出:"政府未来时期的主要目标是保障经济过渡到可持续增长的轨道上,无论如何国内生产总值增速都应不低于5%,在此基础上达到俄罗斯公民福利的稳定增长。"② 同年5月,梅德韦杰夫再次强调,联邦政府的主要任务是使经济增长率每年达到4%~5%。③ 梅德韦杰夫提出的这一经济增长指标是有依据的。早在2012年9月,时任俄罗斯经济发展部部长的别列乌索夫就向普京总统报告,联邦政府必须保障国民经济高速增长,每年增长率不应低于4%~5%,而且需要考虑在石油开采和出口可能放缓的情况下达到这一目标,否则便无法维持国家预算平衡,因为同时需要解决许多早就应该解决的国防、社会问题。④ 由此可见,4%~5%的经济增长率是俄罗斯经济维持正常运转的底线。然而,一年来的经济实践表明,俄罗斯所取得的经济成果与自己设定的最低目标相距甚远。

入夏以来,过低的经济发展指标使俄罗斯政府招致越来越广泛和尖锐的批

---

① 阿尔乔姆·扎戈罗德诺夫:《俄营商环境领先金砖国家》,《环球时报》2013年11月30日。
② 俄新社2013年1月16日电:《俄总理:政府应保障国内生产总值增速不低于5%》。见俄新社网站,http://www.rusnews.cn/。
③ 俄新社2013年5月19日电:《俄总理梅德韦杰夫给俄罗斯经济情况打了"三分"》。见俄新社网站,http://www.runews.cn/。
④ 俄新社2012年9月24日电:《俄经济发展部长:平衡预算需维持每年4%~5%的GDP增长》。见俄新社网站,http://www.rusnews.cn/。

评。6月24日，普京总统下令解除了别列乌索夫经济发展部部长的职务，任命中央银行第一副行长乌柳卡耶夫接任。这表明普京对政府经济管理部门强烈不满，试图通过起用新人来改变经济形势。

乌柳卡耶夫上任后立即着手振兴经济，并且有针对性地提出，应当从三个方面来促进俄罗斯的经济发展：首先，应当彻底摆脱经济单一化倾向，鼓励发展多元经济，形成新的经济增长点，建立有效而稳定的经济增长机制；其次，努力扩大投资，特别注意提高私人投资的积极性，以国家投资带动私人投资；最后，改善投资环境，让投资者能够切身感受到在俄罗斯投资是安全的和有利可图的。不过，俄罗斯经济的颓势并未因此而改变。9月18日，在国家杜马会议上发言时乌柳卡耶夫不得不承认，当前国家经济状况非常糟糕，"自危机以来的5年期间我们从未有过如此不佳的状况"。①

自由派经济学家、前财政部长库德林也对低迷的俄罗斯经济表示深深的忧虑。他认为，"零进度与负投资可能是经济危机的征兆"，虽然目前还没有出现危机，但是当"外部条件不利时可能会转为危机"。② 梅德韦杰夫总理不认可危机的说法，但是他也承认经济确实没有发展。"我们处于相当困难的阶段，即（危机后的）恢复增长已经结束。我们没有那种收入，外部市场已经关闭，而预算我们需要执行，还要履行大量我们近些年来承担的社会义务。"他将俄罗斯经济好转的希望寄托于国际市场的好转。他表示："俄罗斯当局期望，明年欧洲、美国和中国的经济状况能稳定下来，这将影响俄罗斯经济。"③

2013年俄罗斯经济增长率的急剧下滑大大超出了各方面的预期，俄罗斯官方和多个国际组织一年之内多次下调对其增长的预测值。例如，国际货币基金组织最初的预测值为3.7%，后来根据实际情况下调至3.4%，随后又下调至2.5%，最后降到1.5%。而俄罗斯所取得的实际经济增长数据比多次下调后的预测值还要低。

---

① 俄新社2013年9月18日电：《俄经济发展部认为俄经济状况是2008年危机以来最糟》。见俄新社网站，http://www.rusnews.cn/。
② 俄新社2013年9月19日电：《库德林：俄罗斯当前经济形势可能会催生危机》。见俄新社网站，http://www.rusnews.cn/。
③ 俄新社2013年9月23日电：《梅德韦杰夫谈俄经济：没有危机也没有发展》。见俄新社网站，http://www.rusnews.cn/。

纵观2013年的俄罗斯经济形势，大致可以归纳出以下几个基本特征。

1. 出口下降导致国民经济丧失主要增长动力

如上所述，1~11月，俄罗斯对外出口出现负增长，同比下降2.11%，一些传统大宗出口商品出现量价齐跌的现象。

俄罗斯出口下降是与国际市场大宗商品价格普遍下跌密切相关的。2013年，俄罗斯石油出口价格相对平稳，价格波动幅度明显小于2012年，但年均出口价格低于2012年。2013年年初，乌拉尔牌石油出口价格承接上年末的升势维持了两个月的短暂上升，3~4月出现下降，5~9月价格缓慢回升，10~11月再现疲软。11月，乌拉尔牌石油价格为每桶107.3美元，同比下降0.9%。1~11月，乌拉尔牌石油平均价格为每桶107.7美元，较上年同期每桶110.7美元减少3美元，下降2.71%。据俄罗斯能源部初步统计，2013年前11个月俄罗斯共出口石油2.14亿吨，同比减少2.2%。这意味着当年俄罗斯石油出口出现了近年来少有的量价齐跌的现象，它直接导致了俄罗斯对外贸易总体规模的下降、出口收入的减少和国际储备的萎缩。

同一时期，俄罗斯出口天然气1758亿立方米，同比增长10.5%，但由于价格下降，实际收益并未增加。此外，国际市场上与俄罗斯出口密切相关的一系列大宗商品的价格也出现了幅度不小的下降。据伦敦金属交易所资料显示，与上年同期平均价格相比，2013年1~11月铝价下降7.8%，铜价下降7.7%，镍价下降13.8%。其中第4季度价格下降幅度更为明显：11月铝价同比下降10.0%，铜价同比下降8.2%，镍价同比下降15.8%（见图1）。尽管2013年某些商品的实际出口量比上年同期明显增加，但由于价格下跌幅度过大，以货币体现的实际贸易规模却出现萎缩。例如，1~11月俄罗斯煤炭出口较上年增长7.6%，达到1.15亿吨，但因出口协议价格同比下降14.1%，实际收益不增反降。

2. 投资萎缩严重拖累经济发展

2000~2008年，俄罗斯固定资产投资基本保持了良性的增长态势，2009年受国际金融危机影响出现短暂下降，危机后的2010~2012年又连续3年获得了增长。然而，2013年这种增长趋势再次受到遏制。当年第1季度，固定资产投资略有增长，随后连续3个季度持续下降。1~11月，全联邦固定资产投资总规模为10.88万亿卢布，同比下降0.8%。其中，大中型企业固定资产投资规模萎

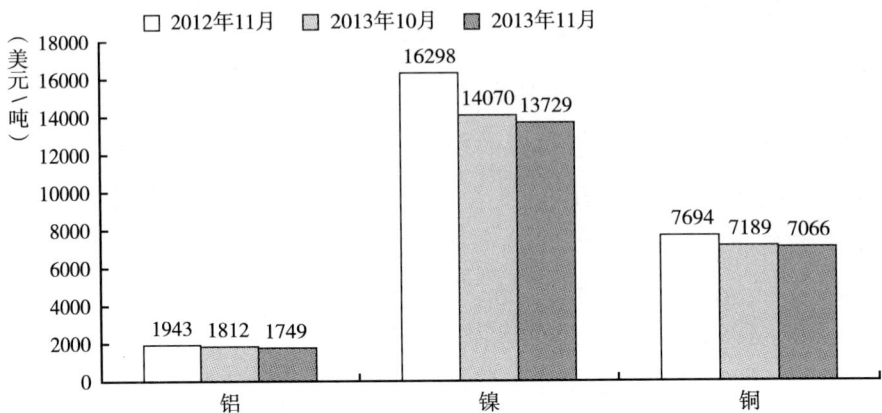

图1 国际市场部分商品价格变动情况

资料来源：俄罗斯经济发展部：《2013年1~11月俄罗斯联邦社会-经济发展总结报告》。"Об итогах социально-экономического развития Российской Федерации в январе-ноябре 2013 года", http://www.economy.gov.ru./minec/main。

缩得尤为明显：第1季度同比下降5%，第2季度同比下降4.8%，第3季度同比下降7.8%，1~9月合计下降6.4%。①从行业来看，新增投资主要集中于商业和石油行业，前者对投资增长贡献率为0.3%，后者为0.2%。与之相反，贡献率最低的行业是燃料能源综合体（-5.5%）和天然气行业（-4.4%）。②

相对于其他经济体，俄罗斯经济对投资的渴望程度显得更加突出和迫切，因为它的创新能力有限，生产效率又十分低下，而且曾经长期处于危机状态，基础设施方面的历史欠账异常沉重。投资的减少无疑将进一步拖累俄罗斯追赶世界经济的步伐。

3. 居民消费勉强支撑经济微弱增长

在投资和出口两大引擎完全失效的情况下，消费成为支撑俄罗斯经济并拉

---

① 俄联邦经济发展部：《固定资产投资实际数量变动表》。"Динамика физического объема инвестиций в основной капитал", "Об итогах социально-экономического развития Российской Федерации в январе-ноябре 2013 года", http://www.economy.gov.ru./minec/main。

② 俄联邦经济发展部：《固定资产投资增长贡献率表》。"Вклад в прирост инвестиций в основной капитал", "Об итогах социально-экономического развития Российской Федерации в январе-ноябре 2013 года", http://www.economy.gov.ru./minec/main。

动其增长的唯一动力。如上所述,1~11月全俄社会零售总额同比增长3.9%,但增长幅度较之上年同期下降了40%;居民有偿服务额同比增长2.2%,增长幅度也较之上年同期下降42%。上述两项指标增长幅度下降如此之大表明,俄罗斯国内市场需求的增长潜力开始下降,其对经济增长的支撑作用已经弱化。消费增长潜力的下降是与居民收入增长幅度下降相关联的。1~11月,俄罗斯居民收入同比增长5.5%,实际可支配收入增长3.6%,增长幅度较之上年同期均有所下降,前者下降37%,后者下降20%。

4. 国民经济能源原材料化倾向进一步加重

长期以来,经济结构问题始终制约着俄罗斯经济的健康发展。近年来,俄罗斯政府一直将调整经济结构作为国家经济治理的关键环节,努力降低国民经济对能源原材料出口的依赖,致力于全面发展创新经济,力图使国民经济多样化,以期培育出新的经济增长点,但是至今成效尚未显现。从2013年的经济实践来看,经济结构调整依然未取得实质性进展,也没有任何迹象表明创新经济成分已经开始在国民经济中崭露头角,恰恰相反,国民经济能源化、初级产品化的倾向有增无减,本年度俄罗斯对外出口商品结构从一个侧面充分地反映了这一点。

石油、天然气、木材、各类矿产品等能源原材料在2013年俄罗斯出口商品结构中依然占据着绝对主导地位,俄罗斯海关编制的《2013年1~11月俄罗斯主要商品出口表》足以证明这一点。2013年前11个月,俄罗斯对外出口总额为4764.83亿美元,其中出口原油1582.39亿美元,出口石油产品984.06美元,出口汽油29.05亿美元,出口柴油344.09亿美元,出口液体燃料450.61美元,出口常规天然气601.27亿美元,出口液化天然气48.32亿美元,出口煤炭108.75亿美元,出口焦炭4.49亿美元,出口其他精选矿21.45亿美元,出口木材原料47.89亿美元。以上能源原材料和初级产品出口几乎占到了俄罗斯全部对外出口的90%,而汽车、机械设备等高附加值商品的出口额尚不足总额的6%。① 俄罗斯经济对能源原材料的依赖程度由此可见一斑。

---

① 俄罗斯海关:《2013年1~11月俄罗斯主要商品出口表》。"Экспорт России важнейших товаров в январе – ноябре 2013 г.", Таможенная статистика внешней торговли Российской Федерации, http://www.customs.ru/.

三 结论

1. 未来一个时期俄罗斯经济仍将保持低速增长

2014年1月,俄罗斯经济发展部部长乌柳卡耶夫在盖达尔论坛上用令人十分沮丧的表述描绘了未来几年俄罗斯经济的发展前景。他说:未来几年"全球经济增速将不超过3.5%,而我们在最好的情况下能够达到2.5%,我指的是2013年、2014年和2015年,可能还有接下来的几年。这是我们应当应对的挑战"[1]。确实,从现实状况和发展潜力来看,俄罗斯经济短期内基本不具备高速增长的基础,但大幅衰退的可能性也不大,未来若干年将继续维持低速增长态势。这是由世界经济形势,特别是国际能源市场发展状况以及俄罗斯自身的经济结构、消费潜力和投资状况所共同决定的。

纵观全球政治经济形势,在未来一个时期内国际市场的原油供应有望保持相对宽松的局面。首先,伊朗与西方国家就伊核问题的谈判已经取得积极进展,西方主要国家对伊朗的经济制裁将有所缓解,作为欧佩克第二大产油国,伊朗原油大规模重返国际市场指日可待,这无疑将对平抑油价发挥重要作用。与此同时,美国的页岩油气资源开发技术的创新和应用正在历史性地改变着世界能源格局。美国能源署发布的数据显示,2013年美国日均原油产量将达到750万桶,较上年同期增加99万桶,2014年将再新增100万桶,从而达到日产850万桶的规模。BP公司发布报告推断,美国这个全球最大的石油消费国和进口国即将成为原油净出口国,这一现实最早有可能在2018年出现。[2] 上述情况对于俄罗斯这样一个严重依赖油气出口来发展经济的国家来说显然是非常负面的。

2013年下半年,俄罗斯经济发展部和联邦能源部相继发布研究报告称,2014年乌拉尔牌石油价格走势将继续呈下跌态势,同时国际市场对俄罗斯天然气的需求也将进一步下降。为此,一向以石油价格作为主要参数来制

---

[1] 俄新社2014年1月15日电:《俄经济部长:俄罗斯未来三年经济增速不会超过2.5%》。见俄新社网站,http://rusnews.cn/eguoxinwen/eluosi_caijing/20140115/43957458.html。

[2] 王艳慧:《国际原油或展开中期跌势》,《中国证券报》2014年2月7日。

定经济发展计划的俄罗斯政府主动降低了对2014年经济增长的预期。12月，经济发展部发表了题为《对2014年俄罗斯联邦社会经济发展预测基本数据的修正》的研究报告，根据2013年1～11月俄罗斯经济的实际表现，对该部当年9月做出的经济增长预测数据进行了修正，全面下调了预测值。面对国际油价有可能进一步下降的现实，考虑到商品出口的下降和国内消费增长趋势的减弱，经济发展部将2014年的经济增长预测由原来的3%下调至2.5%。

根据修订后的预测，2014年俄罗斯工业生产将增长2.2%，高于2013年同期，大体相当于2012年的水平（2.6%）；固定资产投资将增长3.9%，比2013年的0.2%有明显改善，但远低于2012年6.6%的水平；居民工资收入和实际可支配收入分别增长3.3%和3.1%，分别低于2013年的5.6%和3.9%，更低于2012年的8.4%和4.4%；商品零售总额增长3.5%，低于2013年的3.8%和2012年的6.3%；出口在2013年下降的基础上再下降2.3%（详见表2）。如果这一预测成为现实，那就意味着在未来的一年里，出口持续下降，继续转弱的消费和小幅增长的投资将勉强支撑国民经济实现低速增长。

表2 俄联邦经济发展部对2014年俄罗斯经济发展状况的预测与修正

	2012年（决算值）	2013年（估计值）	2014年（预测值）
年终消费物价指数(%) 9月预测值 12月修正值	 6.6	 6.0 6.5	 4.5～5.5 4.8
全年平均消费物价指数(%) 9月预测值 12月修正值	 5.1	 6.7 6.7	 5.6 5.9
卢布对美元平均汇率(卢布) 9月预测值 12月修正值	 31.1	 32.0 31.8	 33.4 33.9
卢布实际有效汇率(%) 9月预测值 12月修正值	 2.4	 1.2 1.2	 -1.5 -1.5
国内生产总值(亿卢布) 9月预测值 12月修正值	 62.60	 67.59 67.50	 73.32 72.91

续表

	2012年(决算值)	2013年(估计值)	2014年(预测值)
经济增长率(%)			
9月预测值		1.8	3.0
12月修正值	3.4	1.4	2.5
工业生产增长(%)			
9月预测值		0.7	2.2
12月修正值	2.6	0.1	2.2
固定资投资增长(%)			
9月预测值		2.5	3.9
12月修正值	6.6	0.2	3.9
居民实际可支配收入(%)			
9月预测值		3.4	3.3
12月修正值	4.4	3.9	3.1
居民实际工资收入(%)			
9月预测值		6.2	4.0
12月修正值	8.4	5.6	3.3
商品零售总额(%)			
9月预测值		4.2	4.0
12月修正值	6.3	3.8	3.5
出口(亿美元)			
9月预测值		5110	5060
12月修正值	5280	5150	5030
进口(亿美元)			
9月预测值		3440	3530
12月修正值	3360	3410	3500

资料来源：俄联邦经济发展部：《对2014年俄罗斯联邦社会 - 经济发展预测基本数据的修正》。"Об уточнении основных параметров прогноза социально - экономического развития Российской Федерации на 2014 год"，http：//www.economy.gov.ru/.

世界银行和国际货币基金组织也在相关研究报告中多次下调了对俄罗斯经济增长的预期。2013年12月，世界银行在最新发表的研究报告中指出，俄罗斯内需增长低于预期，投资和消费需求增长也明显趋缓，因此进一步下调了对其经济增长的预期，预计2014年增长率为2.2%，略好于上年，但低于2010～2012年的水平。

2. 俄罗斯 2020 年前国家发展战略无法全面落实

2000~2008年，在蓬勃发展的世界经济的带动和全球旺盛能源需求的推动下，俄罗斯经济获得了长足发展，国内生产总值年均增长率达到了6.6%。2007年俄罗斯宏观经济指标全面恢复到历史最高水平，重新回到世界10大经济体行列。在这一历史背景下，即将卸任的俄罗斯总统普京发表了题为《俄罗斯2020年前发展战略》的非同寻常的告别演说，提出了宏伟的国家建设规划，后被媒体概括为"普京计划"，它最终成为俄罗斯的国家发展战略。该计划的核心内容是摆脱能源型发展模式，走创新经济发展道路；大力发展国民教育，努力开发人力资源；发展基础应用科学；稳定人口数量，提高居民寿命；解决民生问题，提高中产阶级比重；提高生产效率，大力发展具有国际竞争力的产业。为落实这一计划，联邦政府制定了《俄罗斯联邦2020年前社会经济发展构想》，对"普京计划"做了细化：国内生产总值年均增长率保持在6.5%~7%之间，逐步缩小与西方发达国家的差距，将经济总量从当前的世界第8位提升到第5位，占世界经济总量的份额由2006年的2.6%上升到3.4%；严格控制通货膨胀，将通胀率限制在3%~3.5%之间；大幅提高居民实际工资收入；中产阶级人数超过居民人数的一半，三口之家的住房面积不少于100平方米；用于教育和医疗卫生的财政支出占国内生产总值的比重分别由2006年的4.6%、3%增加到5.5%~6%、6.5%~7%。以上目标将分三个阶段实现，2008~2012年为跨越准备阶段，2013~2017年为跨越阶段，2018~2020年为巩固与扩大阶段。

按照上述规划，2008~2012年为跨越准备阶段，由于受到国际金融危机的严重冲击，显然"准备"得相当不充分。2013年为"跨越阶段"的开局之年，然而这个"局"也开得非常不圆满。实现2020年前国家发展战略的前提是国民经济必须保持年均增长率不低于6.5%~7%，而2008~2013年实际年均增长率尚不及2%，13年的规划期至今已过近半，从目前的发展趋势来看，未来7年全面落实国家发展战略的可能性已经不复存在。

3. 普京"五月命令"中的多项指标难以实现

2012年5月，重新入主克里姆林宫的普京接连发布了《关于国家长期经济政策》等12项总统令。这些被称为"五月命令"的文件要求，未来6年必须提高经济发展速度,保证国民经济的可持续发展,提高民众收入,并提出了一系列量化指标,主要内容包括:到2015年固定资产投资规模应占到国内生产总值的25%,到2018年再增加到27%;2018年国家科学基金拨款总额达到250亿卢布;2018年居民实际工资收入提高40%~50%,医生、大学教授和科学工作者的平均工资达到本地区平均工资的200%;到2018年高科技行业在国内生产总值中所占比重应比2011年提高30%;到2020年新建和更新2500万个高生产率的就业岗位;到2020年使武装力量的现代化武器装备占其武器装备的70%,等等。

鉴于对国民经济增长的不良预期,俄罗斯政府已经被迫宣布将原计划中的2014年预算总支出削减5%。未来几年的预算资金无疑也相当紧张,因此,按时、按质、按量地完成"五月命令"规定的指标显然是不现实的。国民经济的低速增长不仅制约了俄罗斯国家总体发展战略的落实,同时也必然严重影响重点开发项目的推进。作为重中之重而备受世人瞩目的开发项目——远东大开发,自然也难以摆脱这种影响。

4. 发展经济的积极因素依然存在

俄罗斯的经济形势确实相当严峻,但推动经济发展的积极因素依然存在。简而言之,俄罗斯在发展经济方面起码具有三大优势。

第一是自然资源优势。俄罗斯拥有世界上任何一个国家都无法比拟的丰富的自然资源,其人均资源占有量绝大多数国家难以望其项背,对此无须赘言。第二是人口红利优势。从人口年龄结构来看,俄罗斯目前正处于人口红利期,社会赡养负担相对较轻。根据2010年全俄人口普查统计数据,当前俄罗斯适龄劳动人口占到了总人口的61.6%,低于劳动力年龄人口只占16.2%,高于劳动力年龄人口占比也只有22.2%,后两项相加还不到39%,理论上一个适龄劳动力只需负担0.6口人,这对于发展经济是相当有利的。[①] 第三是债务杠杆优势。俄罗斯国家负债率很低,截至2013年12月,负债总规模只有7.19亿卢布,仅占同期国内生产总值的14.67%。这一比率在世界主要经济体当中

---

① 俄联邦国家统计局:《俄罗斯联邦各主体基本年龄组人口数量》。"Численность населения по основным возрастным группам по субъектам Российской Федерации","Социально - демографический портрет России". М. 2012г. с. 37.

远远低于包括中国、美国、日本在内的许多国家，它为俄罗斯政府利用债务杠杆调控经济提供了巨大的政策空间。根据目前的情况分析，俄罗斯完全有能力采取更加积极的财政政策，增加负债规模以扩大投资，从而推动经济发展。上述优势能否得到有效的利用并使其延伸和扩大，取决于俄罗斯经济管理当局的政策理念和管理智慧。

Y.9 2013年中俄经贸合作现状与前景展望

刘华芹*

摘　要： 2013年中俄经贸关系实现稳步发展，虽然双边贸易增速放缓，但两国贸易互补性趋势未变，网购成为一种新型贸易方式；投资成为双方合作的新亮点，投资领域不断拓宽，大中型企业成为投资主体，投资方式日益多样化；两国经济合作规模不断扩大，地方合作不断深化。着眼于未来，扩大两国经贸合作仍面临一系列挑战，双方要完善两国合作的法律基础，提高合作机制的工作效率，加强在标准一致化和资质认可方面的协调以及改善俄投资环境等。未来中俄贸易将进入一个低速增长期。为了实现两国领导人确立的发展目标，需要挖掘合作潜力，进一步提升能源领域合作水平，培育新的合作增长点，更为重要的是加强沟通以寻找双方利益更多的契合点。

关键词： 中俄经贸合作　贸易　投资

2013年是中俄关系丰收年，习近平主席在出席亚太经合组织领导人第21次非正式会议期间与俄罗斯总统普京会晤时强调了这一点。自年初以来，两国高层互访频繁，签署了包括能源合作在内的多项合作协议，将两国务实合作提升到新水平，也为未来长期合作规划了美好前景。

---

* 刘华芹，商务部国际贸易经济合作研究院研究员。

一 2013年中俄经贸合作稳步发展

(一)双边货物贸易增速明显放缓

2013年以来,受全球金融危机的持续性影响,国际市场需求进一步萎缩,中俄两国出口增长乏力,经济增速明显放缓。根据中国国家统计局的数据,2013年上半年中国经济增速为7.6%。而俄罗斯经济发展部的统计数据显示,2013年1~10月,俄罗斯经济增速同比仅为1.4%。无论中国还是俄罗斯,经济增长均未达到危机前的水平。

经济增速下滑使双边贸易发展失去内在动力。根据中国海关统计,2013年1~11月中俄贸易为810.76亿美元,同比增长0.57%,其中中方对俄出口445.58亿美元,同比增长11.30%;中方自俄进口365.18亿美元,同比下降10.0%。中方贸易顺差80.4亿美元,中国成为俄罗斯最大的逆差来源国(参见图1)。

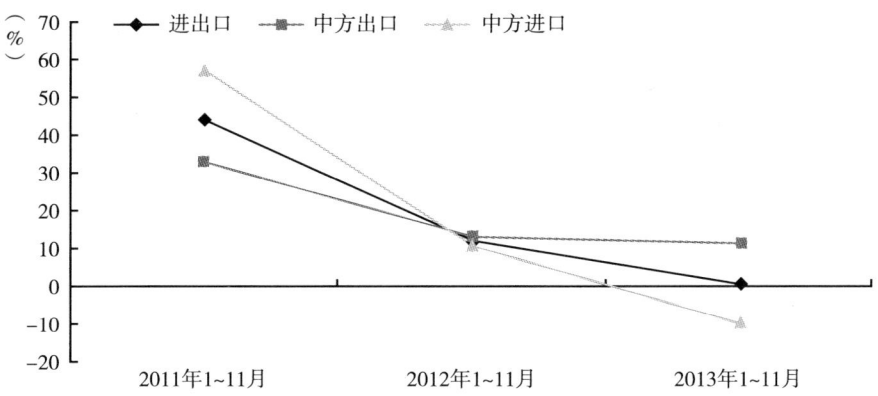

图1 2011~2013年1~11月中俄贸易增幅变化图

资料来源:根据中国海关统计数据。

中方自俄进口大幅度下降是导致双边贸易增幅放缓的主要原因(参见图1)。2013年以来,中国政府实施了新的经济发展方针,调整产业结构、转变经济增长方式成为未来经济发展的基本方向。鉴于钢铁工业、有色金属工业、造纸工业以及石化工业等行业产能过剩,中方对钢铁、有色金属、纸浆和木材以及化肥等商品的进口需求大幅度下降,而这些商品恰为中方自俄进口的传统大宗商品,由此造成中方进口急速下滑。与此同时,中方对俄出口增幅逐年趋缓进一步加剧了双边贸易下滑势头。近年来,受全球金融危机影响,俄罗斯出口颓势明显,外汇收入减少导致国内固定资产投资和消费需求规模不断萎缩(参见图2),生产资料和生活资料进口亦不断下降,中国为俄罗斯第一大进口来源国,自华商品进口增速也明显回落,这种趋势仍在蔓延。

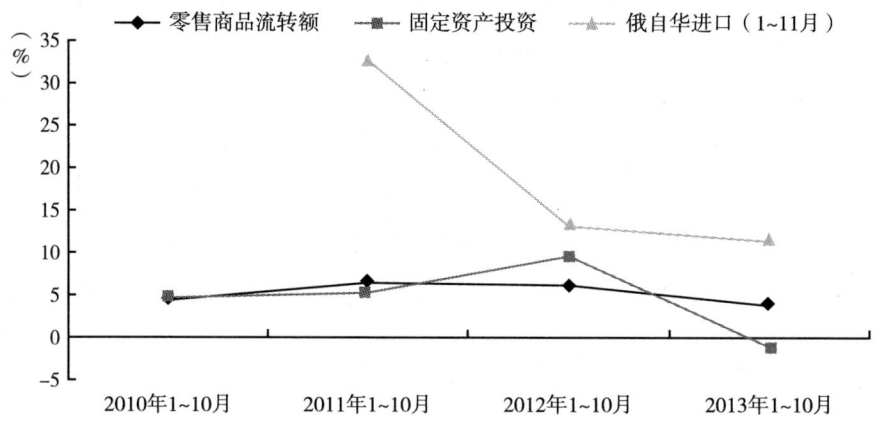

图2　2010年1~10月至2013年1~10月俄罗斯投资和零售商品流转额及自华进口额变化图

资料来源:俄方数据来自俄经济发展部,中方数据来自中国海关统计数据。

尽管出现了一些不利因素,但是中国仍然是俄罗斯的第一大贸易伙伴,而俄罗斯在中国主要贸易伙伴中排名第九位。

(二)两国贸易的互补性依然很强

虽然中俄双边贸易增幅回落,但就总体而言,中俄经济优势互补的基本合作格局并未改变。根据中国海关统计,2013年前三季度,在中方对俄出口中,机电产品(占中方对俄出口的35.9%)和纺织服装类商品(占中方对俄出口的26.63%)仍是最大宗出口商品(参见图4),而石油及其制品成为中方自俄罗斯进口的最大宗商品(占中方进口总额的67.86%,参见图3),两国贸易

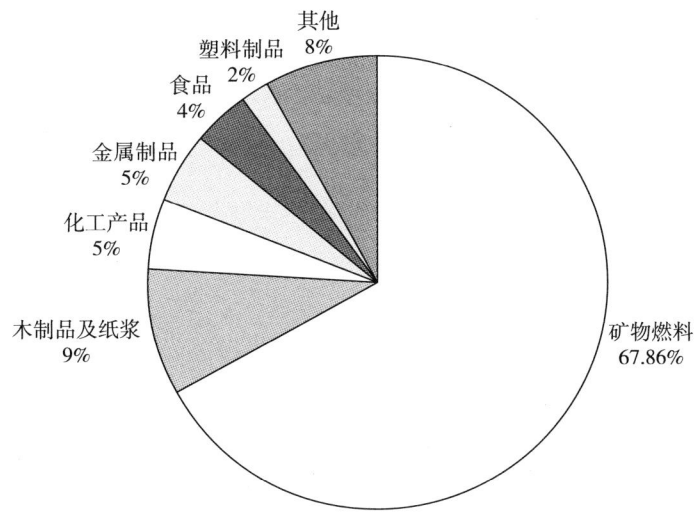

图3　2013年1~10月中国自俄罗斯进口商品结构图

资料来源：中国海关统计。

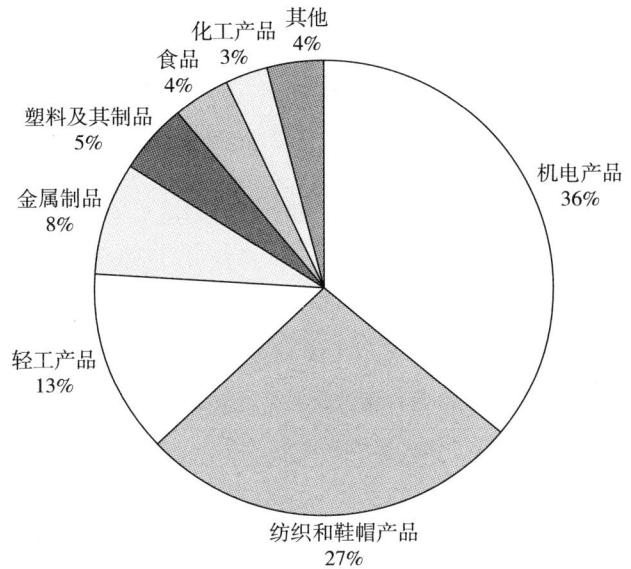

图4　2013年1~10月中国对俄罗斯出口商品结构图

资料来源：中国海关统计。

商品结构反映了两国经济结构的差异，也最大限度地实现了经济互补，充分满足了两国经济发展以及居民生活的需要。双方地方和企业的合作积极性也未受到影响。随着两国市场的进一步开放，双边经贸合作仍将保持积极发展态势。

（三）网购成为一种新型贸易方式

2012年，中国的阿里巴巴公司与俄罗斯市场最大的支付平台Qiwi wallet公司签署了战略合作协议，俄罗斯用户可以借助这个支付工具在阿里巴巴的平台上购买中国商品。根据阿里巴巴提供的数据，中国与俄罗斯之间的电子商务在线交易一年的客户数增长了六倍。目前，俄罗斯网民每天都通过阿里巴巴旗下的在线交易平台全球速卖通（aliexpress.com）从中国购买4000多种、数以百万计的商品，商品种类涉及服装鞋帽、家电、电子产品、家具、家居用品、体育和旅游用品等。

（四）服务贸易保持稳定增长

随着两国合作的进一步深化，中俄服务贸易得到较快发展，主要体现在交通运输、承包工程与劳务合作、金融、旅游、教育等领域。

1. 运输服务业

（1）交通运输服务

2013年以来，中国对俄罗斯主要陆路运输口岸（集中于内蒙古自治区和黑龙江省绥芬河铁路口岸）的运输状况较2012年同期出现不同程度的增长（参见表1）。

表1　2013年1~10月内蒙古自治区对俄口岸运输状况一览表

	进出境		出境		进境	
	数量	同比%	数量	同比%	数量	同比
货运量(万吨)	1755.2	7	274.3	3.6	1480.9	4.1
客运量(万人次)	156	26.1	77.7	24.8	78.3	27.3
交通工具(万架次)	24.7	13.1	12.2	11.1	12.5	15.2

资料来源：内蒙古自治区商务厅。

根据绥芬河市政府的预测，2013年黑龙江省绥芬河铁路口岸全年过货量将达到1000万吨。

随着中国长江中上游地区与俄罗斯伏尔加沿岸联邦区合作机制的启动，双方商定将借鉴俄罗斯远东和西伯利亚联邦区与中国地区建立航空交通的经验，近期将研究建立包括喀山在内的伏尔加河沿岸地区与重庆、武汉之间航班的可能性，新航线预计于2014年开通。

（2）管道运输服务

中俄原油管线，2010年10月建成投产，起自俄罗斯远东原油管道斯科沃罗季诺分输站，穿越中俄边境，重点是黑龙江省大庆市，全长999.04公里，截至2013年1月1日，累计输油量3000万吨。

中俄直流背靠背联网工程，该工程是中国第一条高电压等级的直流跨国联网工程，建设规模为新建中俄边境500千伏线路5000米。2013年1~9月，俄方通过其"东方能源公司"对华出口电力30亿千瓦时，同比增长51%。

2. 工程承包与劳务合作

经济技术合作一直是中俄两国合作的重要领域。根据中国商务部的业务统计，2013年1~10月中俄之间新签工程承包和劳务合作合同25.4亿美元，同比增长37%，完成营业额11.4亿美元，同比下降8.8%，期末境外劳务人数24430人。

2013年1~3月，中方自俄引进民用技术13项，合同金额1178万美元，同比增长46%。中方自俄引进的项目主要集中在核电、航空、航天、电子等领域。

3. 金融服务

2013年，中俄两国总理定期会晤期间商定，在双边贸易、直接投资和信贷领域扩大使用本币。

2013年12月，黑龙江省绥芬河市正式被国务院批复为中国首个卢布使用试点市，又称"中国小币种使用特区"，这是新中国成立以来第一次允许异种外币在中国某个特定地域行使与主权货币（人民币）同等的功能。这一新举措有助于产生人民币和卢布之间的汇率形成机制，促成人民币与卢布直接汇率的形成，为对等推进人民币在俄罗斯相关城市流通使用奠定坚实的基础。

4. 旅游服务

受金融危机的持续性影响，2013年以来两国旅游发展增速有所放缓。根

据中国国家旅游总局的统计，2013年1~10月，俄罗斯赴华游客总数为184.58万人次，同比下降9.36%，但俄罗斯仍是我国入境游的第三大客源国。

与此同时，两国在旅游合作方面也取得一些新进展。俄联邦政府宣布，自2014年1月起，俄罗斯对来自20个国家的外国游客实行免签，游客可在俄停留三昼夜，即72小时。游客需购买任意一家俄罗斯航空公司机票，并在指定的11个机场之一抵达边境，便可以享受免签待遇，中国已被列入这20个国家之中。这为吸引中国游客赴俄罗斯旅游创造了更为便利的条件。

5. 教育服务

中俄两国在教育服务领域的合作一直保持了积极发展态势。根据中国驻俄罗斯大使馆的统计，目前俄罗斯全境共有两万多名中国留学生，占外国在俄罗斯留学生总人数的20%左右。

2012年12月在莫斯科举行了中俄人文合作委员会第13次会议与中俄教育合作分委会第12次会议，两次会议上均提出了未来两国教育领域合作的计划与设想。两国将扩大留学生互换规模，搭建更多的高校合作平台，譬如经济类、师范类和语言类高校之间的合作平台，以期为中俄高校和学者之间的务实合作发挥更大作用。2013年两国进一步加大教育合作力度，扩大相互间互派留学生的人数。

（五）投资快速增长成为双边合作的新亮点

2013年以来，在中俄两国政府的大力推动下，双边投资，尤其是中国对俄罗斯的投资呈现良好发展势头。根据商务部的业务统计，2013年1~10月，中方对俄投资（非金融类直接投资）达到27.8亿美元，同比增长近九倍，显示出强劲的增长趋势。

1. 中国对俄投资的特点

从投资领域来看，中方对俄非金融类直接投资领域逐渐拓宽，包括能源、矿产资源开发、林业、建筑业、建材生产、贸易、轻纺、家电、通信和服务等领域。中国对俄投资的区域分布也逐渐由边境地区向腹地拓展。从投资主体来看，大中型国有企业和民营企业逐渐进入俄罗斯市场，成为投资主体。从投资方式来看，除了绿地投资外，跨国并购、合资企业等投资方式日益多样化。

2. 正在推进和拟实施的大型合作项目

2013年中俄两国总理定期会晤签署了大约40个合作项目。截至目前中方在俄罗斯实施的一些大型投资项目包括以下几个方面。

——能源领域

中石油将拥有俄罗斯诺瓦泰克公司亚马尔液化气厂项目20%的股权,该厂计划于2016年建成投产,每年向中方出口液化气300万吨。

中俄双方签订建立合资企业"东方石油化工"的协议,其中俄石油占股49%,中石油占股51%。石油加工厂计划每年加工石油1300万吨,其中900万吨原油来自俄罗斯。

俄罗斯统一电力系统国际公司下属的"东方能源公司"与中国国家电网公司签署了为期25年供电协议,2013年将对华电力出口量增至33.5亿千瓦时。俄方计划2037年前向中方供电1000亿千瓦时,并商定供电价格公式。

俄罗斯原子能公司目前正在建造田湾核电站的二期工程第三和第四个发电机组,俄罗斯燃料元件公司与中核集团签署了价值十多亿美元的田湾核电站第三和第四发电机组核燃料供应合同。

除上述项目外,可再生能源成为双方在能源领域合作的新方向。中国国家电网公司与俄联邦能源署、俄罗斯燃料公司在俄罗斯签署了成立可再生能源合资企业总协议。

——汽车制造领域

中国长城汽车公司于2013年启动建立合资汽车组装厂,总投资约6亿美元,年产15万辆汽车。

中国汽车玻璃产业巨头——福耀玻璃工业集团股份有限公司拟在俄罗斯卡卢加州投资设立福耀俄罗斯浮法玻璃有限公司,项目总投资额2.2亿美元,将建设两条汽车级优质浮法玻璃生产线,年产45万吨优质浮法玻璃。

——工程承包领域

中国国际海运集装箱集团下属烟台来福士海洋工程公司在俄里海沿岸承建首个里海石油钻井平台。该平台总造价两亿美元,是中方自主研发、独家融资并在俄方船厂建造的首个里海钻井平台,建成后主要用于对外租赁业务。该项目开创了我企业在俄投资建造钻井平台的先例,是中国首个进入里海的水工大型项目。

——农业领域

2013年，原黑龙江省逊克县农业示范基地升级为中俄农业科技合作园区，该园区与俄罗斯全俄大豆研究所、俄远东农业大学建立了合作关系，聘请了五位俄农业专家，引入俄粮食品种33个，种植技术四项，还建立了中俄农业科技工作站和中俄农业科技成果展示厅，成为中俄农业合作的典范。

黑龙江省华信集团创建的中俄（滨海边疆区）现代化农业开发园区，成为俄远东地区最大农场，粮食回运1.3万吨。

——通信领域

中国联想集团全力开拓俄罗斯智能手机市场，将俄罗斯列为重点拓展的五大海外市场之一，计划未来三年成为俄市场智能手机的最大供应商。

俄罗斯"Вымпелком"股份公司与华为公司签署协议，俄伏尔加和远东地区的移动和固定网络正式移交华为公司运营管理和服务，协议金额一亿多美元。中方将提供上述移动和固定网络的解决方案、技术指导，设备供货等运营管理服务。

——基础设施建设领域

中俄双方确认将尽快开工建设同江－下列宁斯阔耶跨境铁路桥，加快推进黑河－布拉戈维申斯克公路大桥项目。

——园区建设

俄罗斯斯科尔克沃基金会与北京中关村科技园签署了合作协议，双方将在节能、新材料研制、生物制药等领域开展合作，合作方式包括信息交换、互派入驻企业、建立联合研发团队、促进产品进入市场等。

康吉－乌苏里斯克经贸合作区是由中方的吉信和康奈集团合资创办的境外工业园区，采用"跨境连锁加工"模式，将中方半成品出口到俄罗斯进行加工组装，由俄方有关部门核发出厂合格证和商标，在俄就地销售或销往第三国。

俄罗斯外经银行与中国开发银行签订八亿美元的贷款协议，用于建设莫斯科"光荣"科技园区。

除上述项目外，中资企业还在矿山开采、机械加工、仓储物流、批发与零售商业以及其他领域开展投资活动并取得一定成效。

（六）中俄地方合作不断深化

2009年9月23日，中俄两国正式批准《中国东北地区同俄罗斯远东及西伯利亚地区合作纲要（2009~2018）》。将中国东北地区与俄罗斯远东地区作为两国地方合作的重点。目前双方在能源、电力、贸易、矿产开发、科技、人文等领域启动了一批合作项目。

2013年两国地区合作进一步升级，双方区域合作范围逐渐由边境地区开始向两国腹地推进。中国长江中上游地区与俄罗斯伏尔加沿岸联邦区确立了合作关系，中国的6个省（直辖市），包括安徽省、江西省、湖北省、湖南省、重庆市、四川省和俄罗斯的14个联邦主体之间将建立直接经济合作联系。未来主要的合作方向包括以下几个方面。

（1）发挥人文交流和贸易合作在两个区域合作中的先导作用，聚集人流、物流、信息流，为全面合作奠定基础。

（2）有序推进产业和投资合作，遵循高档次、高质量、高技术、高附加值的"四高"原则，落实合作领域和重点项目，完善合作方案。在区域上坚持有所区分，各有侧重，每省区重点推进针对俄罗斯伏尔加沿岸联邦区一至两个联邦主体的合作，提高合作的针对性和有效性，在充分沟通协调的基础上有序开展汽车、建筑建材等领域的合作，防止扎堆和恶性竞争。

（3）开通包括喀山在内的伏尔加河沿岸地区与重庆、武汉等市之间的航线和航班。

二 未来中俄经贸合作发展面临的挑战

尽管中俄两国领导人为双边经贸合作规划了美好前景，但着眼于未来发展，中俄经贸关系仍面临来自以下方面的挑战。

（一）世界经济持续低迷制约双边贸易发展

国际货币基金组织在2013年10月8日发布的《世界经济展望》中指出，2014年全球经济增长将进入低速档，经济活动的驱动因素不断变化，下行风险持续存在。金融危机后的复苏仍在继续,但过于缓慢。中国和越来越多的新兴市场经济体正从周期高峰下滑,预计它们的增长率达不到过去几年的高水平。俄联邦经济发展部下调2013~2030年经济增速预测值,从年均增长4.3%下调至2.5%。① 中国经济增速将维持在7%~8%。中俄两国贸易以一般贸易为主,各自经济发展一直是拉动双边贸易发展的内在动力。两国经济增速放缓,国内需求下降,双边贸易不可避免地会受到一定影响。

(二)双边经贸合作面临调整的艰巨任务

国际实践经验表明,当双边贸易占一国对外贸易的10%~12%之时,两国贸易已处于较高的水平。根据中国海关统计,2012年中俄贸易达到历史最好水平,为882亿美元,占俄罗斯进出口贸易总额的10.5%~11%。在这种情况下基于现有贸易商品结构进一步扩大贸易规模将受到一定制约,为此迫切需要双方调整贸易结构和贸易方式,逐渐由贸易转向产业合作,扩大相互投资,培育新的增长点,以保证两国贸易持续健康发展。

(三)双边经贸合作迫切需要解决的问题

为了实现由贸易向产业合作的过渡,扩大相互投资,迫切需要解决以下实际问题。

1. 完善双边经贸合作的法律基础

在俄罗斯加入世界贸易组织之后,两国迫切需要重新修订双边投资保护协定和避免双重征税协定并制定其实施细则,以保护两国投资者的实际利益,为扩大相互投资提供必不可少的法律保障。目前已出现在俄的中资企业被迫双重纳税的情况。随着双方投资项目的增加和投资规模的扩大,解决这个问题已迫在眉睫。

2. 加强企业资质认可和标准一致化方面的协调工作

鉴于两国管理体系的差异,俄方要求在俄罗斯投资的中资企业必须提供资

---

① 《2030年前俄联邦社会经济发展长期预测》,2013年11月8日,http//www.economy.gov.ru。

质证明并加以确认，但资质认证程序十分烦琐。同时中俄两国的标准不一致常常造成企业重复工作，加大了投资成本，降低了工作效率，这给两国极力推动的产业合作项目，尤其是基础设施建设项目造成了很多困难，不利于双方合作的发展。12月4日俄总统普京主持召开总统经济委员会第二次全体会议，指出，俄在建筑项目审批手续方面落后于很多国家，缺乏详尽全面的项目审批所需文件清单，项目单位为此疲于奔命，而业界的提议大多停留在部门间协商过程中，这些问题已严重影响了俄罗斯吸引外资的进程。

3. 加强磋商有效解决投资项目中的劳务配额问题

劳务配额是制约中方扩大对俄投资的最主要障碍之一。俄方对工程承包的劳务配额数量分配不足及分配方式不合理，一直困扰双方经济技术合作的发展。配额年年审核，很难满足企业的实际需求，这已成为推动基础设施建设项目的首要障碍。根据俄方主管部门的要求，企业必须提前一年上报下一年度劳务配额需求指标，但是市场需求的变化使企业往往难以提前做出计划。当第二年出现新的投资机会时，企业不得不因缺少劳务配额指标而被迫放弃投资项目。为此，迫切需要两国政府主管部门加强磋商以尽快解决相关问题，否则大规模的投资合作将受阻。

4. 提高各种协调机制的工作效率

中俄之间投资领域合作长期进展缓慢，除了全球金融危机及俄罗斯投资环境不完善等客观因素外，官僚主义作风、协议流于形式现象也是重要原因。应充分利用现有合作机制，加大政府主管部门间的相互协调以及对相关协议的落实力度。对于需要解决的问题，列出相应的时间表，加强磋商，争取在规定的时间得到有效解决，使所签署的协议能够真正得到落实，避免形式化，这也是推进合作的关键性环节。

5. 敦促俄方尽快改善投资环境

根据世界经济论坛和世界银行联合发布的《2014年营商环境报告》，2013年俄营商指数排名提升20位，在189个国家中居第92位①。尽管取得了很大进展，但是整体投资环境仍然不尽如人意。评级指标主要反映莫斯科的情况，

---

① 《2014年营商环境报告》，中文版，http//www.chinese.doingbusiness.org。

俄罗斯其他地区指标低于首都，因此投资者感到评级好于实际情况。俄总理梅德韦杰夫曾批评政府部门，年初制定的170多项改善投资环境措施中只有50%得到落实，政府执行不力已极大地制约了投资环境的改善。俄总统普京在谈到本国的投资环境时指出，用户用电上网服务申请要履行九道程序，耗时251天，费用约570万卢布，且程序不透明，严重损害了用户利益，影响了投资项目实施。官僚主义盛行、贪污腐败成疾，造成本国资本大量外流，吸引外资的难度依然较大。中方应充分利用总理会晤机制以及其他合作机制敦促俄方改善投资环境，就投资便利化等问题开展经验交流。

三　未来中俄经贸合作的发展前景

尽管2013年中俄贸易发展态势过于低迷，但从一般贸易发展规律看，全年双边贸易额达到2012年的水平应该没有悬念。着眼于长远发展，受全球金融危机的持续性影响，中俄两国经济都面临转方式、调结构的艰巨任务，两国的经济增速均将放缓，俄罗斯则更为突出，在这种情况下双边贸易难以继续保持高速增长态势，将步入一个低速增长期。根据俄罗斯经济发展部相关预测数据推算，在现有贸易商品结构下2015年俄中贸易规模很可能徘徊在940亿~960亿美元。

2013年中俄两国领导人在双边会晤时已达成共识，将双边贸易额在2015年提升至1000亿美元，到2020年提升至2000亿美元，这个目标与两国经贸合作现状仍存在一定差距。基于现实考虑，双方如何加强合作才能实现这一目标，这是摆在两国面前一个迫切需要解决的问题。未来的出路，一是要进一步挖掘双方合作潜力，二是要寻找双方合作新的增长点。

（一）挖掘双方合作潜力——进一步深化能源领域合作

近期内中俄贸易的增长点在能源领域。根据俄罗斯海关统计，2012年俄罗斯能源产品出口占其出口总额的比重为67%，而对华出口仅占56%，相比较而言，对华能源产品出口还有10%的提升空间，大约每年100亿美元。目前中国还不是俄罗斯能源产品的主要出口市场，未进入其前五大能源出口市场之列，因而在能源合作方面双方仍有较大的合作空间和潜力。

从长期发展看，能源依然是俄罗斯最具有国际竞争力的产业，而中国调整经济结构、转变经济增长方式并未降低对能源的需求，相反，随着经济结构的调整，中方对清洁能源的需求正在不断扩大，因而能源合作将成为双方长期合作的一个重要增长点。2013年以来中俄两国领导人在高层互访期间签署了一系列有关能源领域合作的协议，这也符合两国经济发展的实际需求，同时借此可以保证双边贸易持续稳定发展，如期实现既定发展目标。

（二）培育两国经贸合作新的增长点

在2013年10月中俄两国总理会晤期间，双方都在谈论扩大相互投资问题，已意识到这个问题的迫切性并且采取了更加务实的态度。

1. 拓宽投资领域

中俄总理会晤期间决定启动《中俄投资合作规划纲要》落实机制。此外，确立了目前主要的合作领域和项目，鼓励中国企业参与购买俄罗斯企业股份，对双方在俄西伯利亚和远东地区已商定的项目进行直接投资。在双边贸易、直接投资和信贷领域扩大使用本币。确保中俄原油管道长期、安全、稳定运营，落实好扩大原油贸易计划，推动天然气领域合作。双方确认将尽快开工建设同江－下列宁斯阔耶跨境铁路桥，加快推进黑河－布拉戈维申斯克公路大桥项目。相对于以往双方签署的合作文件，这次合作文件的内容更为具体，提出的合作项目具有很强的可操作性，为实现两国贸易的发展目标提供了重要支撑。

此外，总理会晤时还决定，将进一步拓展双方在农业、制造业、服务业、高新技术产业，包括核能、航空等领域的合作。继续推进民用航空制造领域的合作项目，加强在船舶工业领域的交流与合作。深化两国在航天领域的合作。进一步扩大科技领域交流，开展科研和成果转化合作，推动在包括两国边境在内的地区建立联合科技园。推进在农业、渔业、农产品贸易和农业投资等领域的务实合作，在中俄总理定期会晤委员会框架内推动设立农业合作分委会等。谈到中俄经贸合作前景时，俄总统普京指出，两国合作前景广阔，两国正在探讨或实施直升机、宽体客机、天然气管道、基础设施建设等大型合作项目。中俄双方在上海合作组织框架内推动实施的一系列经贸倡议对深化两国经贸合作亦起到了积极的推动作用。

2. 扩大两国之间的服务贸易

俄罗斯在加入世界贸易组织后将逐渐履行其入世承诺，开放服务业市场。而中国在新一轮扩大开放过程中也将服务业市场开放作为重点，这为两国进一步扩大服务领域的合作创造了有利条件，因而两国应大力拓展双边服务贸易。两国互为毗邻国家，具有发展跨境运输的良好条件。此外，建筑业、旅游业、教育服务业、文化产业、通信服务业、服务外包都可能成为未来双边提升服务贸易的增长点。

3. 大力推进贸易投资便利化进程

两国总理会晤时明确表示，将继续优化海关监管，推进信息交换、监管结果互认和风险管理务实合作，加大执法合作力度，加强边境海关合作，促进双边贸易发展。支持发展跨境运输基础设施，以扩大两国边境地区经济合作，共同努力发展过境铁路运输和多种方式联合运输。在中俄跨境基础设施建设联合工作组框架内积极务实地研究相关项目。俄总统普京在总统经济委员会第二次全体会议上明确要求俄海关部门继续完善海关行政管理，简化商品通关手续和时间，降低商品清关费用，为企业提供更为周到的服务。

（三）加强沟通以寻找双方利益更多的契合点

为了使投资成为带动双边经贸合作的动力，需要为扩大投资创造必不可少的前提条件，否则扩大投资就可能成为一句空话，而难以落实。为此，应侧重缩小双方在合作理念上的差异，为两国寻找到更多的利益契合点。

目前俄罗斯政府将吸引外资作为政府经济建设的一项重要方针，希望借鉴中国的经验，尤其是经济园区招商引资的经验，带动本国特别是经济落后的远东地区的发展。2013年11月1日，俄联邦政府颁布远东经济发展新设想，确定以经济特区为主导开发模式，希望借鉴中国建设经济特区的经验。

中方在改革开放初期，明确了"以市场换技术"的引资路径。中方在早期建设经济特区时，一般选择沿海开放地区，经济发展基础高、交通便利、劳动力素质较高，利于吸引外资。中方遵从"以市场换技术"的原则，先使投资者获益，在与外方的合作中吸收其技术与管理经验，实现互利共赢。

相比较之下,目前俄罗斯缺少明确的引资路径。俄罗斯更希望中方企业投资其远东地区,但是俄方自身也认识到,远东地区人口少,市场规模小(不足900亿美元,仅占全俄GDP的5%),本地市场拉动经济增长的内生动力不足,在这种情况下如何实现投资的效益将是摆在投资者面前的一个重要问题。俄罗斯将经济特区选定于这些经济基础相对薄弱的地方,前期开发的投资规模比较大,如果没有良好的市场发展前景,这种项目的可行性论证很难被接受,实施起来难度则更大。这无疑给双方合作带来较大困难。两国在引资理念上的差异将使双方合作难以取得实际成效。

为了使双方合作能够取得实质性进展,应加强深层次的沟通与交流,以实际经验和范例向俄方转达我们的理念和方法,力争使双方取得一致意见。

Y.10
俄罗斯确立大金融监管体制

程亦军*

摘　要：

2013年俄罗斯对金融监管体制实行了重大改革，取消了以往分业监督、交叉管理的模式，建立起符合金融混业经营发展潮流的统一的大金融监管体制，改国家银行委员会为国家金融委员会，提高中央银行的行政地位，从根本上消除了计划经济时代遗留下来的"大财政小银行"的残余，标志着俄罗斯金融行业进一步市场化。

关键词：

俄罗斯　金融　监管　中央银行

2013年7月24日，普京签署了一项总统令，宣布重新整合本国金融监管体制，改变此前的分业监督、多头交叉管理模式，建立统一的大金融监管体制，中央银行（俄罗斯银行）被赋予监管境内所有金融组织和金融活动的全权。在此之前，相关联邦法律草案已经于当月5日和10日分别在俄罗斯议会上下两院（即联邦委员会和国家杜马）例行会议上获得审议通过。7月25日，普京总统又签署了一项相关法令，宣布撤销联邦金融市场服务管理局。至此，俄罗斯新一轮金融管理体制改革的法律程序基本完成。上述法律程序在如此短的时间里便得以顺利完成，这在俄罗斯政坛上是不多见的，它显示出俄罗斯决策层对这项金融改革的态度高度一致。

---

* 程亦军，中国社会科学院俄罗斯东欧中亚研究所俄罗斯经济研究室主任、研究员。

俄罗斯确立大金融监管体制

一 金融监管体制改革的内容和目的

总统令发布当日，俄罗斯总统网站刊登了相关解释条文，对此次金融监管体制改革做了简要说明。解释条文指出，此次改革的具体内容包括：联邦金融市场局不再作为金融市场的监管责任人，财政部亦不再继续行使对金融市场部分业务的监察管理权，联邦政府同时也放弃对金融市场的直接管辖权，上述权力统一划归中央银行。改革后的中央银行将成为俄罗斯境内唯一的金融监管行政机构，全面负责对信贷、保险、有价证券以及投资基金、养老基金等金融行业的业务指导、管理和监察；扩大中央银行的职权范围，延长央行行长及央行董事的任职期限，扩大央行董事会规模，央行行长及董事任职期限由四年改为五年，董事会由13人增加到15人；国家银行委员会更名为国家金融委员会，从而成为国家整个金融行业的宏观决策机构。关于此次金融监管体制改革的目的，总统网站是这样解释的：建立统一的大金融监管体制是为了提高金融市场的稳定性和监管效率，取消重复设置的机构，避免浪费行政资源，减少行政内耗。

这项金融监管体制改革的特点主要体现在以下几个方面：一是变分散管理、分业管理为集中管理、混业管理，将原来的多机构、多层次、相互交叉的管理改为现在的统一的单一管理；二是进一步消除金融市场的财政色彩，财政部彻底交出对金融市场的监管权，不再直接控制和影响金融市场；三是取消第三方管理，改由制定货币政策的中央银行直接管理；四是加强金融管理的专业化，减少行政干预，联邦政府不再直接参与金融事务，改为由在银行委员会基础上建立的国家金融委员会负责决策。

新的金融监管体制确立之后，未来一个时期联邦法律机构将致力于相应的法律配套工作，这主要包括对一系列相关法律条文的修订、补充和完善。例如，此前制定的《俄罗斯联邦中央银行法》《俄罗斯联邦证券市场法》《俄罗斯联邦股份公司法》《俄罗斯联邦投资基金法》《俄罗斯联邦证券市场投资者权益保护法》《俄罗斯联邦金融服务市场竞争保护法》等法律在具体条款上均存在与此次改革指导思想相矛盾的规定和表述。

俄罗斯黄皮书

二 俄罗斯金融监管体制发展历程

20世纪90年代初,金融市场伴随着政治经济体制转型进入俄罗斯社会,金融监管体制随之应运而生,以后又随着金融市场的发展而发展。20多年来,俄罗斯的金融监管体制几经调整,总的发展脉络是由最初的混沌状态逐渐转变为混业经营、分业管理模式,目前又从该模式向混业经营、统一管理模式过渡。

俄罗斯的金融市场主要由信贷市场、证券市场(资本市场)和保险市场组成。在三大市场当中,信贷市场出现最早,对它的监管机制也形成最早,相对也比较规范。俄罗斯在经济转轨之初便确立了两级银行体系,在此基础上中央银行理所当然地承担起对商业银行和信贷市场的监督管理职责。而证券市场的情况则要复杂得多。1991年颁布实施的《有价证券发行、流通与证券交易所章程》规定,联邦财政部为证券市场的监管主体,但是,由于俄罗斯允许金融企业跨行业经营,因而中央银行以及其他一些联邦政府职能部门也依照惯例对证券市场部分业务行使监管权。各个部门均根据自身的职责定位和部门利益发号施令,不仅弄得金融市场上的经营主体无所适从,也增添和加剧了政府部门之间的矛盾纠纷,时常还会出现该管的没人管、不该管的大家都来管的现象。这种令出多门的状态持续了一段时间,这期间证券市场极为混乱,不法之徒利用民众金融知识的缺乏和证券市场的高度虚拟化浑水摸鱼,欺诈行为大行其道,使许多法人和自然人蒙受了巨大损失。以疯狂敛财而臭名昭著的MMM公司金融欺诈案就发生在这一时期。

1993年,俄罗斯政府组建了有价证券与证券交易所委员会,负责对证券市场实行专业化监管,以期规范市场,降低金融风险,维护国家经济安全。然而联邦政府并没有赋予该委员会以监管证券市场的全权,它无权直接处置违法违纪的商业组织和个人,因而无法实行有效的市场监督,与其说这是一个行政主体,倒不如说更像一个毫无实际权力的行业自律组织。此后联邦政府一再试图加强该委员会的权威性,1995年将其升格为联邦部委级单位,次年又将其更名为联邦证券市场委员会,委员会主席由总统亲自任命,但该机构的实际地位和作用并没有多大改变,依然不具有独立执法权,证券市场的实际掌控权仍

俄罗斯确立大金融监管体制

然在联邦财政部手中。直到1998年金融危机之后,为了进一步强化对证券市场的监管,联邦证券市场委员会才被赋予实际执法权,不必再经法院判决后才能对违法主体进行处罚。但与此同时,财政部依然保留了对证券市场的部分监管权,此外,中央银行也有权对信贷机构在证券市场的活动实行监管。由于分工不清,三家政府机构之间不可避免地时常产生矛盾和纠纷。

造成上述现象的根本原因在于法律体系的不完善,多部涉及证券市场的法律在具体条文上相互重叠和矛盾。例如,1995年通过实施的《俄罗斯联邦证券市场法》明文规定,有价证券与证券交易所委员会有对证券市场行使管理和监督的权力。而同一时期实施的《俄罗斯联邦中央银行法》也明确规定,中央银行不仅对境内商业银行等信贷组织负有监督管理权,同时还必须对信贷组织在证券市场的活动进行规范和监督。法律条文具体规定,商业银行等信贷组织发行有价证券必须到中央银行备案,其在证券市场上的经营活动受中央银行的制约和调控。显而易见,这就使得中央银行和有价证券与证券交易所委员会的监督管理权发生重合。

相对于信贷市场和证券市场,俄罗斯保险市场的出现要晚得多,其规模和影响力也要小得多。2004年,俄罗斯政府宣布组建联邦保险监管局,由其行使对境内保险从业机构的监督和管理职责,负责发放和吊销相关经营许可证,并且对其发行有价证券和投资有价证券实行监管。该机构在行政上隶属于联邦财政部。

同年,俄罗斯政府撤销了联邦证券市场委员会,组建联邦金融市场服务管理局。新设立的机构为联邦级的独立机构,不隶属于任何部委,直接对政府总理负责。新设机构全面继承联邦证券市场委员会的管理职能,实际职权范围还有所扩大。至此,俄罗斯形式上的分业管理的金融监管体制基本形成,它的特点是三大市场分别由三家政府机构实行监管,具体而言就是:中央银行负责监管信贷市场,金融市场服务管理局负责监管证券市场,保险监管局负责监管保险市场。但实质上,新的监管体制并没有解决不同的监管主体职权重合的问题。按常理来说,金融市场服务管理局应当是证券市场的管理主体,但是在行使相关权力时根本无法获得中央银行和财政部的配合,而中央银行对信贷市场的监管也在一定程度上受制于联邦财政部。这种状况不仅造成行政资源的严重

浪费，也在一定程度上干扰了金融市场的正常秩序。

回顾俄罗斯金融监管体制发展历程可以发现，其实早在2004年设立金融市场服务管理局时，俄罗斯政府就已经有了建立由第三方来行使权力的大金融监管体制的意图，新设机构的名称十分明显地透露出这层意思。所以说，2013年的金融监管体制改革是经过长期酝酿的结果，只是在最终的模式里承担监管主体责任的不是第三方，而是中央银行。

三　建立大金融监管机构的意义

最近20年，俄罗斯经历了两次严重的金融危机。1998年金融危机来临时俄罗斯正处于国民经济深度衰退时期，整个国家如同不设防的城市，任凭入侵者猖狂肆虐，根本无力抵抗，损失极为惨重，信贷组织大量倒闭，金融市场一片混乱。当2008年金融危机爆发时，俄罗斯经济状况已经有了很大改善，政府以雄厚的财政储备做支撑，出台了一系列反危机措施，在一定程度上减少和缓解了危机造成的冲击，但是国民经济依然遭受严重破坏。后危机时期俄罗斯强化了金融监管，此次金融监管体制改革正是在这一背景下推出的，它无疑是当代俄罗斯金融发展史上的一次重大变革，对未来俄罗斯的金融产业发展乃至整个经济发展将产生深远的影响。

从表层次来看，大金融监管体制的建立有利于金融市场的统一高效管理和规范。集中统一管理，一来可以减少监督环节，降低行政成本，提高工作效率；二来能够避免令出多门，减少不必要的内耗，从而可以高效率地应对突发事件，增强抵御风险的能力。从深层次来看，大金融监管体制的建立、中央银行地位的全面提升，从根本上消除了计划经济时代遗留下来的"大财政小银行"的残余，使中央银行彻底摆脱了财政部的束缚，从而可以独立自主地、客观务实地制定和执行货币政策和其他金融政策而不受政府财政部门的制约和限制。此项改革之前，虽然两级银行体系已经建立多年，中央银行表面上早已独立行使职权，但在许多方面依然受制于财政部，就连《中央银行法》都是由财政部制定的，可以说，以往中央银行所具有的职能和权限实际上是财政部赋予的，而不是联邦政府赋予的。同时，大金融监管体制的建立也符合金融行业的发展潮流。从当前国际金融业的发展趋势来看，分业经营将逐渐成为历史，混业经营是发展方向，而且俄罗斯自身已经形成了混业经营的现实，在这种情况下分业管理显然不符合现实状况，改分业管理为混业管理是大势所趋。

当然，俄罗斯目前确立的这种金融监管模式也有其局限性。通常，中央银行的主要职责是确定国家的货币政策，调控金融市场，以此来影响和推动国民经济发展。将市场的监督管理权也交给央行，这就意味着它同时扮演着两个角色，既是政策的制定者，又是执行政策的监督者，既是领队，又是裁判员。这与当代通行的监督理念是矛盾的，目前大多数国家一般选择由第三方来行使市场监督管理权。

Y.11 俄罗斯北极开发战略与中俄合作

李建民*

摘　要： 进入21世纪，北极环境变化和开发问题逐渐成为全球关注的热点。北极开发具有巨大的潜在收益，涉及全球所有国家的利益。俄罗斯是环北冰洋海岸线最长的国家，走在北极开发的前列。2013年2月，俄罗斯总统批准了《2020年前俄罗斯联邦北极区域发展和国家安全保障战略》，俄对北极开发已经进入开发利用的战略准备期。北极开发将在国际合作框架下进行，为中俄合作提供了机遇。未来中俄合作将主要在大陆架油气资源的开发、北极地区基础设施建设、北极地区的科学考察、北极开发技术合作、地区投资合作等领域。

关键词： 北极开发　资源储备　北极航道　中俄合作

进入21世纪，北极环境变化和开发问题逐渐成为全球关注的热点。北极开发具有巨大的潜在收益，涉及全球所有国家的利益。2013年2月，俄罗斯总统批准了《2020年前俄罗斯联邦北极区域发展和国家安全保障战略》。2013年5月15日，中国被批准成为北极理事会观察员国。在北极开发中中俄利益契合点和分歧点并存，应努力寻找合作切入点。

---

* 李建民，中国社会科学院俄罗斯东欧中亚研究所研究员、博士生导师。

一 北极的资源储备

北极地区是指北极附近北纬66°34′北极圈以内的地区,包括极区北冰洋、边缘陆地海岸带及岛屿、北极苔原和最外侧的泰加林带。如果以北极圈作为北极的边界,北极地区的总面积是2100万平方公里,其中陆地岛屿部分占800万平方公里,现有人口900万。

北极引起世人关注,是由于其蕴藏丰富的资源。按照狭义的定义,包括不可再生的矿产资源和化石能源、可再生的生物资源。按照广义的定义,还包括军事资源、科学资源、人文资源、旅游资源。

1. 北极的能源资源

北极地区被称为"地球最后的宝库",蕴藏着巨大的石油、天然气资源。美国地质勘探局2008年7月23日公布的一份为期四年的评估报告显示,北极地区拥有原油储量900亿桶,天然气储量超过47万亿立方米,占全球未探明石油储量的13%和未开采天然气储量的30%。北极地区总体煤炭储量高达一万亿吨,占全球煤炭储量的1/4,而且这里的煤炭是世界上少有的高品质煤炭。[①] 另据俄罗斯自然资源和生态部估计,仅俄主张的北极地区就蕴藏着5800多亿桶石油,相当于沙特石油储量的两倍。俄《独立报》认为,按照俄罗斯目前的能源消耗量,俄北极大陆架蕴含的油气资源足够其消耗1000年,足够全世界消耗25年。除化石燃料外,北极地区还有富饶的渔业和森林资源以及镍、铅、锌、铜、钴、金、银、金刚石、石棉和稀有元素等矿产资源。此外,北极地区厚厚的冰层还冻结着世界上大量宝贵的淡水资源,在淡水资源日益匮乏的今天,北极的淡水资源无疑也蕴含着巨大的价值。

2. 北极的地缘经济价值

现阶段的环球海上航行,只能通过巴拿马运河或苏伊士运河来连接太平洋和大西洋,甚至需要绕道非洲南部好望角。随着北极冰层融化速度的加快,北极地区每年可通航的时间将越来越长。届时,北极地区将出现两条可以常年通

---

① 《媒体盘点北极理事会排外行为:加拿大俄罗斯狂热》,《中国经济周刊》2013年5月21日。

航、连接大西洋和太平洋的海上航线，分别是大部分航段位于俄罗斯北部沿海的"东北航道"，以及大部分航段位于加拿大北极群岛水域的"西北航道"。北极航道将是连接亚太、欧洲、北美的第二条"丝绸之路"，它们将成为联系东北亚和西欧、联系北美洲东西海岸的最短航线，可以节约大约40%的海上运输成本。随着全球气候变暖，北极冰层加速融化，欧洲航天局预测，北极可能在未来十年内变成一片没有冰的海洋。随着全球气候变暖带来的极冰融化，北极的战略价值逐步显现，最主要的有：一是北极庞大的资源开发成为可能；二是北极航道的开通将超出普通资源开发的范畴，带来国际政治和战略版图的变化，直接涉及全球所有国家的利益。北极航道的打通不仅影响世界海洋运输格局，还将可能形成一个囊括俄罗斯、北美、欧洲、东亚在内的"环北极经济圈"，北冰洋区域蕴藏的丰富资源以及随之带来的巨大商业利益，吸引着无数人的眼球。

3. 北极的军事战略地位

北极的军事战略价值极高。其一，当今世界主要大国都集中在北半球，而北极点是距离各大国最短的战略制高点。从理论上讲，在威力巨大的空天武器日益实战化的今天，谁控制了北极点，谁就能够对世界各大国进行有效的"战略俯瞰"。其二，北极地区非常适合核潜艇活动。因为北冰洋冰层可以有效地保护其不被飞机和卫星侦察设施发现，而且不停移动中的厚厚冰层还可以对声波进行干扰，从而有效保护其下的战略核潜艇，使之能够在冰层下自由行动，成为威慑它国的战略力量。因此，从某种程度上说，控制了北冰洋就意味着控制了未来世界军事战略走廊，从而能够谋求更大的军事主导权。

进入21世纪，各种国际问题交织错杂，潜在矛盾不断激化，全球各国迫切需要寻找新的战略发展空间，北极成为大国博弈的新场所。

二 国际社会对北极开发的现状及特点

1. 北极开发已经进入大规模开发利用的战略准备期

进入21世纪以来，特别是在大陆架委员会关于经济专属区划界的刺激下，北极八国（内环五国俄罗斯、美国、加拿大、丹麦、挪威加冰岛、芬兰和瑞典）大幅度地提高了北极战略在其国家战略中的地位，具体包括政策和战略制定、基础设施建设、破冰运输船建造和港口建设，还有一些能源港的建设和离岸油气勘探。"如何开发适用于北冰洋特殊环境的技术"也是各国政府目前在战略准备期的主要工作之一。

在北极国家之中，俄罗斯是环北冰洋海岸线最长的国家，走在北极开发的前列。2008 年俄通过了《2020 年前俄罗斯联邦北极地区国家政策原则及远景规划》①，提出在 2020 年前将北极建成俄主要的资源基地；2011～2015 年，完成俄在北极地区的边界确认，确保实现"俄罗斯在北极能源资源开发和运输领域的竞争优势"。2009 年俄出台《俄联邦至 2020 年及更远未来北极国家政策基本原则》，计划分三个阶段实现俄在北极的战略任务，通过划设俄北极边界范围，力争在 2016～2020 年把北极建成"首要战略能源基地"。2013 年俄批准《2020 年前俄罗斯联邦北极区域发展和国家安全保障战略》②，提出了带有宣言性的北极开发法律。除俄罗斯外，美国、加拿大、丹麦、挪威、芬兰都提出了自己的北极战略或开发路线图。2003 年，美国向一些国际石油公司拍卖北极的天然气开采权，表明美国对北极领土的所有权。2010 年，加拿大哈珀政府决定出资推进 26 个北极基础建设和科研新项目③。2005 年、2006 年和2009 年挪威共发布三份北极战略文件，主要涉及气候变化、能源开发和同俄罗斯的关系，其主旨是保持挪威在北极的强势存在，增加能源开发、渔业等活动，推进北极相关的知识建设，维持同俄罗斯的睦邻友好关系④。2013 年 8 月，芬兰修订北极战略，⑤ 旨在强化芬兰在北极的地位，创造新商机，保护环境，维护地区稳定，拓展国际合作，充分挖掘北极开发的技术能力。

2. 北极国家军事博弈快速升温

近年来，围绕北极开发的竞争领域已从政治、法律、科考转向军事，各国竞相通过军事演习和主权伸张等形式来抢夺资源。这方面，无论是美俄等大国，还是

---

① 《Основы государственной политики Российской Федерации в Арктике на период до 2020 года и дальнейшую перспективу》18 сентября 2008 г. Пр – 1969.
② 《Стратегия развития Арктической зоны Российской Федерации и обеспечения национальной безопасности на период до 2020 года 》, 2013.2.20.
③ 《八国争夺北极》，《国际先驱导报》2009 年 8 月 15 日。
④ 曹升生：《挪威的北极战略》，《辽东学院学报》（社会科学版）2011 年第 6 期。
⑤ 《芬兰宣布修订北极战略》，新华网，2013 年 8 月 24 日。

北欧小国都表现活跃。2007年,美国发表了《21世纪海权合作战略》①,把北极局势列入美国需要准备应对的"新时代挑战"名单。2009年,美国公布"北极路线图",提出在北极地区建立导弹防御和预警系统,并授权波音公司研发专门卫星进入北极轨道,以对北极军事行动提供支援。2013年5月9日,奥巴马宣布新北极战略。2014年2月14日,美国国务卿克里表示,北极在地缘政治、经济、气候、环境和国家安全上对美国和世界而言具有"巨大和日益重要的"意义。美将任命一名负责北极事务的特别代表,以推动美国在这一地区的利益。而一直驻扎在美国阿拉斯加的海岸防卫队,考虑在北极地区建立永久性基地。

俄罗斯《俄联邦至2020年及更远未来北极国家政策基本原则》和《2020年前俄罗斯联邦北极区域发展和国家安全保障战略》均明确提出了保障俄北极领土军事安全的系列措施。俄认为,北极地区发生军事冲突的可能性增大,因此,俄必须进一步完善对该地区部队的军事、经济和物资技术保障机制,并建立有利于军队集群部署的各项设施。决定加强对北极地区空中和水下控制,保持战略遏制力,在发生军事冲突时能够击退侵略者。2013年,俄着手重建新西伯利亚群岛上的军事基地,海军舰艇编队开始在北极进行海上巡逻,计划2015年实现定期海上巡逻。此外,俄航天署还于2012年宣布在北极上空建设用于监视该地区的"北极"多功能航天系统。2013年12月10日,俄总统普京出席国防部会议,强调俄罗斯"应掌握所有手段来保护自身安全和国家利益",要求俄军在2014年完成北极部队组建。俄国防部部长绍伊古明确提出,2014年为俄军的"北极年",俄军准备在雅库特地区的西伯利亚北部小镇季克西新建空军基地,在西北部港口北莫尔斯克扩建现有空军基地,并恢复使用苏联时期在新西伯利亚群岛的军事基地。

2007年,加拿大宣布组建一支北极陆军兵团,以保卫加拿大在北极地区的领海与岛屿主权。2007年8月7日,在俄科考人员北极海底插旗后的第五天,加拿大开始在北极举行为期十天的"北极熊"军演。该演习已成为加拿大军队的年度演习,连续举行多年。2013年12月19日,加拿大表示,将向联合国提出对包括北极点在内的大片北极区域拥有主权。

---

① 《美制定〈21世纪海权合作战略〉将指导未来政策》,中国网,2010年5月13日。

2009年，丹麦宣布成立北极地区军事司令部，在格陵兰岛建立"图拉"空军基地，组建北极快速反应部队。2011年8月，丹麦公布北极战略。2012年1月，丹麦设立北极大使①。丹麦、挪威和瑞典还准备组建由三国海军、空军组成的联合快速反应部队，以监视和威慑各国在北极地区的活动。

3. 对北极开发的认识正在从排他性到联合开发转变

北极资源开发一直存在"非北极国家"与"北极国家"之间的竞争与合作。之前北极开发显示出相对封闭性，环北极国家采取排他性政策，希望尽可能在环北极国家内部进行协调，谋求利益共识，抵制区域外大国进入北极资源划分。近年来，这些国家已开始制定游戏规则。然而北极丰富的资源和重要战略地位也吸引了大量非北极国家，越来越多的国家希望也能在北极占据一席之地，2013年5月15日，在北极理事会第八次部长级会议上，中国、韩国、日本、印度、意大利、新加坡等六国已被批准为北极理事会正式观察员国②，这表明对北极地位及其开发的认识已经转变。

4. 关于北极的共识严重落后于北极的开发和使用现状

到目前为止，国际社会尚不存在专门规定北极地区法律地位的公约。国际使用的关于北极的公法只有1920年签署的《斯瓦尔巴群岛条约》和20世纪80年代签署的《联合国海洋法公约》。依据《联合国海洋法公约》的规定将区域划分为领海、专属经济区和大陆架以及公海。北极地区的陆地部分已经被加拿大、丹麦、芬兰、冰岛、挪威、瑞典、美国和俄罗斯八国领有。这样北极地区在现行国际法上可以划分为上述八国的陆地领土、其陆地领土所有的领海、专属经济区和大陆架以及未被上述区域所包括的公海部分。

三 俄罗斯北极开发战略的基本内容和实施阶段

（一）基本内容

2013年2月20日，俄总统普京批准了《2020年前俄罗斯联邦北极区域发

---

① 《丹麦成立北极国防指挥部》，新华网，2012年11月1日。
② 《中国成为北极理事会正式观察员国》，新华网，2013年5月15日。

展和国家安全保障战略》,该战略是为落实《俄联邦至2020年及更远未来北极国家政策基本原则》而制定,其宗旨是实现俄罗斯联邦在北极地区的主权和国家利益,促进解决俄联邦北极国家政策中的基本任务。在实施该战略框架下将保证集中俄罗斯所有相关联邦主体的资源和力量,解决俄属北极区域的发展问题,保证在北极的国家安全。北极开发战略内容包括北极地区的优先发展方向、国家安全保障、经济和社会的综合发展、科技发展、现代信息通信基础设施建设、生态安全保障、国际合作、军事安全保障、国界维护等。

1. 配套发展北极地区的社会经济

这是北极开发战略要解决的基础性任务,包括完善国家对北极地区社会经济的管理体系,改善土著居民生活,发展北极地区交通运输、信息-公共通信基础设施和渔业综合体并对其现代化。制定实施国家扶持和鼓励在北极(首先是在碳氢化合物、矿产资源、生物资源领域)从事活动的经营主体的措施。

对社会基础设施(包括教育机构、卫生和文化组织及住房建设)实施现代化。保证北极地区居民能够得到现代信息和公共通信服务及高质量的医疗服务。发展适合北极地区条件的教育、培训及再培训机制。完善对北极土著居民的教育计划。

有效利用和发展北极地区的资源基础,能够在最大限度上保证俄罗斯对碳氢资源、水下生物资源和其他战略性原料的需求。组织综合研究大陆架和沿岸区域的项目,建立北极地区的油气产地储备基金,保证国家的能源安全和能源综合体的长远稳定发展。为保证在中长期内俄罗斯对有色金属、贵金属和稀有金属的国内需求和出口需求,通过联邦大型投资项目和利用现代技术和配套服务来有效勘探北冰洋、科拉半岛、极地乌克兰山脉和北极东部地区的铬、锰、锡、铝矾土、铀、钛、锌等金属。实施大型基础设施项目,使北极地区与俄罗斯已开发地区一体化,开发季曼-白朝拉石油天然气。向大陆架边界委员会提交有关俄罗斯确定在北极大陆架外部边界理由的资料。

使北极交通体系现代化和发展基础设施,保证将北方航道作为俄罗斯联邦统一的国家级干线。发展统一的北极运输体系。完善北极大陆架开发地区的交通基础设施,在建造破冰船国家计划框架内,以现代技术为基础发展俄罗斯的破冰船队。对北极港口实施现代化,在北极地区建立新的生产型港口综合体。

通过国家支持建造破冰船、救援船和辅助船队，发展海岸基础设施。发展北极地区铁路网、公路网和航空网络，形成现代运输－物流枢纽。

保护和开发渔业资源潜力，采取技术升级措施，开发对水下生物资源进行深加工的新生产能力，开发海洋生物技术。

2. 发展科技

北极开发战略提出要整合国家、企业、科技教育界的资源，在研发和推广新技术领域形成有竞争力的科技部门。研制适合北极自然气候条件的材料，推广适合进行极地科学研究的技术手段和试验基地；在合理利用自然资源方面研制和推广新技术和新工艺；实施发展俄罗斯科考船队计划，包括深海研究，对在俄罗斯北极地区发生的全球气候变化后果进行预测和评估；利用国际科学和技术合作能力，保证俄罗斯参加全球和地区在北极的技术考察项目。

3. 形成北极地区的统一信息空间

推广现代信息－通信技术和通信系统、无线电转播、船舶航行和航空飞行管理、地球遥感测试、海冰面积拍照、水文气象和水文保障体系和科学探险。

4. 保证俄罗斯北极地区的环境和生态安全

在扩大北极的经济活动和全球气候变化条件下，确保北极植物群和动物群的多样性。消除俄罗斯的北极地区由于经营、军事和其他活动引起的生态危害。制定和推广能够刺激再生产和合理利用矿产原料、生物资源，节能和节省资源以及在产油区利用石油伴生气的经济机制。

5. 开展国际合作使北极成为和平地区

保证俄罗斯与环北极国家按照国际条约和协议开展双边和多边合作。俄罗斯与环北极国家开展相互合作，目的是维护俄罗斯的国家利益，实现国际文件规定的北极地区国家权利。在双边基础和地区组织框架内加强俄罗斯与环北极国家的睦邻关系，积极开展经济、科技和文化合作。保证俄罗斯在挪威斯瓦尔巴德群岛的存在，开展经营和科研活动。协助组织和有效利用北极的过境和跨极地空中航线，利用北方航道开展国际航运。

6. 维护军事安全保护俄罗斯的国家边界

提高军队战备和动员准备水平、完善北极地区战场建设、完善空域和水域监视系统。完善俄罗斯武装力量、其他部队以及军事机关的结构、组成、军事经济和物质技术保障，发展其在北极地区的基础设施和基地。利用两用技术配套解决俄罗斯北极地区的国防、安全和社会经济的稳定发展问题。进行水文工作，确定是否需要修改地理坐标点名录，明确测算领海、经济区和大陆架起始线的位置。

（二）战略实施阶段

俄罗斯北极开发战略分两个阶段实施，2013～2015年为第一阶段，预计要完成以下任务：通过北极地区的配套发展，创造必要条件巩固北极地区的国家安全；制订和实施北极地区2020年社会经济发展国家计划；完成水文工作，并在此基础上形成修改地理坐标点名录的必要建议；保证俄罗斯在北冰洋大陆架外部边界的国际法制定；在北极地区建立和发展联邦安全海岸警卫部队；建立配套信息－公共电信基础设施，用于向国家权力机关、自然人和法人提供配套服务；发展事故救援预案体系，包括建立配套事故救援中心；制定统一的与同类国际体系同步的北极地区环境污染状况国家监控体系；保证俄罗斯北极区域的基础研究、问题研究和应用研究；实行保证俄罗斯北极区域生态安全的措施；明确国家扶持北极土著少数民族发展传统经营部门的措施。

2015～2020年为第二阶段，要实现俄罗斯联邦北极区域向稳定的创新型社会经济发展过渡。主要完成以下任务：实现俄罗斯在北极俄属大陆架矿产资源开发领域的竞争优势；发展俄属北极区域边界基础设施，对联邦边境安全机构进行技术更新；由联邦执法机关参与建立和发展对水上设施进行综合监管的统一体系；发展配套安全体系，维护俄属北极地区、居民和特别重要设施，避免自然和技术性特殊状况的威胁；建立和发展"北极"多目标宇航体系，对远程无线导航系统РСДН－20进行改造；发展北方航道基础设施和船队，包括破冰船，完成北极地区的运输保障和欧亚过境运输设施配套措施，确保俄属北极区域水资源和生物资源的长期利用，包括提高北极海洋水下生物资源利用效率；降低和预防俄属北极区域环境的负面影响；完成建设现代信息－高管特训基础设施，以形成俄罗斯统一的信息空间。

鉴于当前资金情况，落实北极开发战略的主要机制是通过国家、商业和非商业组织、公民社会采用公私合作伙伴关系机制相互协作，实施关键性投资项目,实现俄罗斯北极地区社会经济稳定发展。北极开发战略与北极地区至2020年社会经济发展规划、其他用于配套发展北极地区的联邦级国家计划、联邦和部门专项规划、部门战略、地区和市政级的计划相结合,共同推进。

四 北极开发中的中俄合作

(一)北极开发对中国的意义

北极开发是今后十年甚至几十年影响国际关系的重大事件之一,随着中国对能源和资源需求的持续增长,其对北极资源和北极航线的兴趣将会持续增加。北极开发对于中国来说最为直接的战略利益有两条。

1. 北冰洋海底资源可以成为中国能源和资源来源多元化的新渠道

北极地区自然资源极为丰富,北极冰川融化,使该地区资源开发成为可能。环北极国家北极地区人口仅1050万,其经济发展主要依靠出口自然资源。俄罗斯、加拿大和美国北极行政区域的第一经济产业几乎都是矿业、油气开采业和提炼业。根据北极地区资源分布和经济发展基本条件,北极航道的开通使得环北极国家必然加快勘探新的大陆架油气田,加大石油出口,中国应积极参与北极的能源开发。

2. 北极航道将为中国物资和商品运输通道的多元化提供新路径

北极航线预计比传统远洋航线降低成本11.6%~27.7%,主要由航程缩短所致,并与油价直接有关。按照我国海运运费支出一般占外贸进出口额10%左右计算,北极航线优势明显。与固有的"南方航道"相比,在大大缩短航程、节约大笔开支、时间和能源的同时,也将大大降低船舶的保险费用。目前,我国外贸主要海运远洋航线有八条,未来如不考虑地缘政治、战争阻塞等因素,有可能被北极航线替代或分流的航线是中国-北美航线、中国-西欧航线、中国-北欧波罗的海航线。

(二)中俄在北极开发中加强合作的主要领域

北极资源开发需要大量资金、技术,单靠环北极国家难以实现,这在客观

上为中国提供了参与机遇。作为能源和资源消费大国，中国参与北极资源开发最终将是"多赢格局"。

1. 参与大陆架油气资源的开发

目前俄属北极开发进展极为缓慢，其原因之一是开发存在巨大风险和过高的成本，这在全球经济疲软的今天显得尤其突出，解决这些问题的出路将是通过国际合作来获得技术和资本。2013年，中国石油天然气集团公司与俄罗斯第二大天然气生产商诺瓦泰克公司签署收购亚马尔液化天然气（LNG）项目20%股份的框架协议。亚马尔LNG项目位于俄罗斯亚马尔－涅涅茨自治区，已探明天然气储量超过一万亿立方米，拟建设LNG年产能1650万吨液化厂。参与该项目对中石油进入北极地区油气资源勘探开发、开辟北极航道具有重要意义。协议签署后，中石油将与合作伙伴开展上下游一体化合作。2014年1月，中国石油天然气勘探开发公司已完成收购俄罗斯亚马尔液化天然气项目20%股份的交易。

2. 参与北极地区基础设施建设

北极航道的开通，必然引发北冰洋沿岸港口、仓储、道路、管道、冰区船舶、炼油基地等基础设施的大规模建设和移民，将为该地区带来投资和贸易机会，这为中国向北极地区增加建筑材料、工业品的出口，参与该地区基础设施建设创造了新的机会。

3. 参与北极地区的科考和国际合作

北极科研及与北极国家合作仍将是中国参与北极事务的重点。作为北半球地区的国家，北极系统对我国的气候、环境、生态，甚至社会生活的影响更为直接。北极和亚北极地区的海洋与海冰系统、气候系统的变化对影响我国的灾害性冷空气活动起着重要的调控作用；北极地区的空间环境扰动，会影响到空间天气，并直接影响到我国航天器的应用；北极地区同时也是我国极端生物研发的理想场所。北极考察对于我国气候、环境、农业等方面也有重要的现实意义。中国希望加强与北极国家的合作，分享北极科研成果，为北极地区和平、稳定和可持续发展做出积极贡献。

4. 开展北极开发技术合作

在北极航道的冰区航行需要有特殊的船舶，中国在特种船舶的设计、建造等方面尚缺乏足够的经验，中国需要跨越特殊的技术门槛；冰区航行对船长和其他船员都有特殊要求，中国需要有足够的时间来储备专门知识与专业人才；对北极航道的使用涉及复杂的法律、制度、规则，中国对此往往不太熟悉，需要突破相关的制度障碍。中国需要和北极大国俄罗斯在破冰技术、破冰船建造、北极海底石油勘探开采，以及北极环境下的技术研发领域进行合作。

5. 加强多边和地区合作

从多边合作看，当前应该加大与环北极国家，特别是挪威、冰岛、丹麦等国的合作力度。从中俄双边合作看，可在地区层面寻找切入点。按照《2020年前俄罗斯联邦北极地区国家政策原则及远景规划》的界定，萨哈共和国（雅库特）、摩尔曼斯克州、阿尔汉格尔斯克州、克拉斯诺亚尔斯克边疆区、涅涅茨、亚马尔－涅涅茨和楚科奇自治区的全部或部分领土都属北极区域。从行政区划上看，这些联邦主体分别隶属于西伯利亚、远东和西北联邦区，而这些联邦区和联邦主体都制定了中长期发展规划，其中部分是与北极开发交叉重合的。俄开发北极离不开开发西伯利亚，中俄已经签订了西伯利亚、远东与中国东北地区的合作规划，可以从中找到一些与北极开发有关的切入点。

6. 寻找新的投资路径

斯德哥尔摩国际和平研究所的报告《中国正为"无冰"的北极做准备》提出，在北极冰层融化带来的航道、渔业发展和资源开发等问题上，中国可以与日本、韩国和朝鲜共同进退，因为它们有着共同利益。认为跨国合资公司可能成为开发北极资源的重要合作形式，中国有资金，西方有技术，未来使用中国资金和西方技术的合资公司将有望在俄罗斯出现。从俄罗斯国内看，要了解其国内新的投资促进机制和新融资模式，对大项目的投资路径等，俄专家已提出为了北极的发展，需要按照与俄罗斯特别经济区和工业园类似的条件来刺激吸引投资。这些都可为未来参与北极开发搭建跳板，通过迂回方式绕过一些投资壁垒。

Y.12 俄罗斯医疗保障体系改革

高际香*

摘　要： 本文从历史分析的视角，对俄罗斯医疗保障体系的改革历程进行系统回顾，并且在对改革绩效进行综合评价的基础上，对俄罗斯医疗保障体系未来改革方向进行了判断。

关键词： 俄罗斯　医疗保障　医疗改革

1918年，苏俄就确立了对所有居民实行免费医疗救助的原则。1924年按照时任苏联卫生人民委员A.谢马什科的建议，建立了预算统一拨款和医疗救助统一管理的模式，并一直运行到1989年。这种模式实行社区就近就医的原则，将医疗保障体系分为儿科医疗和成人医疗两个部分，并按患者病情实行逐级转院制度。苏联时期的国家医疗保障体系虽然在名义上保障全体公民有权享受免费医疗服务，但经费不足、设备落后、药品短缺、服务水平低等问题长期未能得到有效解决[①]。

苏联解体后，俄罗斯政府一直致力于医疗保障体系的改革，通过不断完善相关法律法规，加快实施一系列重大政策举措，力图使医疗保障体系无论是在制度设计上，还是在具体成效上都有一定程度的改善。

---

* 高际香，中国社会科学院俄罗斯东欧中亚研究所副研究员。
① А. Заславский и др., Молитва врача, Личность врача сквозь призму профессии: Сборник статей, Донецк: Издатель А. Заславский, 2009.

一 俄罗斯医疗保障体系改革历程回顾

1. 叶利钦时期的医疗改革

1991年6月,俄罗斯通过了《俄联邦公民医疗保险法》(第1499-1号)。1993年和1996年,又分别通过了《关于建立联邦和地方强制医疗保险基金的规定》和《俄罗斯联邦公民强制性医疗保险法》。根据上述法律法规,俄罗斯确立了医疗保障制度的基本原则,即通过成立医疗保险公司、设立强制医疗保险基金等构建强制医疗保险制度;将强制和自愿医疗保险缴费作为医疗保险的主要资金来源;在职人员的强制医疗保险缴费由企业承担,非在职人员和预算范围内的就业人员的强制医疗保险费由预算拨款支付;在强制医疗保险范围内提供免费医疗服务的数量和条件,各地依据政府批准的强制医疗保险基本纲要和当地权力机关通过的地方性纲要具体执行;医疗保险业务由非国有的保险公司经办;在企业额外缴费和公民个人缴费的基础上,实行自愿医疗保险。从这些原则来看,当时俄罗斯医疗保障体制改革的目标是在维持国家医疗保障体系和鼓励创建私人医疗体系的基础上,着重发展强制医疗保险制度。到叶利钦时代结束时,俄罗斯强制医疗保险制度框架已基本建立起来。

2. 2000~2004年的医疗改革

2000~2004年,在当时俄罗斯税收制度改革和行政制度改革加快推进的大背景下,在继承叶利钦时代改革成果的基础上,俄罗斯医疗制度改革得到了进一步深化。2002年1月,俄罗斯通过对《俄罗斯联邦税法典》(第二部分)的修订,正式开征"统一社会税"。"统一社会税"属于联邦税种,实质上类似于通常意义上的社会保障税。"统一社会税"的开征标志着俄罗斯社会保障体系发生了重大变革。它把原来的三种国家预算外基金——退休基金、社会保险基金、强制医疗保险基金缴费合并在一起,以达到精减税种、减轻税负的目的。"统一社会税"的缴费主体是各种所有制形式的企业、组织、机构,以及从事个体劳动和私人经营活动的公民。其中,强制医疗保险的缴费率为劳动报酬的3.6%(0.2%纳入联邦医疗保险基金,3.4%归入地

方医疗保险基金)。2003~2004年,随着国家管理权的"去中心化",医疗管理体系也实行三级分权,事权和财权"分割"为联邦级、地区级和市政级。这样一来,地区级国家医疗保障纲要的实施和医疗机构基础设施的发展均依赖联邦主体和市政机构的预算保障能力。此外,2003年俄罗斯在世界银行的建议下开始推行全科医生制度。为促进全科医生制度的推行,俄罗斯卫生与社会发展部采取措施缩减儿科门诊服务。这一举措遭到了公众的抵制,被迫停止实施。迄今为止,全科医生制度仅在为数不多的几个地区推行,如萨马拉州、楚瓦什共和国、斯维尔德罗夫斯克州、鞑靼斯坦共和国等,且多在农村地区实施。

3. 2005年至今的医疗改革

2005年之后,俄罗斯医疗改革的民生保障倾向明显,从以下具体举措可见一斑。一是正式实施《国家免费医疗救助纲要》。虽然1998年俄联邦政府首次批准了1999年的《国家免费医疗救助纲要》,但其制度化是在2005年之后。从2004年开始,俄联邦政府每年以政府决议的形式通过下一年的《国家免费医疗救助纲要》(以下简称《纲要》)。《纲要》对免费医疗救助的范围、救助主体、各级预算应当承担的责任、人均享受的医疗救助数量标准和财务标准、最低标准救助额度等进行了明确的界定。免费医疗救助框架下的医疗救助包括初级医疗卫生救治、急救(其中包括专业的航空救助)、专业救助(其中包括高科技医疗救助);免费医疗救助主体为急救组织或部门、诊所、医院;医疗救助资金来源为各级预算补贴,其中包括国家强制医疗保险基金。

二是推出"健康"国家优先发展纲要。2005年之后,与教育、住宅和农业等领域的国家优先发展纲要并行,俄罗斯启动了"健康"国家优先发展纲要。2006年初实施的"健康"国家优先发展纲要有四个优先方向:发展初级医疗保健、强化疾病预防、发展高科技医疗服务和提高对孕产期妇女的医疗救助水平。2007~2009年,"健康"国家优先发展纲要又增加七个优先方向:医疗体系现代化、完善对血管疾病患者的医疗救助、完善对交通事故受伤者的医疗救援、发展采血站、完善对癌症患者的救助、采取措施倡导健康生活方式、完善对肺结核患者的医疗救助。2006~2010年,"健康"国家优先发展纲要的

俄罗斯医疗保障体系改革

支出逐年增加，2009年已占GDP的0.38%[①]。"健康"国家优先发展纲要的资金主要来自联邦预算、联邦强制医疗保险基金和联邦社会保险基金。

三是实施居民补充药品保障纲要（从2008年起称"居民药品保障纲要"）。药品保障纲要从2005年开始实施，保证特定居民获得免费药品、医疗器械和患者专用食品。联邦预算提供药品保障的人群为战争伤残人员、卫国战争参战者、参加过战役的退伍军人、军队服役人员、获得"列宁格勒围困居民"勋章的人员、卫国战争时期在军事设施中工作的人员、残疾人、残疾儿童。可以享受地方预算出资的社会服务和免费药品的群体由各个地区根据1999年7月第178号联邦法和1994年7月第890号政府决议《国家支持医药工业发展和改善居民及医疗机构的医药用品保障状况》自行决定。

四是制定和修订相关法律法规，进一步完善医疗体系，鼓励私人医疗机构发展。2011年1月1日，新修订的第326号联邦法——《强制医疗保险法》生效。该法规定：2013年，强制医疗保险在国家医疗总支出中所占比重达到69%；强制医疗保险缴费纳入统一管理体系；居民自主选择保险公司，并可在全俄获得医疗服务，不再受地域限制；从2011年开始，强制医疗保险扣款占工资总额的比重从之前的3.1%增加到5.1%[②]；各地区医疗保险人均支出水平逐渐趋同[③]；统一医疗服务收费标准，建立地区住院服务收费计算公式，并使其日趋合理。为促进私人医疗机构发展，该法规定，从2013年开始，参与强制医疗保险体系的医疗机构实行单渠道资金拨付，医疗机构的服务费全部由强制医疗保险基金支付，扫除私人医疗机构参与强制医疗保险体系的障碍。同时，该法还规定，从2015年起高科技医疗服务资金将纳入强制医疗保险体系。届时高科技医疗服务市场也将对私人医疗机构开放。此外，为改进医疗体系、

---

① Российская экономика в 2009 году: тенденции и перспективы, (Выпуск 31), М.:, ИЭПП, 2010. c. 417.
② 从2010年开始，俄罗斯取消统一社会税，改为强制保险缴费。对于年工资收入低于41.5万卢布的部分，养老保险缴费率为工资总额的26%，强制医疗保险缴费率为5.1%（其中2.1%纳入联邦强制医疗保险基金，3%纳入地区强制医疗保险基金）；社会保险缴费率为2.9%。年工资收入超过41.5万卢布的部分不缴纳强制保险费。缴费依据的年收入上限根据通货膨胀率每年进行调整。
③ 近年来俄罗斯各地区在人均医疗支出水平上的差距不断扩大，反映地区预算在人均医疗投入上差别的基尼系数从1996年的0.195增加到了2009年的0.252。

改善医疗服务质量、加强对公民健康的保护，2011年年底，时任总统梅德韦杰夫签署了第323号联邦法《俄联邦公民健康保护基础法》。2013年2月俄联邦总统普京签署第15号联邦法《俄联邦保护公民免受烟草烟雾及烟草制品危害法》（即禁烟法），法律从当年6月1日生效。

五是加强药品价格调控。每年由卫生与社会发展部确定基本药品（生命必需和重要药品）名录，名录定期更新，目前约有600种。长期以来，俄罗斯缺乏对药品价格的有效调控，以至于国家药品采购价比国外高50%～100%[①]，并且药品的市场价格经常上涨。为此，2009年8月俄联邦政府签署了第654号《关于完善生命必需和重要药品价格调控的政府决议》。2010年4月时任俄罗斯总统梅德韦杰夫批准了《俄联邦药品流通法》（第61号联邦法）。自此，俄罗斯药品调控体系发生了几个变化：首先是进入基本药品名录的药品，其最高出厂价必须进行国家强制登记，并且每年最多只能进行一次重新登记，价格上浮幅度不能超过通货膨胀率；其次是国内和国外生产药品的最高出厂价按统一方法计算；再次是生产基本药品清单中药品的制造商必须对药品批发价进行注册，由联邦主体权力执行机构确定其零售和批发价。地方权力机构必须按联邦价费署制定的方法，确定基本药品的批发价和零售价的最高加成比例，原则不得超过成本价的40%。

六是力促医药工业发展。针对俄罗斯医药工业规模有限，制剂生产仅能满足国内不足20%的需求，医疗器械仅占国内市场份额不足25%的状况，2009年俄罗斯工业与贸易部制定了《2020年前俄罗斯制药业发展战略》。战略提出了医药工业实现创新发展的目标，明确了本国制药行业面临的七项重要任务：为居民提供必要的药品保障，并提供治疗罕见疾病的药品；提高本国制药行业的竞争力；鼓励研制创新型药品，支持本国药品出口；保护本国市场免受不良竞争的威胁，对本国生产者和外国生产者实行同等待遇；对本国制药行业实行技术改造；完善药品质量认证体系；完善制药行业专家培训体系，参照国际标准制订培训计划。战略拟分三个阶段分步实施：2008～2012年的本土化阶段，主要是在俄罗斯境内布局高科技药品生产企业；2012～2017年的进口替代阶

---

① Российская газета, №4965 (141), 31.07.2009.

段,主要通过购买医药生产许可证,实现通用药物的进口替代,减少对进口药品的依赖;2017~2020年的出口导向阶段,主要是研制受专利权保护的仿制药,并研制可以申请专利的新型制剂。为配合战略的实施,2011年3月俄罗斯政府总理批准了《2020年前和未来俄罗斯医药工业发展联邦专项纲要》,对战略提出的目标做了进一步细化。

七是完善医疗体系改革目标。截至目前,系统设计俄罗斯医疗体系改革目标的文件有两个:《2020年前俄联邦经济社会长期发展构想》和《2020年前医疗发展国家纲要》。其中,《2020年前俄联邦经济社会长期发展构想》提出:到2020年,俄罗斯公民预期寿命达到73岁,死亡率降至11‰;公共卫生支出占GDP的比重达到5.5%。而《2020年前医疗发展国家纲要》的目标是:到2020年血管疾病患者死亡率降至6.224‰;肿瘤疾病患者死亡率降至1.9‰;肺结核患者死亡率降至0.112‰;交通事故死亡率降至0.1‰;婴儿死亡率降至0.64‰;人均酒精产品消费量(折合成纯酒精)降至10升;成年人中吸烟者降至25%;儿童和少年吸烟者降至15%;产妇死亡率降至0.155‰;人口预期寿命达74.3岁;医生与中级医护人员比例达1:3;具有医药科大学学历的医疗人员平均工资为社会平均工资的两倍;中级医护人员以及药剂师平均工资与地区平均工资持平;初级医护人员平均工资与地区平均工资相当。

二 俄罗斯医疗保障体系改革绩效分析

纵观俄罗斯医疗保障体系近20年改革历程,其一以贯之的思路就是建立和完善强制医疗保险制度。到目前为止,俄罗斯已经初步建立起以强制医疗保险制度为核心的医疗保障体系框架:从资金来源看,形成了预算保障和保险相结合的混合制度;从医疗救助模式看,沿用了社区就近就医的原则,按患者病情逐级转院;从管理架构看,形成了联邦级、地区级和市政级的三级管理体系。

虽然俄罗斯医疗保障体系改革在制度建设上取得了较大的进展,但改革的实际效果还并不尽如人意,突出表现在以下几个方面。

1. 医务人员结构矛盾突出

截至2013年1月1日，俄罗斯共有医生74.3万名，中级医护人员141.9万名，每千人拥有医生4.47名，每千人拥有中级医护人员9.08名①，如上指标均高于OECD国家。但事实上，俄罗斯人口患病率和死亡率仍然维持较高水平。究其原因，关键在于医务人员的结构问题。一是农村地区医务人员保障水平较低。俄罗斯农村地区每千人拥有1.2名医生，仅为全俄平均水平的1/4，拥有中级医护人员5.5名，仅为全俄平均水平的1/2。二是医生和中级医护人员的比例不协调。2013年初俄罗斯上述比例为1∶1.9，发达国家平均为1∶2.9（2007年）。三是初级医务人员，特别是社区儿科医生和全科医生不足。四是医务人员年龄结构不合理。俄罗斯卫生与社会发展部（2012年5月起改为俄罗斯卫生部）相关数据显示，国家和市政所有的医疗机构中，10%～30%的医务人员已处于退休年龄，50%～60%接近退休②。在农村和区医院中，近70%的临床医生已到退休年龄，仅有7%是年轻专家。五是儿科医生严重不足。大量幼儿园不能配备医生，小学和中学的医生缺编率也高达64%～79%③。

2. 医疗投入不足，结构不合理，医疗资源分布不均衡

一是医疗投入不足。苏联解体后，俄罗斯国家医疗投入大幅下降，按可比价格计算，直到2006年国家医疗投入才恢复到1990年的水平④。从2007年国家医疗支出占国家总支出的比例看，俄罗斯仅占约10%，远低于OECD国家平均15%以上的水平；从国家医疗支出人均值（按购买力平价计算）看，俄罗斯为512美元，仅为OECD国家平均值的1/4（OECD国家平均为2200美元）；从国家医疗投入占GDP的比重看，俄罗斯约为3.7%，OECD国家平均值为6.6%⑤。二是医疗支出结构不合理。医疗支出中，国家支出占比逐年下

---

① 按俄罗斯卫生部的计算方法，俄罗斯每千人需要的医生和中级医护人员分别应为4.52名和11.75名，因此，俄罗斯目前短缺4万名医生和27万名中级医护人员。
② Медвестник, №16, 2009.
③ Наумов И., Государство экономит на здоровье граждан: Финансирование здравоохранения в России не соответствует уровню развитых стран, http://www.ng.ru/economics/2011-06-02/4_health.html, 2011-06-02.
④ 根据俄罗斯国家统计局、联邦强制医疗保险基金数据计算。
⑤ OECD Health Data, 2007年数据。

降，1994年占90%，2009年仅占63%，与此同时，居民自费部分逐年增加，从1994年占10%增至2009年占37%[①]；医疗支出中，仅1%用于长期护理，远低于OECD国家平均11%的水平；国家医疗支出中，约63%用于住院治疗，37%用于诊所治疗（其中7%为急救）[②]，说明国家医疗支出效率欠佳，尤其是诊所的技术设备利用率较低，未能有效缓解住院医院的负担；医疗支出中，23%用于医疗用品和药品，与OECD国家相当（为21%），但从绝对量看，人均药品支出为190美元，远低于OECD国家人均413美元的水平；国家医疗支出中，各级预算支出占65%，来自强制医疗保险基金的支出仅占35%。三是地区间医疗保障水平差异较大。虽然从1998年开始，俄联邦政府开始批准国家免费医疗救助纲要，从2005年起，联邦政府每年确定人均医疗救助拨款标准。但由于缺乏全国性统筹纲要，而各联邦主体的财政保障能力不一，从而使得各地区在实施免费医疗保障纲要方面存在巨大差异。相关资料显示，2007年10%的最富地区与10%的最穷地区的国家医疗保障水平差距达到4.2倍[③]。相关专家预测，要实现政府确立的到2020年死亡率降至11‰、人均寿命达到73岁的目标，至少需要将医疗投入再增加一倍。

3. 私人医疗机构发展不足

一是私人医疗机构在整个医疗行业中占比不足。其从业人员数量仅占整个行业从业人员的4.5%，接诊数量仅占所有医院门诊接诊数量的4%，病床更是仅占所有病床数量的0.3%[④]。二是私人医疗机构提供的服务种类较少。在国立医疗机构提供的服务种类中，私人医疗机构能提供的仅占75.5%。三是大多数私人医疗机构规模较小。私人医疗机构门诊一般设3个科室，住院部一般设11个科室。而俄罗斯一般城市的门诊部通常设15~20个科室，联邦主体行政中心城市门诊部甚至设有20~25个科室。四是私人医疗机构多集中于大

---

① Российская экономика в 2009 году. : тенденции и перспективы（Выпуск 31），М. : ，ИЭПП，2010. с. 417.
② Стародубов В. , Флек В. и др. , Использование системы счетов в здравоохранении, М. : , МЦФЭР, 2007.
③ Шишкин С. , Анализ различий в доступности медицинской помощи для населения России，Независимый институт социальной политики，М. : ，2007. с. 52.
④ 俄罗斯国家统计局的数据。

城市。五是私人医疗机构的服务对象多为中产阶级。六是私人医疗机构的收入来源主要依赖医疗服务收费。综上所述可见,私人医疗机构仅在一定程度上弥补了国立医疗机构服务的缺位,但对国立医疗机构的替代作用并不明显。

4. 医疗服务效率低下

主要体现在六个方面。一是基础医疗服务提供不足,远不能满足实际需求。如在大城市中,每个社区诊所名义上应当为 1800～2500 人提供医疗服务,但实际上每个诊所服务对象接近 4000 人。二是急救服务效率不高,且存在较大的浪费。俄罗斯大多数劳动年龄人口死亡的直接原因是急救不及时,每年约有 180 万人死在医院外。三是"过度"住院治疗现象严重。不适当住院收治情况普遍,住院治疗的患者中,30% 完全可以在诊所得到治愈。患者平均住院期为 10.5 天,远远高于 OECD 国家平均约 6.5 天的标准①。四是医疗信息体系碎片化严重。俄罗斯从 1992 年开始设计并应用医疗信息系统,但是截至目前,医疗信息体系仍缺乏统一性,相互间的电子信息交换较为困难。五是医疗机构硬件条件欠佳。2000～2010 年俄罗斯医疗行业固定资产磨损率从 30% 升至 53.3%。国家和市政所属医疗机构建筑物年久失修、卫生条件较差。有 23% 的诊所和 30% 的医院需要大修,17% 的国家医疗管理机构需要翻修,41% 的医疗服务机构需要全面更新装备。六是患者权利未得到有效保护。患者在初级医疗机构经常遭遇医务人员的无礼和漠视,需要排长队等候。

5. 多头管理问题严重

俄罗斯医疗体系在资金来源、资金管理者、资金流向、医疗服务提供者、国家医疗支出资金的集中与分配等方面都存在多头管理现象。其中,医疗体系的资金来源有四个渠道:预算资金(税收收入)占 57%、雇主的医疗缴费(统一社会税的一部分)占 11%、居民有偿医疗付费占 29%、雇主的自愿医疗保险缴费占 3%②。资金管理者有五个:俄罗斯卫生部、地区医疗管理机构、强制医疗保险基金、自愿医疗保险基金和患者。资金流向有四个渠道:预算资金通过专项纲要,以投资和专业医疗服务方式拨款;强制医疗保险基金通过保

---

① Улумбекова Г., Здравоохранение России. Что надо делать: научное обоснование «Стратегии развития здравоохранения РФ до 2020 года», М.:, ГЭОТАР - Медиа, 2010. с. 114.
② 2007 年数据。

险公司提供部分医疗服务付费；患者自费用于医疗保险范围之外的医疗服务付费；自愿医疗保险基金用于医疗服务付费。医疗服务提供者有国家和市政所有的诊所和全科医生诊所、国家和市政所有的住院部、私人机构所有的诊所和住院部。国家医疗支出资金的集中与分配也有多个渠道，主要包括俄罗斯卫生部、地区和市政医疗管理机构、联邦强制医疗保险基金、地区强制医疗保险基金和社会保险基金。

6. 其他问题

首先是相关法律欠缺。俄罗斯现行法律难以明确区分免费医疗与收费医疗之间的界限，法律中关于有偿医疗服务定价规则缺失，有偿医疗的法律调控体系有待进一步完善。此外，《患者权益保险法》《医疗工作者职业责任强制保险法》《心理救助和心理救助的公民权利保障法》等法律法规有待建立。其次是医学科研投入不足。2007 年俄罗斯对医学的投入为 89 亿卢布，占科学总投入的 2.4%，占 GDP 的比重为 0.03%①。发达国家医学投入占 GDP 的 0.2% ~ 0.3%。再次是医疗机构服务水平和质量缺乏社会监督，居民自愿医疗保险参与率较低。

三 俄罗斯医疗保障体系进一步改革的方向

当前及今后一段时期内，在进一步加强全民强制医疗保险的同时，俄罗斯医疗保障体系改革的侧重点应当集中在如下方面。

1. 增加医疗投入

国际经验表明，国家医疗投入占 GDP 的比重每增加一个百分点，成年人口死亡率下降四个百分点②。发达市场经济国家的健康指标之所以较好，关键在于这些国家的国家医疗投入一般占到了 GDP 的 7% 左右。《2020 年前俄联邦经济社会长期发展构想》提出，到 2020 年俄罗斯国家医疗支出占 GDP 的比重

---

① 俄罗斯教科部 2009 年数据。
② Андрюшина Е., Катков В., Актуальные проблемы развития политики финансирования российского здравоохранения 1995 – 2008, Здоровье и социально – демографические процессы в России: Сборник статей, Под редакцией А. Шевякова. М. :, ИСЭПН РАН, 2010.

将达到5.5%，从更长远看，在国家财力允许的情况下，把国家医疗投入增加到占GDP的6%~7%是大势所趋。

2. 改革医疗拨款模式，实行单一渠道拨款

目前世界各国实行的医疗拨款模式主要有两种：预算拨款型和强制医疗保险型。俄罗斯是典型的两者混合模式。混合型模式造成医疗资金管理的碎片化，大大降低了资金的使用效率和公平度，导致了地区间医疗资源的不均衡。今后俄罗斯有可能在借鉴发达国家市场化管理经验的同时，进一步加强国家的宏观调控，实现资金管理的集中统一和资金分配的公正透明。具体来说，首先应当把资金集中到联邦强制医疗保险基金中，而非地区强制医疗保险基金；其次设定统一公式，把满足医疗救助需求可能面临的风险和当地消费价格作为参数；再次是对各联邦主体规定统一的医疗服务收费标准，对医疗服务提供者实行统一的付费方式，确定统一的医疗服务基础价费，并按各地区实际情况确定修正系数。

3. 促进公平竞争，限制垄断

在医疗保险领域，针对各地区医疗保险公司相互割裂、缺乏竞争的现状，在加强国家对医疗服务质量监督并对医疗保险公司进行严格管控的前提下，允许医疗保险公司实施强制医疗保险纲要，使医疗保险公司之间的竞争透明化，以便进一步提高医疗支出效率。在医疗服务领域，鉴于俄罗斯私人医疗服务机构经过多年发展，已经具备了一定实力，应当创造条件把更多私人医疗机构纳入强制医疗保险体系，允许私人医疗机构参与完成国家医疗服务任务，其中包括高科技医疗服务，以此加强不同所有制医疗机构之间的竞争，提高医疗体系效率。

4. 更加注重改善劳动人口、老年人、儿童和育龄妇女的健康状况

首先是应当注重改善劳动人口，尤其是男性劳动人口的健康状况。有关统计显示，现今俄罗斯仅有不足50%的男性公民能活到65岁以上。要想延长俄罗斯人均寿命，关键在于提高劳动年龄男性公民的健康水平。因此，针对当前劳动人口健康状况不佳和劳动环境较差的现实，有必要恢复苏联时期对工业企业员工的医疗救助机制，并使之现代化。其次是应当注重改善老年人口的健康状况。人口老龄化已经成为俄罗斯必须面对的现实，发展针对老年人的医疗社会服务，尤其是加强对老年患者和残疾人的长期护理已经变得迫在眉睫。目前OECD国家用于长期护理，即社会医疗救助的支出平均占医疗预算支出的11%，俄罗斯仅为1%，因此应多方筹措资金发展长期医疗护理服务。最后是应当更加注重改善儿童和妇女健康状况，低出生率和较高的新生儿死亡率表明，俄罗斯医疗政策的优先方向应当是进一步改善儿童和育龄妇女的健康状况。

5. 倡导健康生活方式

世界卫生组织认为，人的健康和寿命10%由卫生保健状况和医疗服务决定，10%取决于遗传因素，20%取决于环境和气候，60%取决于生活方式。而不健康的生活方式在很大程度上是出于对未来预期的不确定和高度扭曲的预期所致。俄罗斯人的生活方式存在较大问题，酗酒、吸烟、吸毒、不合理膳食和运动量过少等是威胁健康的主要因素。因此，应当创造条件倡导健康生活方式，甚至可以尝试实行有差别的强制医疗保险缴费率：根据生活方式健康的程度设定不同的强制医疗保险缴费率。因为医疗体系现代化的目的是保障那些对自身健康状况比较关心的人群获得良好的医疗条件。

Y.13
2013年中俄经贸合作

郭晓琼*

摘　要： 2013年中俄双边贸易额受两国经济增长放缓和国际能源价格下跌的影响，增速明显下降。在各领域合作中，能源合作取得突破，地区合作由毗邻向内陆推进，农业与电子商务成为2013年中俄经贸合作中的两大亮点。2013年中俄经贸合作尽管在某些领域取得了成绩，但还存在一些问题严重阻碍经贸合作进一步发展，如贸易额增速下降、贸易结构低级化，俄罗斯的贸易和投资环境仍不尽如人意等。

关键词： 中俄经贸　结构调整　贸易结构　投资环境　战略协作伙伴

一　中俄双边贸易总体状况

1. 双边贸易额

2013年，中俄双边贸易受到两国经济增长放缓和国际能源价格下跌的影响，增速明显下降。根据俄罗斯海关总署的统计数据，2013年1~11月，中俄双边贸易额为800.2亿美元，同比仅增长0.3%，与金融危机后2010~2011年40%~50%的增长相比，完全不可同日而语。2013年1~11月，中国对俄罗斯出口额为479.9亿美元，与上年同期相比增长1.6%，中国从俄罗斯进口320.4亿美元，

---

* 郭晓琼，中国社会科学院俄罗斯东欧中亚研究所助理研究员、博士。

同比下降 1.6%。根据中国海关统计数据，2013 年，中俄双边贸易额为 892.12 亿美元，同比增长 1.2%，其中，中国对俄罗斯的出口额为 495.94 亿美元，同比增长 12.5%，而中国从俄罗斯进口额为 396.18 亿美元，同比下降 10.2%。从俄方角度看，从 2010 年起，中国超过德国成为俄罗斯第一大贸易伙伴，2013 年，中国仍然保持这一地位，1～11 月中国在俄罗斯对外贸易总额中的占比为 10.5%，与 2012 年水平持平。中国是俄罗斯最大的进口来源地，第六大出口市场。从中方角度看，俄罗斯是中国第十大贸易伙伴（见表1）。

表1　2013 年中国与前十大贸易伙伴贸易概况

单位：亿美元

国家与地区	进出口	出口	进口	与上年相比增长(%) 进出口	出口	进口
美　　国	5210.02	3684.27	1525.75	7.5	4.7	14.8
中国香港	4010.07	3847.92	162.15	17.5	19	-9.3
日　　本	3125.53	1502.75	1622.78	-5.1	-0.9	-8.7
韩　　国	2742.48	911.75	1830.73	7.0	4.0	8.5
中国台湾	1972.8	406.44	1566.36	16.7	10.5	18.5
德　　国	1615.62	673.58	942.04	0.3	-2.7	2.5
澳大利亚	1363.77	375.6	988.17	11.5	-0.4	16.8
马来西亚	1060.75	459.33	601.42	11.9	25.8	3.1
巴　　西	902.78	361.92	540.86	5.3	8.3	3.4
俄 罗 斯	892.12	495.94	396.18	1.1	12.5	-10.2

资料来源：中国海关总署，http://www.customs.gov.cn/tabid/2433/InfoID/690424/frtid/49564/Default.aspx。

2013 年中俄双边贸易额增速明显下降，主要是中国从俄罗斯进口出现下降，具体分为"量"和"价"两方面原因。从"量"上看，受中国经济结构性减速影响，中国内需整体收缩，因此从俄罗斯进口的能力也有所下降。从"价"上看，中国从俄罗斯进口的油气产品占中国从俄罗斯进口总额的一半以上，因此，国际能源价格下滑也是造成进口额下降的主要原因之一。

2. 双边贸易结构

俄罗斯对中国出口的商品主要为能源和原材料等初级产品，这主要是基于俄罗斯的资源禀赋。2013 年 1～6 月，俄罗斯对中国出口的前五大类商品为矿产品、木材及制品、化工产品、活动物和动物产品、机电产品。第一大类商品为矿产品，出口额为40.64亿美元，与上年同期相比下降了66.4%，矿产品在俄罗斯对中国出口中的占比也从2012年的65.6%下降为49.8%。相比之下，俄罗斯对中国机电产品出口大幅增长，同比增长达到36.3%，机电产品在俄罗斯对中国出口中的占比从2012年的4.2%上升至6.9%（见表2）。

表2　2013年1~6月俄罗斯对中国出口主要商品构成（类）

商品类别	贸易额（百万美元）	同比增长(%)	占比(%)
矿产品	4064	-66.4	49.8
木材及制品	1071	1.3	13.1
化工产品	871	-35.8	10.7
活动物和动物产品	620	9.5	7.6
机电产品	559	36.3	6.9
纤维素浆和纸张	391	-2.7	4.8
塑料、橡胶	263	-4.1	3.2
贱金属及制品	190	11.3	2.3

资料来源：中国商务部网站，http://countryreport.mofcom.gov.cn/record/view110209.asp?news_id=36460。

俄罗斯自中国进口的主要商品中，机电产品的比重最大，2013年1~6月，俄罗斯自中国进口机电产品价值107.07亿美元，同比增长1.2%，机电产品占比达到45%。其次是纺织品及原料，贱金属及制品，家具、玩具、杂项制品，鞋靴、伞等轻工产品，皮革制品、箱包等劳动密集型产品，占比达到29.7%（见表3）。

表3　2013年1~6月俄罗斯自中国进口主要商品构成（类）

商品类别	贸易额（百万美元）	同比增长(%)	占比(%)
机电产品	10707	1.2	45.0
纺织品及原料	2219	11.7	9.3
贱金属及制品	1962	4.4	8.2
家具、玩具、杂项制品	1457	5.0	6.1
鞋靴、伞等轻工产品	1443	6.0	6.1
运输设备	1296	-6.4	5.4
塑料、橡胶	1157	3.0	4.9
化工产品	901	11.0	3.8

续表

商品类别	贸易额(百万美元)	同比增长(%)	占比(%)
光学、钟表、医疗设备	513	8.3	2.2
陶瓷、玻璃	511	4.8	2.1
植物产品	434	14.3	1.8
皮革制品、箱包	383	5.4	1.6

资料来源：中国商务部网站，http://countryreport.mofcom.gov.cn/record/view110209.asp?news_id=36461。

3. 投资额

根据俄联邦国家统计局数据，截至2013年9月底，俄罗斯累计吸引外国投资3792.54亿美元，中国是俄罗斯第四大投资来源国，累计对俄投资323.83亿美元，其中直接投资为14.92亿美元，仅占中国对俄累计投资总额的4.6%，其他投资为308.76亿美元，占中国对俄累计投资总额的95%。2013年1~9月，中国对俄投资额为48.7亿美元（见表4）。

表4　俄罗斯十大投资来源国（地）累计对俄投资（亿美元）

国别	到2013年9月底累计余额		其中			2013年1~9月流入外资额
	总计	占比(%)	直接投资	间接投资	其他投资	
全部投资	3792.54	100	1225	52.5	2515.04	1323.85
前十大外资来源国	3173.35	83.7	917.22	36.95	2219.18	910.01
其中：塞浦路斯	676.35	17.8	441.60	13.81	220.94	176.12
荷兰	671.13	17.7	233.85	1.54	435.74	128.12
卢森堡	471.97	12.4	13.19	2.22	456.56	120.64
中国	323.83	8.5	14.92	0.15	308.76	48.70
英国	241.34	6.4	23.08	9.26	209	121.58
德国	219.69	5.8	121.19	0.16	98.34	63.38
爱尔兰	196.27	5.2	3.67	0.02	192.58	65.74
法国	147.90	3.9	27.15	0.35	120.40	96.85
美国	119.72	3.2	31.74	9.38	78.60	81.66
日本	105.15	2.8	6.83	0.06	98.26	7.22

资料来源：俄罗斯联邦国家统计局，http://www.gks.ru。

二 2013年各领域合作新进展

1. 能源合作取得突破

2013年中俄能源合作又取得了新的突破。俄罗斯能源部部长诺瓦克在陪同梅德韦杰夫参加第十八次中俄总理定期会晤期间表示，2013年是中俄能源合作的"突破年"，中俄双方在石油、天然气、煤炭、电力、核电、水电等多个领域都达成了合作意向，并解决了一些多年积压的问题。

在石油领域，根据2009年中俄双方签订的协议，俄罗斯石油公司目前每年向中国供应1500万吨石油，约占中国年度原油进口总量的8%。2013年3月22日，习总书记访俄期间，俄罗斯头号石油巨头俄罗斯石油公司与中国签署协议，未来将会把对中国的石油出口量提高到现有水平的三倍。根据新的协议，2014年俄罗斯石油公司将增加约80万吨石油供应，未来年度石油供应额将达4500万~5000万吨，中国将成为俄罗斯原油最大进口国，而俄罗斯石油公司将获得来自中国国家开发银行的一笔为期25年的20亿美元贷款。2013年6月21日，俄罗斯总统普京在第十七届圣彼得堡国际经济论坛全体会议上宣布，俄罗斯将在未来25年每年向中国供应4600万吨石油，协议总价值高达2700亿美元。10月18日，中石油公司与俄罗斯石油公司还就共同开发东西伯利亚油气田签署了扩大东西伯利亚上游项目合作谅解备忘录。备忘录确定，中国石油公司和俄罗斯石油公司将在东西伯利亚和远东地区共同开发中鲍图奥滨等一批大型油气田。中俄双方成立合资公司，并以49∶51的比例持股。合资公司成立后，计划联合收购并开发东西伯利亚和远东地区一些有规模储量的油气田。其中，生产的石油除满足俄东部使用以外，还将通过俄远东原油管道和中俄原油管道向中国及其他亚太国家出口。此项备忘录的签署标志着中国取得参与俄罗斯上游石油开发的新突破，也是中俄在石油领域开展上下游一体化合作的重要里程碑。

在天然气领域，2013年2月，中俄能源合作委员会双方主席表态，两国政府将支持企业就中俄东线管道供气进行谈判，东线管道对中国的供气量确定为每年380亿立方米。俄天然气工业公司总裁阿列克谢·米勒于2013年1月也曾表示，在西线对华供气方面只剩下价格问题。2013年9月5日，中俄两国就俄罗斯从东线向中国输送天然气问题达成一致，在圣彼得堡20国集团领导人第八次峰会期间，在习总书记和普京总统的共同见证下，中石油与俄罗斯天然气工业股份公司签署了《俄罗斯通过东线管道向中国供应天然气的框架协议》，该协议规定了东线天然气供气总量、供气条件、照付不议比例等具有法律约束力的商务条件，为完成供气项目奠定了法律基础。该协议的签署标志着谈判十余年未果的中俄天然气合作终于取得突破性进展。中石油与俄罗斯天然气工业股份公司商定在2014年年底签订购销合同，实现2018年供气的目标。此外，中石油还与俄罗斯诺瓦泰克公司签署了《中国石油天然气集团公司与诺瓦泰克股份公司关于收购亚马尔液化天然气股份公司股份的协议》。

在电力合作领域，2013年3月22日，在中俄两国元首的见证下，中国国家电网公司与俄罗斯统一电力国际公司在莫斯科克里姆林宫签署了《关于开展扩大中俄电力合作项目可行性研究的协议》。双方计划研究开发俄罗斯远东、西伯利亚地区资源，建设大型煤电输一体化项目，通过高压或特高压跨国直流输电线路向中国送电。国家电网公司与俄罗斯辛特斯集团股份公司还签署了《中国国家电网公司与俄罗斯辛特斯集团股份公司合作框架协议》，双方将研究开展俄罗斯电站新建或改造项目、开发俄远东地区水电和煤炭资源向中国供电等电力项目。这两个协议的签署为中俄两国电力合作开启了更加广阔的合作空间。此外，中俄两国仍继续在核能领域扩大合作，积极推进田湾核电站二期项目。

2. 农业合作前景广阔

俄罗斯拥有2.2亿公顷的农业用地，其中耕地约1.25亿公顷，是世界上黑土带面积最大的国家，但其目前耕地使用率不足50%，而中国具有劳动力、资金和技术等优势，又是世界上重要的粮食需求大国，这为两国开展农业合作奠定了坚实的基础。中俄两国的农业合作率先在边境地区展开。俄罗斯远东地区地广人稀，拥有发展大农业的良好的自然条件，但由于各种因素的制约，该地区的农业发展潜力尚未发挥。目前，俄罗斯远东地区还属于农业发展落后地区，粮食、蔬菜、肉、奶等农产品还没有实现自给自足。2012年9月APEC会议期间，俄罗斯总统普京曾提出，希望能吸引更多的外国资本发展俄罗斯农业,大量尚未开垦的农业土地是俄罗斯具有竞争力的优势。我国企业在俄罗斯政府的支持下,在俄罗斯境内租赁农田和林地,由农民参与的农业合作项目遍及俄远东阿穆尔州、滨海边疆区、犹太自治州、哈巴罗夫斯克边疆区等十个州区,建成境外农产品生产基地总面积约48万公顷。中国已成为远东地区居民农产品消费的重要供应国,而中国农民在俄罗斯境内种植的玉米、大豆等农产品除供应远东地区之外,已经开始返销国内。此外,近年来,中国企业在俄罗斯欧洲部分投资的农业项目也逐年增多,如中国企业在伏尔加格勒地区建立蔬菜种植基地,在奔萨地区建立玉米种植基地等。2013年3月,中国兔业协会与俄罗斯国家兔业协会签署了合作协议,其中包括中国兔产业企业联盟旗下企业与俄公司在俄罗斯境内建立合资企业,计划年产兔肉5000吨。中国在继续扩大租赁土地合作模式的同时,更应重视俄罗斯已成为重要的粮食出口国,扩大农产品贸易将成为未来两国农业合作的重要内容。中俄两国各自的动植物检验检疫标准存在较大差异,对两国间的农产品贸易造成严重阻碍。2013年3月22日,在习主席访俄期间,中俄双方签署了多项农业合作协议,其中包括《中华人民共和国国家质量监督检验检疫总局和俄罗斯联邦农业部关于互供粮食及加工品植物检疫要求协议》。该协议明晰了植物检疫标准,为今后中俄双方开展农产品贸易提供了有力保障。根据俄罗斯的入世承诺,俄罗斯将逐步降低农产品补贴,2013~2017年,俄罗斯农业补贴将会下降至44亿美元,这为中国企业扩大对俄农业合作创造了更多机遇,未来中俄两国在农业种植、农产品加工和农产品贸易领域将会拥有更加广阔的合作空间。

3. 电子商务蓬勃发展

近年来,我国跨境电子商务发展势头强劲,2012年我国跨境电子交易额达到150亿美元,2013年交易规模继续扩大,预计同比增速将会达到30%。与传统贸易方式相比,跨境电子商务具有海量商品信息、个性化广告推送、口碑聚集消费需求、节约交易成本、沟通和支付方式便捷多样等优势。对于客户而言,不出家门轻松购物,具有较强的应用性和便利性。对于企业而言,可以通过互联网创新经营模式,从在线供应链中获取利润空间。

中俄跨境电子商务起步较晚,但发展迅速。淘宝网是中国最大的电子商务交易平台,根据该网站数据,俄罗斯人的购物量呈井喷式增长。2013年2月,淘宝网对俄罗斯的日成交额为 50 万~200 万美元，到 2013 年 5 月，已增长至 400 万美元。中俄电子商务的蓬勃发展有利于突破对俄贸易的地域局限，充分发挥国内产业优势。目前，以杭州淘宝网为代表的一大批网站纷纷开始推广对俄电子商务，商品种类众多，主要包括轻工产品、电子产品、日用百货等，很多企业还开设了俄文网站，向俄罗斯搜索引擎提供网址，以便扩大对俄贸易和服务。为扫清中俄电子商务交易的支付障碍，中国电商阿里巴巴于 2012 年 6 月与俄罗斯最大的第三方支付平台 QiwiWallet 公司签署战略合作协议。与阿里巴巴合作后，俄罗斯用户可以在 QiwiWallet 账户充值，再到阿里巴巴旗下的在线交易平台全球速卖通购买中国商品，支付成功之后中国卖家便可发货。截至 2013 年 3 月，阿里巴巴旗下全球速卖通已有超过 70 万的俄罗斯注册用户，注册用户数量同比增长 465%。2013 年 7 月，全球速卖通又开通 Webmoney 支付选项。Webmoney 目前是俄罗斯最流行的一种支付方式，全球速卖通此项业务的开通为其开拓俄罗斯市场奠定了基础。此外，2013 年 6 月 15 日，黑龙江省与杭州市还联手召开"中俄跨境贸易电子商务发展论坛"，以"云计算促进跨境电子商务发展"为主题，深入探讨中俄跨境电子商务发展过程中遇到的问题和解决办法。随着应用领域和地域的不断拓展，电子商务将为中俄两国间贸易发展提供新的动力。

4. 地区合作由毗邻向内陆推进

2012 年 4 月，李克强访俄期间会见了俄总统驻伏尔加沿岸联邦区全权代表巴比奇，中俄双方希望扩大地区合作范围，并达成中国长江中游城市群①与俄罗斯伏尔加河流域城市群开展区域合作的共识。此后，国家发改委和外交部等有关部门举行座谈，并赴实地调研，结合各省产业优势，研究制定长江中游城市群与俄罗斯伏尔加河流域城市群开展地区合作的具体方案。2013 年 5 月 14 日，长江中上游地区②与俄罗斯伏尔加沿岸联邦区合作座谈会在湖北省武汉市举行，长江中上游行政首长与俄罗斯伏尔加沿岸联邦区地方领导人共同探讨未来合作发展规划。会后，国务委员杨洁篪与巴比奇签订了《长江中上游地

---

① 长江中游城市群包括湖北武汉都市圈、襄荆宜城市群，湖南长株潭城市群和江西环鄱阳湖经济圈，有地级以上城市 17 个。

② 长江中上游地区包括湖北、江西、重庆、安徽、湖南、四川 6 个省（市）。

区与伏尔加沿岸联邦区开展合作的议定书》。

长江中上游地区与俄罗斯伏尔加沿岸联邦区开展地区合作的特点有以下几点。第一，摒弃低附加值的传统贸易模式，围绕高科技、高附加值产业展开合作。长江中上游地区的优势产业为汽车、钢铁、石化、食品加工、航空航天、船舶制造、装备制造等行业。俄罗斯伏尔加沿岸联邦区的优势产业包括汽车、航空制造、石化、船舶制造、农业等。两个地区制造业都较为发达、产业链条较长，围绕两地优势产业展开合作不仅可以推动两地经济增长，而且制造业产品的相互引进还伴随着技术交流，这对优化中俄两国经济结构和双边贸易结构也具有较强的积极作用。第二，两个地区合作有利于产业内贸易的发展。产业内贸易是指由于差异产品间的规模经济优势的存在和跨国直接投资，同一产业部门的产品既进口又出口的现象。中俄双边贸易一直是基于自然禀赋差异的产业间贸易，围绕共同的优势产业展开合作，共建产业园区，有利于促进产业内贸易的发展，从而带动相互直接投资。第三，打破地域局限，将地区合作向内陆推进，在距离遥远的两地区展开。地区合作从毗邻向内陆合作发展既体现了中俄战略协作伙伴关系的逐步深化，同时又能满足我国内陆地区扩大开放、增强经济活力的现实需求。由于两地区距离遥远，需要研究开通中国长江中上游中心城市与俄罗斯伏尔加河流域中心城市直飞航线或包机，航线的开通将为未来两地开展旅游、人文、教育、环保等全方位多领域的合作奠定基础。

三 问题与挑战

未来中俄两国经贸合作需要解决一系列问题，其中主要集中在以下三个方面。

1. 外需回暖，内需收缩

2013年，世界经济处于政策刺激下的脆弱复苏阶段，总体形势相对稳定，仍维持"弱增长"的格局，但推动经济复苏的动力从新兴经济体转向发达国家。美国经济复苏势头稳固，欧洲金融市场趋于稳定，经济触底回升，日本的"安倍经济学"刺激政策也取得一定收效。可以预见，在2014年，世界经济增长在发达国家的推动下有望改善和加快，对于中国和俄罗斯两个出口导向型国家，外需的回暖对中俄双边贸易造成的不确定性因素增加。相比之下，2013年新兴经济体均出现经济增长放缓的趋势。中国经济增长7.7%，与去年持平，俄罗斯仅维持了1.3%的经济增长，内需的收缩也将对中俄两国双边贸易的扩大产生不利影响。

2. 贸易结构低级化

中俄之间主要是基于自然禀赋的产业间贸易，俄罗斯向中国出口的主要是原油、原木等资源密集型产品，矿产品在俄罗斯对中国出口商品中所占比重最大，往往超过50%，有些年份甚至接近70%。中国对俄罗斯出口的主要为机电、轻纺（服装、鞋、纱线等）、轻工（鞋靴、箱包、雨伞）、玩具、小家电等劳动密集型产品。近年来，尽管中俄双边贸易额快速增长，但两国间贸易的商品结构仍以低附加值产品为主，深加工产品、高技术和高附加值产品所占比重较低。因此，尽管中俄两国贸易具有较强的互补性，但整体水平仍有待提高。

3. 俄罗斯贸易和投资环境仍不尽如人意

尽管入世后俄罗斯贸易和投资环境有所改善，但在很多方面仍不尽如人意。根据世界银行公布的《2014年全球营商环境报告》[1]，2014年俄罗斯营商环境在189个参评国家和地区中排名第92位，比2013年上升了19位。俄罗斯在开办企业、注册资产、缴纳税款、合同执行和办理破产等方面情况较好，问题主要集中在获得信贷、申请建筑许可、获得电力供应、投资者保护和跨境贸易等问题上。在这五方面，俄罗斯在189个参评经济体中排名均在第100位之后，且各项指标与经合组织国家相比存在巨大差距。此外，腐败现象严重也对俄罗斯吸引外国投资起到巨大的阻碍作用。根据透明国际2013年12月公布的《2013年全球腐败印象指数》[2] 报告，俄罗斯得分仅为28分，在参评的175个国家和地区中排名第127位。

---

[1] The World Bank. Doing Business 2014. http：//chinese. doingbusiness. org/data/exploreeconomies/russia/#trading‐across‐borders.

[2] Transparency International. Corruption perceptions index 2013. http：//files. transparency. org/content/download/700/3007/file/2013_ cpibrochure_ en. pdf.

俄罗斯外交

Российская дипломатия

Y.14
2013年的俄罗斯外交

郑羽　姜毅　韩克敌　刘丹　赵玉明　牛义臣*

摘　要： 2013年俄罗斯在推进独联体范围内的一体化及欧亚联盟计划方面取得了一定进展，但在乌克兰问题上陷入了与西方国家的激烈较量，关系严重恶化。在世界热点问题上俄罗斯外交仍旧发挥着相当大的影响，特别是在叙利亚化武危机的解决方面起到了重要的调节作用，俄罗斯的亚太外交有了进一步拓展，与中国、日本、越南和韩国的多领域合作都有所推进。

关键词： 俄罗斯　独联体　欧亚联盟　欧盟　美国　中国

---

* 郑羽，中国社会科学院俄罗斯东欧中亚研究所研究员；姜毅，中国社会科学院俄罗斯东欧中亚研究所研究员；韩克敌，中国社会科学院俄罗斯东欧中亚研究所副研究员；刘丹，中国社会科学院俄罗斯东欧中亚研究所助理研究员、法学博士；赵玉明，中国社会科学院俄罗斯东欧中亚研究所助理研究员、历史学博士；牛义臣，中国社会科学院俄罗斯东欧中亚研究所博士后。

2013 年的俄罗斯外交

2013 年，俄罗斯外交在国际社会继续引起广泛的关注并产生了广泛的影响。从斯诺登事件到圣彼得堡 G20 峰会，从叙利亚危机中的以"化武换和平"方案到年末乌克兰危机中俄罗斯的政策，俄罗斯外交相当活跃，并且在推进本国对外经济和军事技术合作领域取得不小的成果。

一 俄罗斯在独联体地区加紧推进一体化计划

2013 年 2 月 18 日，俄罗斯总统普京签署《俄罗斯联邦对外政策构想》，再次将发展与独联体国家的双边和多边合作，进一步巩固独联体，努力促进独联体区域的一体化进程放在了区域外交政策的第一优先位置。① 为促进独联体区域内的经济关系，俄罗斯积极倡导建立欧亚经济联盟，希望其成为有效连接欧洲和亚太地区的纽带。与白俄罗斯和哈萨克斯坦一起，改革欧亚经济共同体，并建设欧亚经济联盟，吸引其他独联体成员国参与此项工作。采取措施进一步发展及完善关税同盟与统一经济空间的机制和法律基础，加强欧亚经济委员会的职能和作用。在扩展与独联体成员国进行安全保障合作方面，俄罗斯把集体安全条约组织（集安组织）视为后苏联空间现代安全保障体系的重要组成部分，积极促进集安组织发展，重视加强快速反应机制、维和能力建设，提升集安组织成员国外交政策协调水平。

俄罗斯积极开展双边和多边外交，加强对独联体地区事务的影响。增进与乌克兰的关系，促使其融入不断深化的区域一体化进程。俄罗斯支持阿布哈兹共和国和南奥塞梯共和国作为现代民族国家独立，为它们巩固国际地位、保障安全和实现社会经济复苏提供帮助。俄罗斯表示有兴趣与格鲁吉亚实现关系正常化。虽然 2012 年格鲁吉亚议会改组之后格鲁吉亚也开始出现与俄罗斯实现关系正常化的想法，但由于双方在阿布哈兹和南奥塞梯问题以及格鲁吉亚寻求加入北约问题上的分歧，俄格关系正常化的道路

---

① Концепция внешней политики Российской Федерации, http://www.mid.ru/brp_4.nsf/0/6D84DDEDEDBF7DA644257B160051BF7F.

依然不畅。同时，由于纳戈尔诺－卡拉巴赫问题，阿塞拜疆与亚美尼亚之间的关系一直得不到根本改善。尽管俄罗斯一直希望从中协调，但仍然没有找到解决方法。

2013年俄罗斯加紧在独联体地区推行一体化的政策受到了来自欧盟的强烈挑战，双方在乌克兰问题上的竞争尤其激烈。6月1日，时任总统亚努科维奇向欧盟委员会担保，乌克兰和俄罗斯领导的欧亚经济联盟的新合作模式与乌克兰加入世贸组织和欧洲一体化战略方针并不矛盾。① 乌克兰左右逢源的立场，在俄欧双方角力的情况下并没有自如的空间，在无法同时推进的时候，还是做出了单项选择。2013年11月21日，乌克兰政府决定暂停与欧盟签署联系国协定的筹备进程。对此，俄罗斯一方面表示没有对乌与欧盟可能的结盟采取侵略性政策，一方面也承认，俄罗斯与乌克兰有着开放的市场，假如乌克兰完全向欧洲敞开大门，那么俄罗斯就不能保留与乌克兰之间存在的宽敞大门。② 俄罗斯和乌克兰在12月达成协议，俄罗斯将下调对乌克兰供气的价格，并将购买乌克兰发行的总额150亿美元的欧洲债券。但俄罗斯拉拢乌克兰的努力因2014年2月乌克兰政权的更迭而失败。

2013年12月24日，负责建立欧亚经济联盟事务的欧亚经济委员会理事会元首级会议在莫斯科召开。本次会议主要讨论了四方面的内容：起草欧亚联盟成立有关条约问题；亚美尼亚、吉尔吉斯斯坦加入关税同盟的有关问题；关税同盟成员国之间贸易结构改善；进一步促进关税同盟内商品自由流通。俄罗斯总统普京出席在莫斯科举行的欧亚最高经济理事会扩大会议时表示，俄白哈三国已经批准欧亚经济联盟条约中的制度部分，对新经济联盟的基本原则做出了规定。文件中明确了自2015年1月1日起该联盟的法律地位、组织架构、目标和运行机制。亚美尼亚在会上签署了加入俄白哈关税同盟的协议。吉尔吉斯斯坦则是原定于2013年年底加入，但由于条件尚未谈拢，态度仍有所保留。

---

① 《乌克兰总统向欧盟担保坚持欧洲一体化政策》，http://rusnews.cn/guojiyaowen/guoji_cis/20130601/43780507.html。

② 《普京：俄方没有对乌与欧盟可能的结盟采取侵略性政策》，http://rusnews.cn/eguoxinwen/eluosi_duiwai/20131121/43917039.html。

总统普京要求欧亚经济联盟条约草案在 2014 年 5 月 1 日前完成，以便这个经济联盟在 2015 年元旦前全面展开工作。

二 俄罗斯与西方国家（美国与欧盟）的关系

2013 年 11 月 21 日，乌克兰政府突然宣布暂停与欧盟签署联系国地位协议的准备工作，引发数以万计亲欧盟的乌克兰民众的不满，在首都基辅随即爆发了 2004 年"橙色革命"以来最大规模的示威。示威者包围总统府、政府大楼与国会大厦，与防暴警察发生了激烈冲突，造成数百人受伤。危机一开始，美国迅速以各种手段干预乌克兰局势的发展。

首先，美国公开支持乌克兰反对派。在示威活动伊始，美国就积极介入反对派政治力量的活动。在这次政治危机中，美国驻乌克兰大使皮亚特取消了回国计划，与欧盟国家驻乌克兰大使们一起频繁地出现在基辅独立广场为示威者打气。在乌克兰政治危机不断扩大化的背景下，美国更是派出重量级领导人来站台施压。12 月 9 日，美国负责欧洲与欧亚地区事务的助理国务卿维多利亚·纽兰（Victoria Nuland）访问俄罗斯和乌克兰以协助解决政治危机，她亲自到基辅独立广场为亲西方的示威者加油。纽兰还公开表示，美国支持乌克兰人民的欧洲一体化选择。

其次，直接向乌克兰政府施压。美国对于 11 月 30 日乌克兰政府驱逐围攻政府大楼和总统府的示威人群公开表示担忧和不满。12 月 1 日，欧盟驻乌克兰代表杨·托姆宾斯基以及美国大使皮亚特与乌克兰内务部部长扎哈尔琴科和外交部部长科扎尔举行了会晤，对乌政府使用暴力表示担忧。美国总统新闻秘书杰伊·卡尼 12 月 3 日称，白宫不认为基辅近日的骚乱是"企图搞政变"，并强烈呼吁乌当局为公民自由表达意愿创造条件。卡尼在声明中总体上支持抗议活动，谴责乌当局的镇压行动。他强调，"美乌伙伴关系取决于"基辅是否遵循"普世价值观"。美国会继续"支持乌克兰人民的欧洲一体化夙愿"。"毫无疑问，我们不认为和平示威是企图政变。美国认为，乌克兰政府 11 月 30 日清晨在基辅对和平示威参与者实施的暴力不可接受。" 12 月 4 日，美国国务卿约翰·克里就基辅抗议事件公开呼吁乌克兰政府倾听"民声"，呼吁乌克兰总统亚努科维奇以和平手段解决问题，停止对示威者实施暴力。他说道："暴力不应该存在于欧洲国家。"此外，克里还提到，美国和国际社会都对"乌克兰人民如此强烈地支持欧洲一体化"感到惊喜。12月9日，美国副总统拜登向乌克兰总统亚努科维奇传达了华盛顿方面对该国日益紧张的政治局势的"深切关注"。白宫在一份官方声明中称拜登已经致电亚努科维奇，电话中强调乌克兰当局"应该立即缓和局势，并与反对派领导人进行对话"，拜登9日警告乌克兰总统不要使用暴力。

再者，直接向军队施压。12月11日，美国国防部部长哈格尔与乌克兰国防部部长帕维尔·列别捷夫通电话，哈格尔在与列别捷夫进行电话交谈时，提醒乌克兰不要以任何形式的武力手段对待和平公民。哈格尔还强调了军队使用武力的潜在后果。美国国务院11日已经提到了后果之一的可能性，那就是经济制裁。

最后，向乌克兰寡头施压。美国助理国务卿纽兰在访问基辅时特意会见了乌克兰最大的寡头——阿赫梅托夫。阿赫梅托夫也是亚努科维奇和地区党的主要支持者。在美国的压力之下，乌克兰寡头选择了中立的立场。

美国的积极介入意味着什么？

第一，美国这次对乌克兰危机的全面介入，意味着奥巴马政府放弃了2009年下半年以来在独联体地区奉行的尊重俄罗斯在该地区的核心利益、暂停在这一地区与俄罗斯进行战略竞争的政策。2009年，奥巴马政府力图重启与俄罗斯的合作关系，为美国全球战略重心向亚太地区转移服务，在当时乌克兰正在进行的各派竞选总统活动中持中立和观望态度，这被俄罗斯战略分析家认定为俄美关系实现了实质性缓和的标志之一。

第二，这次美国政府高官和议员的频繁行动，表明了奥巴马政府对俄罗斯近年来在叙利亚和伊朗问题上多次否决美国在安理会的议案，特别是2013年8月初接纳斯诺登的严重不满，这是奥巴马拒绝在9月初彼得堡G20峰会期间与普京单独会晤之后，美国对俄罗斯的又一次而且是更具有实质意义的外交报复。更重要的是，美国政府在战略重心东移的背景下与俄罗斯进行异常激烈的地缘政治较量，意在阻止俄罗斯精心拟定的在2015年1月建立欧亚联盟的计划，没有乌克兰的欧亚联盟将大打折扣。

第三，美国对这次乌克兰危机的政策，表明了俄美矛盾一定程度的激化，但美俄政府都会力图控制矛盾烈度。美国在乌克兰的举动是雷声大雨点小，也就是说舆论多，投入少，奥巴马政府将力图避免俄美矛盾牵制美国的战略东移。

俄罗斯与欧盟在乌克兰的竞争同样是2013年俄欧关系的最重大事件。2013年年底前，在布鲁塞尔和莫斯科之间，乌未表现出明显的倾向性。同时，亚努科维奇明确地公开表示，希望东、西方的政治家们不要再争夺乌克兰了，乌克兰人自己可以解决眼下的各种问题。俄常驻欧盟代表奇若夫在此后宣称，乌克兰问题不应成为2014年1月俄欧峰会的主要议题，在峰会上将不会做出任何有关乌克兰的决议。但事实上，双方在1月29日的峰会上就外部力量是否应介入乌克兰国内危机这一问题发生了激烈的争吵。

如果说2008年格鲁吉亚战争还只是敲山震虎，那俄欧这次关于乌克兰的争夺战则使双方实实在在地过上了招。这一回合下来，不独欧盟，乃至整个西方，都意识到对俄罗斯对后苏联空间的控制不可小觑。但是，乌国内民众的情绪表明，历史文化联系、经济联系、能源依赖、地缘上接近这些因素到底能让乌委身于俄多久，仍是一个问题。不少分析家认为，乌克兰的"离欧向俄"是战术性的，其倒向欧洲的大方向并未改变。① 随着亚努科维奇的下台以及克里米亚并入俄罗斯，俄美关系及俄欧关系将面临严峻考验。

三 俄罗斯在世界热点问题上的政策

2011年10月4日、2012年2月4日和2012年7月19日，俄中两国曾三次在安理会否决西方国家提出的解决叙利亚问题的决议草案。2013年叙利亚问题仍然是俄罗斯政府最为关注的世界热点问题之一。

8月21日，在大马士革郊区古塔（Ghouta）等地区发生了化学武器袭击，造成大量平民伤亡。对于是谁发动了这样的袭击，西方国家和俄罗斯各执一

---

① НГ: Киев может изменить ориентацию, Независимая газета, 16 января 2014, http://korrespondent.net/world/worldabus/3285450 - nh - kyev - mozhet - yzmenyt - oryentatsyui.

俄罗斯黄皮书

词。美国谴责巴沙尔政权实施了化武攻击,而俄罗斯认为化武袭击是叙反对派所为。联合国组成了专门的小组进行实地调查,调查报告确认发生了化学武器袭击事件,但却没有指明谁是凶手。

9月5~6日,在圣彼得堡G20峰会期间,叙利亚问题超越东道主俄罗斯预设的经济问题,成为会议的焦点。经过美国积极争取,美国与十个国家签署了由美国提出的叙利亚问题联合声明,这些国家包括英国、法国、澳大利亚、加拿大、意大利、日本、韩国、西班牙、沙特阿拉伯和土耳其。声明抨击了联合国安理会在叙利亚问题上的不作为,表示"支持美国和其他国家采取的行动,强化禁止化学武器的使用"。但美国注意到空袭仍然无助于叙利亚问题的最终解决,在动武问题上犹豫不决。9月9日,美国国务卿克里在伦敦的记者会上回答提问时,似乎偶然地表示:"(避免军事打击的唯一途径),是他(巴沙尔)在下周内向国际社会交出所有化学武器。"俄方机敏地抓住这个契机,俄外交部当天立即发表正式声明,提出"化武换和平"建议:将叙利亚化学武器设施置于国际监督之下,叙交出化学武器,加入《禁止化学武器公约》,以避免美国对叙实施军事打击。

9月12日,俄罗斯外长拉夫罗夫与克里在日内瓦举行会谈。14日,俄美就销毁叙利亚化学武器问题达成框架协议。这份协议拟定了一个三阶段的方案:一周内,叙利亚提交化学武器的详细清单(包括种类、数量、制造和储藏地点);11月份之前,联合国核查人员进入叙利亚进行核查;2014年年中以前,全部销毁或转移叙利亚化学武器。当天,叙利亚政府向联合国秘书长递交加入《禁止化学武器公约》的申请书。按照规定,一个月后(10月14日),叙利亚成为该公约的正式缔约国。由此,叙利亚化武危机有所缓解,俄罗斯的成功斡旋和美国政府对军事打击的效果缺乏信心是危机没有转化成美国动武的关键因素。

在朝鲜半岛问题上,2013年1月,由于美韩两国连续进行军事演习,朝鲜方面认为是战争威胁,表示将随时进入战争状态并将试验新的核武器,从而出现了紧张局面。俄罗斯在针对上述事态的表态中,一方面指责朝鲜谋求发展核武器,一方面指责美国借助朝鲜核问题在该地区扩大与日韩的军事同盟,同时还指责美国向东亚国家出售反导武器。2013年11月初,普京在访问越南之后访问韩国。俄韩双方就六方会谈、朝鲜半岛及东北亚地区和平与稳定、两国间经贸合作及人文交流等主题进行了磋商。俄朝关系由于朝鲜执意进行核试验而处于冻结状态。围绕朝鲜核计划，2013年12月普京签署法令，命令俄罗斯执行联合国安理会于2013年3月通过的对朝制裁决议。根据该命令，俄罗斯禁止所有企业向朝鲜提供制造弹道导弹方面的任何技术及咨询，拒绝接受检查的朝鲜船只不得入港，禁止向被怀疑协助朝鲜核计划的法人和自然人提供金融服务。同时，命令规定冻结俄境内或其管辖范围内的与朝鲜核计划和弹道导弹计划有关的任何资产。俄罗斯制裁朝鲜，俄朝关系陷入困境。

四 中俄关系与俄罗斯的亚太外交

2013年，中俄关系继续沿着平稳顺利的方向发展，两国在各领域的合作取得了一系列的进展。元首互访是中俄两国非常重要的合作机制。3月，在当选新一届国家领导人后的第一个月内，习近平主席对俄罗斯进行了正式访问，延续了十年来形成的、两国领导人更替后把对方列为首访对象的"传统"。在此次元首峰会期间，双方发表了"联合声明"，批准实施《〈中华人民共和国和俄罗斯联邦睦邻友好合作条约〉实施纲要（2013～2016年）》。

10月，在北京举行的两国政府首脑第18次定期会晤期间，两国详细审议了经济、科技、文化与人道主义等各个领域的合作，签订了20多份部门间协定和商业协议。两国在2013年还举行了九次副总理级会晤，其中包括三个政府间委员会会议。2013年中俄贸易额继续增长，达到892.1亿美元，比上年增加1.1%。中国继续保持俄罗斯第一大贸易伙伴地位。

2013年中俄加大了在国际问题上合作的力度，多次共同在安全问题上展示反对单边主义、强权政治的立场，通过努力成功阻止外国军队入侵叙利亚，并在防止大规模杀伤性武器扩散、打击海盗等问题上显示了维护联合国权威的责任。

2013年7月，在俄罗斯彼得大帝湾举行的中俄"海上联合－2013"联合军演，是继2012年后两国海军举行的第二次联合演习。演习深化了两军，特别是两国海军间的务实合作，提高了两国海军实行海上联合军事行动应对安全威胁和挑战的能力，增强了两国海军共同维护地区海上和平与稳定的信心。

安倍晋三担任日本首相后，于4月28~30日率领120人的代表团访问了莫斯科，这是近十年来日本首相首次访问俄罗斯。在俄日双方发表的《联合声明》中，两国商定加快签署和平条约进程，建立领导人定期互访机制与外长、防长2+2会晤机制，并在投资领域签署一揽子协定，设立十亿美元的投资基金，同时还签订了双边能源合作协定等。

11月1日，首次俄日外长、防长2+2会晤在东京举行，俄罗斯外交部部长拉夫罗夫、国防部部长绍伊古与日本外务大臣岸田文雄和防卫大臣小野寺五典出席。2+2会晤的召开，标志着此前限于经贸和能源合作的俄日双边关系向外交与安保领域扩展。引人注目的是，在10月底至11月初，俄罗斯海军与日本海上自卫队举行了多场名为"海上搜救"与"打击海盗走私行为"的联合军事演习。总体而言，2013年俄日关系升温较快，原因在于俄日双方互有政治需要与经济需求。

2013年，在亚太国家中，俄罗斯与越南的合作关系有了很大的进展。俄罗斯总统普京于2013年11月12日访问越南，分别与越南国家主席张晋创、总理阮晋勇和越共中央总书记阮富仲举行了会谈，双方签署了16份合作文件。出访前普京专门发表了一篇名为《俄罗斯与越南：共同迈向合作新边界》的文章。普京在文中写到，俄越关系经受了历史考验，现今仍保持着相互尊重、相互信任与相互帮助的关系。①

2013年，俄罗斯与越南贸易总额为39.73亿美元，两国计划在2015年前突破70亿美元，2020年前达到100亿美元。在相互投资方面，越南对俄罗斯的投资主要集中在轻工业、食品业和服务业等领域。俄罗斯对越南的投资与出口主要集中在电力开发、石油天然气开采与军工产品。具体内容包括以下几点。第一，核电开发项目。俄罗斯原子能公司预计将在2014年年初开始帮助越南建造第一个核电站——宁顺1号核电站，预计将在2023~2024年投入使用。第二，俄罗斯石油和天然气公司将帮助越南开采油气、升级石油开采能

---

① Россия – Вьетнам: вместе к новым рубежам сотрудничества, http://www.kremlin.ru/news/19591.

力,并从远东地区向越南提供液化天然气。第三,军工合作。针对越南正在实行的军队全面现代化建设,作为主要武器供应商,俄罗斯向越南提供六艘基洛级潜艇,第一艘已于11月交付完毕。2013年8月,俄越双方又签订了一份价值4.5亿美元的军售合同,俄将向越提供12架苏-30MK2战机及相关技术设备。俄罗斯与越南签订的军舰出口或合作建造合同也正在执行。此外,越南对苏-35战机有购买意向,俄罗斯海军则对重返金兰湾,租借军港作为俄罗斯海军的技术、物资保障基地抱有浓厚兴趣。

总之,2013年俄罗斯外交仍然相当活跃,并且在一些领域为本国赢得了国际声誉,例如,在为棱镜门事件的核心人物斯诺登提供政治庇护的问题上,在叙利亚以"化武换和平"的问题上。同时,俄罗斯外交也为本国扩大对外经济合作与对外军事技术合作开辟了道路。在2013年,俄罗斯与西方国家的关系因欧美领导人抵制索契冬奥会、斯诺登事件,特别是乌克兰危机等问题而有所恶化。中俄关系发展平稳,两国在经济领域的合作有所扩大。

Y.15
化解战略疑虑，推进中俄战略协作

郑 羽*

摘 要： 近年来，中俄关系不断发展，取得了丰硕成果的同时，两国关系中也存在着一些问题。比如，俄罗斯战略分析界对中国未来国际角色的疑虑有所加深，2012年以来，中俄对美态度上表现出明显差异，中俄两国在亚太地区的利益错综复杂，两国在中亚问题和上海合作组织问题上的诉求也并非完全一致。尽早地正视这些问题，有助于维护中俄关系的健康长远发展。

关键词： 中俄关系 对美态度 亚太 上海合作组织 利益差异

中国周边安全形势复杂，作为中国的邻国，俄罗斯注定是中国周边安全形势的重要影响因素。近年来，中俄关系不断发展，在各领域展开全面的合作，并取得了丰硕成果。在看到这些成就和良好方面的同时，我们也要看到当下中俄关系中的一些问题。尤其是金融危机之后，中俄关系中的问题有所增加。这与中国的不断发展、不断崛起、实力的不断增加有着一定的联系。这些问题包括心理层面的和现实层面的，也有一些实际问题。

一 俄罗斯战略分析界对中国未来国际角色的疑虑有所加深

2012年，俄罗斯远东大学和美国夏威夷亚太安全研究中心的学者写作并

---

* 郑羽，中国社会科学院俄罗斯东欧中亚研究所研究员。

出版了《亚太经合组织 2011~2012：美俄视角下的亚太安全与合作》。其中在对于亚太地区未来战略格局的分析中，包含了以下几种观点：第一种是美国的弱势单极；第二种是多极结构；第三种是中美两极结构；第四种是中国的单极结构。

俄罗斯的智库人物、远东大学的阿尔乔姆·卢金对此评论说："显然，俄罗斯绝不会对一个单极统治地区的脚本满意，无论是美国还是中国占统治地位。两极方案，即中国和美国在亚太地区的统治权，对区域安全而言孕育着严重的风险。除此之外，两极归根结底可以签订契约，划分势力范围，那么到时候在亚太地区就会出现美中共管的局面。在这种情况下俄罗斯未必会觉得舒服。……俄罗斯应该奉行巧妙灵活的外交政策，……这意味着俄罗斯不应该仅把赌注压在中国。"①

如果说上述担心中美两极结构可能会忽略甚至以俄罗斯的利益做交易的观点只是反映了远东学者对中国国际战略走向的疑虑，那么，在俄罗斯大陆的另一侧，位于莫斯科的俄罗斯科学院远东研究所的大牌专家们的观点与其基本相似，就比较说明问题了。

2013 年 6 月，在远东所举行的俄中两国学者参加的中俄关系研讨会上，远东所所长季塔连科院士用一种"三 K"（即俄语中的 KTO、KAK、C KEM）的概念，表述了莫斯科战略分析界对中国国际角色和国际行为的疑虑。其中包含着三个层面的意思。KTO——是谁，意指中国将成为什么样的国际角色，包括中国的内部发展将会是什么情况；KAK——怎样，意指中国在国际事务中将怎样行事；C KEM——和谁，意指中国将来会和谁合作。② 这是他们当前对中国所存疑虑的精炼概括。

关于中国将来在国际事务中将更多的与哪个国家合作的问题，尽管也有学者明确地指出，中国将发展与其有着多领域共同利益的俄罗斯的合作，但另外一种相反的观点表述得也相当明确，即认为今后中国的发展将主要是与美国合作。例如，曾经担任大使级外交官的远东所从事中美关系研究的研究员特里丰

---

① 阿尔乔姆·卢金：《俄罗斯和美国在亚太地区：战略合作伙伴关系是否可能？》，载于刘向文主编《俄罗斯人看世界》第 2 辑，法律出版社，2013，第 84 页。
② 米·季塔连科 2013 年 6 月 19 日在远东所中俄两国学者学术研讨会上的发言。

诺夫,尽管在自己的发言文稿中明确地阐述了中美两国在众多领域的利益与政策分歧,① 但他在口头发言中明确地强调,面对美国与俄罗斯,中国将更多选择与美国合作。他的依据是,涉及中国发展的关键利益领域、问题领域和地区领域,包括全球问题、地区问题、经济问题、安全问题等方面全都和美国联系在一起,只有与美国合作,才能使中国达到自己的目的。俄罗斯政界学界一些资深人士,包括研究员和大使,都曾有过类似的明确表达。俄罗斯这些资深人士的观点值得关注。

二 2012年以来,中俄对美态度上表现出明显差异

2012年5月普京重任总统以来,俄罗斯对外政策与梅德韦杰夫时期相比有着相当大的差异,普京对美政策变得强硬。虽然俄美关系重启之后,美国不再把俄罗斯作为主要的竞争对手,两国关系有所好转,但由于在俄罗斯国家杜马选举和俄罗斯总统选举中,美国对选举过程横加批评,普京对美国的行为心生不满。而俄罗斯有求于美国的地方也不多,以两国经贸为例,美国对俄罗斯的经济拉动不大,双边贸易额本来就不高,2011年为300亿美元,由于经济危机的影响,到2012年下降到了280亿美元。俄罗斯在朝核问题的表态当中,一方面指责朝鲜谋求发展核武器,一方面指责美国借助朝鲜核问题在该地区扩大与日韩的军事同盟,同时还指责美国向东亚国家出售反导武器。尤其在叙利亚问题上美俄双方更是针锋相对。

而中国在与美国建设新型大国关系的过程中,对美政策则相当温和。例如,2013年3月美国国务卿克里访华期间,中国对相关问题的表态就有所体现,强调有人从中挑拨中美关系,中国的话锋主要是针对日本,对美国则少有批评之言。就此,俄罗斯的一些分析家对中国的表现相当不满。尽管在叙利亚问题上,中国与俄罗斯协调立场,三次联手投了否决票,保持了一致,但俄罗斯战略分析界仍然认为中国宣传不给力,把叙利亚问题说得好像与中

---

① В. И. Трифонов, Китайскоа - мериканские отношения в контексте развития обстановки в АТР и СВА.

国没有什么关系。例如，在上面提及的中俄学者研讨会上，季塔连科院士认为，中国媒体认为叙利亚问题与中国的利益无关，这是错误的。美国解决完叙利亚问题，就会对与中国密切相关的中亚采取行动，之后直接就会针对中国。尽管他这一说法并不具有多大现实性，但反映出俄罗斯高层对中国对美政策心存疑虑。

三 中俄两国在亚太地区的利益错综复杂

中国已公开表达，俄罗斯是中国最重要的战略伙伴。但俄罗斯在亚太地区的一系列问题上当然也有自己的考虑，对中方的支持也受到多种因素制约。一方面，俄罗斯对美日韩同盟在亚太搞反导持坚决反对意见。另一方面，俄罗斯在中日双方的争端当中持中立态度。2012年10月27日俄罗斯安全会议秘书马特鲁索夫（中俄战略对话俄方代表）访日时，就做出过这样的表示。俄罗斯用意很明显，除了对中国经济实力的迅速上升、影响力的不断扩大心存疑虑以外，也不愿意得罪日本，并且希望日本能在俄罗斯远东开发过程中加大投资，以平衡中国资本的投入。俄希望日本、印度、韩国等国参与对其远东开发的投资，防止中国资本在俄罗斯远东形成一家独大的局面。实际上，俄罗斯的这种心理成为近五年来中俄两国在落实两国元首2009年9月签署的《中俄关于中国东北与俄罗斯东西伯利亚和远东地区经济合作纲要》方面至今没有重要进展的重要原因之一。另外，俄罗斯向越南出售核潜艇等武器，对中国解决南海争端极为不利。这难免使外界产生这样的疑虑，除了谋求经济贸易利益之外，俄罗斯向越南出售武器是否有牵制中国的用意？暂且不论俄罗斯主观上有没有牵制中国的意图，其行为客观上对中国解决南海问题造成了不利的影响。

四 中亚问题与上海合作组织问题

2014年，美国将从阿富汗撤军，俄罗斯对上海合作组织的依赖程度有所降低。这是因为，虽然在反恐方面上海合作组织对中国来讲意义重大，但俄罗斯在反恐领域有其主导的集体安全条约组织，上海合作组织对俄罗斯来

讲,其意义很大程度上在于联合中国平衡美国在中亚地区事务中的影响。美国撤出阿富汗,其在中亚地区的影响也会有一定的减弱,而俄罗斯对上海合作组织的依赖程度则会随之降低,中俄两国在中亚地区和上海合作组织框架内的政策和利益差异就会比以往更加清晰地显露出来。例如,哈萨克斯坦的战略分析家认为:"在谈到上海合作组织的发展前景和优先事项时,大多数研究人员都会提及两大成员俄罗斯与中国的竞争。他们都根据自己的利益,去构想上海合作组织未来远景,特别是该组织的未来发展。有两个备选方案:在上海合作组织框架内深化经济合作(中国版),增强该组织应对现代安全威胁的能力(俄罗斯版)。……现阶段,中国正利用其跨国公司(THK)的投资能力,加紧扩大在中亚国家经济中的参与份额。俄罗斯也同样尽力调用各种资源,防止中国企业对该地区各国的经济统治。这两个区域大国长期隐性的竞争终将演变成公开的角逐。"①

毫无疑问,中国和俄罗斯相互认为对方是自己最重要的战略协作伙伴,这不仅是两国领导人的共识,在两国内部有着广泛的社会基础,而且目前国际局势和国际力量对比的态势也决定了这一点。本文的分析,绝不是怀疑中俄战略协作关系的稳定性及其前景,而是着眼于化解疑虑,深化共识,更好地推进战略协作,这对两国都至关重要。

---

① Р·Ю·伊季莫夫:《上海合作组织的发展前景》,载于刘向文主编《俄罗斯人看世界》第1辑,法律出版社,2013,第41页。

Y.16
2013年的中俄关系

姜 毅*

摘 要：

2013年中俄伙伴关系集中在双边经贸合作和国际问题的合作两个领域展开，两国自身发展的要求与外部环境的变化，进一步推动了双方战略合作向纵深发展，并在各个方面取得了明显的进展。

关键词：

中国 俄罗斯 外交关系

2013年，中俄关系继续沿着平稳顺利的方向发展，两国在各领域的合作取得了一系列的进展。

元首互访是中俄两国非常重要的合作机制。3月，在当选新一届国家领导人后的第一个月内，习近平主席对俄罗斯进行了正式访问，延续了十年来形成的、两国领导人更替后把对方列为首访对象的"传统"。在此次元首峰会期间，双方发表了"联合声明"，批准实施《〈中华人民共和国和俄罗斯联邦睦邻友好合作条约〉实施纲要（2013~2016年）》。在三天的访问中，习主席先后会见了普京总统、梅德韦杰夫总理、议会两院主席马特维延科和纳雷什金。尤为引人注目的是，习主席还受邀访问俄罗斯国防部，成为首位参观俄军最高指挥部的外国领导人。这次访问，进一步确认了中俄成为彼此外交优先方向的政策基调，深化了全面战略协作伙伴关系。

此后，两国元首又利用各种机会先后举行了四次会晤（金砖四国峰会、

---

* 姜毅，中国社会科学院俄罗斯东欧中亚研究所研究员。

G20峰会、上合组织峰会和亚太经合组织峰会)。这种高水平、高频率、高质量的元首外交,在大国交往当中十分罕见,显示了双方对发展中俄全面战略协作伙伴关系的高度重视,也对两国各领域合作发挥着不可替代的战略引领作用。

10月,在北京举行的两国政府首脑第十八次定期会晤期间,两国详细审议了经济、科技、文化与人道主义等各个领域的合作,签订了20多份部门间协定和商业协议。两国在2013年还举行了九次副总理级会晤,其中包括三个政府间委员会会议。

两国高层及时就双方重点领域合作相互沟通,深入对话,为中俄全方位合作提供了源源不断的鲜活动力,极大地推动了中俄全方位务实合作的发展。

2013年中俄贸易额继续增长,达到892.1亿美元,比上年增加1.1%。中国继续保持俄罗斯第一大贸易伙伴地位。中国是俄罗斯第四大投资来源国,截至9月,2013年中国对俄投资额为48.7亿美元。

2013年中俄能源合作实现重大进展,两国在能源合作领域签订了一系列协定。其中包括:双方签署了增加俄罗斯对华石油供应的协议,俄罗斯石油公司计划对华供应约3.6亿吨石油,总价值约达2700亿美元,以及实施在天津建设合资炼油企业的项目;签署了东线天然气管道项目框架协议和亚马尔液化气公司20%股份框架购销协议。

近年来,中俄形成了推动经贸合作的新思路,即双方不仅关注两国贸易量的增长,也致力于质的提高和结构的调整。这一点在2013年也表现得比较明显。总理第十八次定期会晤期间,双方各部门、地方和企业签署了20多项合作协议,两国政府还将推动双方企业进一步扩大投资合作,在航空、航天、核能、高科技和创新领域更多开展联合研发、联合研制、联合生产合作,共享知识产权,共同提升两国的科技实力和国际竞争力。

在中俄战略互信增强和俄罗斯加大远东开发的背景下,两国在相邻地区口岸建立交通基础设施的力度也不断加大。2013年中俄两国共同出资建设的同江—下列宁斯阔耶黑龙江界河铁路大桥启动。该桥将成为中俄边界长河——黑龙江上的第一座界河桥梁。8月,俄罗斯滨海边疆区马哈利诺至中国吉林省珲春市的100公里铁路货运线在中断九年后恢复通车,这将减少双方货运运输成本和时间。

在两国金融合作方面,边境地区也走在了前列。2013年12月,绥芬河市正式被国务院批复为首个卢布使用试点市。这是新中国成立以来,首次允许一种外币在中国某个特定领域行使与主权货币同等功能,有助于人民币和卢布间汇率机制的形成,以及进一步扩大本外币结算规模。

2013年5月,在两国中央政府的推动下,中国长江中游地区与俄罗斯伏尔加河流域地区签订了《长江中上游地区与伏尔加沿岸联邦区开展合作的议定书》,并着手研究制定开展地区间合作的发展规划和具体方案。这标志着内陆省份成为两国务实合作的一个新平台。

2013年是俄罗斯的中国旅游年,两国举办了几百场活动,在当地民众中引起极大的反响。同时,"百名俄媒体记者访华""百名俄旅行商访华"活动也对中国旅游资源起到了极为有效的推广宣传作用,加深了俄罗斯民众对中国旅游资源的了解。

在文化交流框架下举行了中国俄罗斯电影节和俄罗斯中国电影节,还举办了一系列文化普及与交流活动。

中国是俄罗斯在教育领域的主要伙伴。2013年,两国宣布有意把中俄互换生人数增加至十万名。双方商定,从2014年至2015年互办中俄青年友好交流年活动。

2013年夏天,俄罗斯远东和中国东北遭受多年未遇的洪涝灾害,中俄有关部门和居民携手抗灾是两国战略合作发展和亲密关系的又一实际体现。中国总理李克强与俄罗斯副总理德沃尔科维奇9月商定,两国将继续在消除洪灾后果和灾情监测方面开展合作。

俄罗斯东正教大牧首基里尔访华也是2013年中俄人文合作的一个重要事件,从一个侧面印证了两国互信的高水平。

2013年7月,在俄罗斯彼得大帝湾举行的中俄"海上联合-2013"联合军演,是继2012年后两国海军举行的第二次联合演习。演习深化了两军,特别是两国海军间的务实合作,提高了两国海军遂行海上联合军事行动应对安全威胁和挑战的能力,增强了两国海军共同维护地区海上和平与稳定的信心。

2013年中俄加大了在国际问题上合作的力度,多次共同在安全问题上展示反对单边主义、强权政治的立场,通过努力成功阻止外国军队入侵叙利亚,并在防止大规模杀伤性武器扩散、打击海盗等问题上显示了维护联合国权威的责任。

2013年5月,北极理事会第八次部长级会议上,中国被批准为正式观察员国。这当然是包括俄罗斯在内的北极理事会成员对中国国际影响力的认可,也为中俄在日趋火热的这一全球性事务问题上,进一步拓展合作的领域和内容提供了机会。

"务实合作"是中俄关系中最频繁出现的词语,其核心含义就是要使两国在所有领域的合作与互动不仅是形式上、态度上的,更应是能为两国经济社会进步带来实际收益的,这已经成为中俄全面战略协作伙伴关系长期健康稳定发展的重要共识。诚如2013年两国元首在莫斯科会晤期间再次强调的那样,要把两国高水平的政治关系优势转化为各领域合作的实际成果。当然,实现共赢的务实合作往往需要经历磨合、探索、等待,在两国利益、视角出现差异时更是如此。过去的经验证明,中俄合作中的分歧、矛盾并没有成为严重的负担,倒是成为寻找达成共识突破口的压力。一旦时机成熟、办法找到,徘徊多时的问题就有了解决的曙光,两国原油和天然气合作的经历、跨境大桥的建设工程即是如此。而这又从一个侧面印证了双方多次强调的,两国关系的"高水平"和"成熟",是"大国新型关系的典范"。

总结2013年中俄关系可以发现,两国战略合作的重点集中在两个领域,一是双边经贸合作,二是为推动国际关系民主化而进行的国际领域的合作。

两国实现强国梦想的战略、经济增长方式转变的需求、地区平衡发展的规划,以及国际能源版图的变化等社会经济发展的主客观条件,构成了推动中俄进一步加大经贸领域各项合作的动力,也创造了许多新的机会和可能。

2013年,习近平主席提出的建设"丝绸之路经济带"的倡议,反映了中国对外开放的新思路和跨地区合作的新构想。这样一种更多以项目为节点和灵活务实的合作规划,不以建立一体化组织为目标,既无意冲击现有或将有的区域性制度安排,又为加深与俄罗斯、中亚等国的合作提供了新的平台,比如交通、电信、电网、能源的互联互通网络建设与运营。

世界金融危机后,国际格局进入了新的调整变化期。多极化进程明显加快，新兴经济体和新兴国家在世界事务中的影响力逐渐增强，改革既有世界秩序的呼声越来越高，同时，国际战略重心东移，亚太地区成为主要力量中心关注的焦点。在这个背景下，中俄战略依存、相互协同不仅之于双边利益，而且之于国际和地区格局都更加重要。2013年中俄在3月发表的"联合声明"系统地阐述了双方的共同立场，在联合国、20国机制、金砖机制和上合机制等多个场合，就推动国际关系民主化、构建新型国际关系提出了自己的主张。

中共十八大提出了"两个百年"的奋斗目标，俄罗斯也在逐步推进自己的强大国家的战略，两国不断加深的经贸合作与国际合作都是为实现这样的发展目标而进行的。

Y.17 俄罗斯与上海合作组织

庞大鹏*

摘 要： 当前俄罗斯形势的突出特点是经济增长放缓对社会稳定形成挑战。俄罗斯发展进程中原本就存在的一些问题，如宗教民族问题等，由于经济增长放缓而更加突出。随着中国提出"丝绸之路经济带"的倡议以及欧亚经济联盟即将成立，欧亚地缘政治经济格局成为俄罗斯处理与上海合作组织关系的主要着眼点。

关键词： 俄罗斯 上海合作组织 欧亚战略

2013年俄罗斯国内形势延续了普京再次就任总统以来的总体态势，就是为了应对政治生态出现的新变化，普京采取了一系列政治体制改革措施，但是这些措施并没有真正增强政治竞争性，国家权力结构也没有出现实质性变化，政局保持稳定。在这个总体态势下，2013年俄罗斯形势的突出特点是经济增长放缓对社会稳定形成挑战。俄罗斯发展进程中原本就存在的一些问题，如精英理念的分歧、宗教民族问题等，由于经济增长放缓而更加突出。

一 俄罗斯形势综述

其一，普京执政基础雄厚。2013年全俄舆论中心与社会舆论基金会等机

---

* 庞大鹏，中国社会科学院俄罗斯东欧中亚研究所研究员。

构对普京2000年执政以来俄罗斯的社会情绪进行调查。① 这项社会调查的初衷是通过掌握客观真实信息，了解俄罗斯人对最近10～15年以内社会变迁的感受。从调查结果可以看出，普京执政以来，社会情绪总体上积极健康，对普京执政的认可度维持高位。这也是普京执政基础雄厚的根本原因所在。

其二，普京控局能力强。在政党制度上，降低建党门槛，但不允许成立政党选举联盟，这实际上分散了反对派的力量，而且还保留了终止注册机制。截至2013年12月1日，共有74个政党在司法部登记注册。这74个政党被认为基本上都是体制内政党。在选举制度上，从比例代表制调回混合选举制，但是又在2013年6月将全俄人民阵线改组为社会运动，联合1000多个社会组织，意在争夺未来单一选区的名额。在社会机制上，修改相关法律，依靠法律维稳，管理政治公共空间。在联邦制度上，允许地方行政长官直选，但又规定需要总统审查。2013年又提出总统与地方议会双重过滤机制，进一步加大了对地方的控制力度。2013年八个联邦主体行政长官的选举都是统俄党获胜。只在一个市级选举——叶卡捷琳堡市长的选举中公民纲领党候选人获胜。总之，在政权建设层面，普京取得了成效，实现了政局稳定。

其三，普京注意扩大执政的社会基础。2013年普京释放霍多尔科夫斯基有这方面的政治考量。首先，普京自2012年重返克里姆林宫以来，在政治改革上有一系列举措，已经稳住了俄罗斯的政治形势。在这个大背景下，释放霍多尔科夫斯基不会对普京政权产生实质影响。其次，俄罗斯经济增长放缓，令原本存在的政治问题更加突出，普京提出保增长的任务。这时候释放霍多尔科夫斯基，也有经济上的考量，有意向外界释放和缓姿态，意在传递营商环境有所改善的信号。在得知霍多尔科夫斯基获释后俄罗斯股市止跌反弹也给出了一个积极信号。再者，索契冬奥会前夕释放西方国家眼中作为民主派代表的霍多尔科夫斯基，有回应西方对所谓俄罗斯人权状况的批评，改变俄罗斯国家形象的考虑。最后，霍多尔科夫斯基的刑期到2014年8月结束，对于普京而言，与其到点释放，不如现在解套，还能产生很多正效应。这也是普京政府所乐见的。可见，释放霍多尔科夫斯基只是战术方面的策略，扩大执政的社会基础，

---

① Россия удивляет, http://www.russia-review.ru/.

俄罗斯黄皮书

赢得政治稳定局面，促进经济发展的大局才是普京政权的根本出发点。

其四，大国外交取得一定成效。2013年俄罗斯在包括叙利亚问题、斯诺登事件、乌克兰入欧和伊朗核问题等多个国际热点问题上，取得一定外交成效，而且这是在国内经济放缓的不利形势下取得的，这说明俄罗斯大国外交有深厚的战略文化底蕴。同时，应该看到，这与普京的欧亚战略有关。现阶段国际发展的主要标志性特征是以全球金融经济危机为强力催化剂的地缘政治格局深度变革。国际关系正处于一个过渡期，其实质在于构建多极化国际体系。在这一历史进程中，俄罗斯是充当国际事务和全球文明发展中的稳定因素的角色。俄罗斯对自己的定位是充当各主要力量尤其是欧亚之间的平衡因素。在目前美国重返亚太战略的背景下，普京认为这是俄罗斯发展的一个战略机遇期，俄罗斯要保住机遇期，实现战略目标，在大国博弈中作为一个平衡，取得自己的利益。当然，普京对于美国有深刻的防范心理和不信任感。2013年俄罗斯国内的反美倾向和反西方主义抬头。但是，正如2013年俄罗斯外交构想指出的，俄罗斯外交的基本目标是为俄罗斯经济稳定蓬勃的增长、实现技术现代化和转入创新发展道路、提高民众生活的水平和质量创造有利的外部条件。

其五，经济增长放缓。相较内政外交而言，2013年俄罗斯经济形势并不尽如人意，这成为普京执政的现实挑战。普京在2012年5月签署一系列"总统命令"，涵盖俄罗斯经济、社会、军事和外交各个领域，为了落实相关指标，还特别成立了一个委员会来监督执行。俄罗斯要想实现这些指标，其经济需要保持年均5%以上的增长。但是，2013年俄罗斯出现经济增长放缓甚至停滞的问题，俄罗斯联邦国家统计局2014年1月31日公布初步统计数据，2013年俄国内生产总值较上一年仅增长1.3%，低于预期，不及2012年3.4%增速的一半。① 2013年11月9日，经济发展部又下调2013～2030年俄经济增速预测，2030年前年均增长为2.5%。② 2013年俄罗斯经济增长速度放缓有多方面

---

① Росстат: ВВП России в 2013 г. вырос на 1,3%, ниже ожиданий, http://www.interfax.ru/news/355195.

② В ближайшие 17 лет ВВП России будет расти по 2,5% в год, http://xn-80appbun8c.xn-p1ai/novosti/ekonomika/2013/11/09/vvp.html.

的原因,短期因素是总需求不足。首先,国际油价有所起伏,同时受页岩气革命等国际能源格局的影响,再加上欧洲能源需求不足,俄罗斯出口收入减少,对外贸易失去对经济增长的拉动力。其次,企业自有资金减少,融资困难,固定资产投资萎靡不振。再者,居民收入增速放缓,消费需求不足。从长期因素看,俄罗斯经济增速放缓是增长模式和经济结构问题。在国际油气价格走低情况下,俄罗斯经济增长速度下降,是其多年来形成的经济增长模式的结果。

总之,未来一个时期,俄罗斯将处于经济低速发展时期。俄罗斯重新崛起的目标前景不明朗,如果无法实现既定战略目标,对普京政权的稳定及合法性都会产生影响。亚辛认为,追求今后几年的增长速度毫无意义。若不进行重大改革,不仅在经济层面,而且在政治和法制层面,俄罗斯将停滞不前。普京的欧亚强国梦面临挑战。

二 对俄罗斯当前形势的几点思考

其一,如何看待经济增长放缓对精英理念的影响。2013年经济增长放缓有个背景,就是在普京2008年提出创新发展战略、梅德韦杰夫2009年提出新政治战略的前提下,俄罗斯对于油气资源的依赖不降反升。根据统计,矿产品占整个出口的比重从2007年的64.9%上升到2011年的70.3%,油气收入在财政收入中所占的比重从2007年的40.7%上升到2012年的50.4%。造成这个局面的因素很多。从执政理念来看,对于普京政权而言,油气收入事关政权生存,在政治上具有举足轻重的作用。至少在短期内,油气收入降低就意味着削减对俄罗斯贫困地区、"单一城市"以及亏损行业的补贴,从而有可能造成社会矛盾;意味着不得不大幅削减军事开支,从而难以实现军工联合体的现代化。补贴下降甚至威胁国家安全。比如在车臣,政府补贴数额大致相当于车臣共和国预算的90%。如果俄罗斯停止提供补贴或者调低补贴,车臣及北高加索地区的不稳定性会不会加剧?更重要的是,油气利润背后是权力与资本的结合。叶利钦时代是寡头垄断,现在是国家垄断。改革这一发展模式则牵动利益的重新分配。

正是因为发展模式不仅是一个经济问题,更是一个体制问题,是一个政治

问题,所以,在这个问题上更能体现精英阶层理念上的差异。对于原料经济的危害精英阶层没有异议,但对于如何摆脱这一发展模式,实现经济现代化存在争议,这种争议从2008年金融危机以来没有停息过。围绕2011年的国家杜马选举和2012年的总统大选,还出现了保守主义现代化和自由主义现代化之争。2013年伴随着经济增长放缓引发的一些问题,对于俄罗斯发展模式的争论更加突出了。其他方面不提,单就在这一问题上引发的普京和梅德韦杰夫的关系走向也值得关注。2013年9月,梅德韦杰夫先是在《导报》上发表文章《简单决策的时代已经过去》①,随后紧接着又在论坛上发表演讲,其中心意思是:在经济发展放缓的背景下,国家应避免过多插手经济;俄罗斯的目标应该是建立规模更小、权力分散但效率更高的国有经济部门;扩大生产仅依靠国有企业,财政预算仅用于对国家大型项目投资、提高国家公务人员收入、补贴农业生产等,这种拉动增长方式的潜力已经耗尽;保护私有产权,发展私有经济才是俄罗斯经济增长的动力。

可见,在有关国家在经济生活中的作用、国家公司的作用、拉动经济增长的方式等一系列问题上,俄罗斯精英阶层内部存在认识差异。梅德韦杰夫的这番言论发表不久,2013年11月1日,普京成立了总统经济委员会主席团。委员会成员一共52人,根据11月1日的总统令,主席团成员为19人,包括第一副总理舒瓦洛夫、财长、经济发展部长、央行行长等,库德林也在其中,唯独没有梅德韦杰夫。库德林还明确表示,该委员会是俄制定经济政策的代表部门,经济领域的各项政策和措施都在该委员会上讨论通过。这等于架空了梅德韦杰夫政府的经济管理和决策权。如何看待梅德韦杰夫不在总统经济委员会主席团的这个情况?如何看待精英集团内部在国家与市场关系等问题上的分歧?如何看待梅德韦杰夫对发展模式的质疑?

其二,如何看待民族问题与高加索问题的相互关系。普京在2012年总统选举前夕,发表的第二篇竞选文章即为《俄罗斯的民族问题》。普京在文中表示,当前俄罗斯民族关系紧张的地区在扩大,宗教间紧张程度在加

---

① Дмитрий Медведев: Время простых решений прошло, http://www.vedomosti.ru/opinion/news/16830781/vremya – prostyh – reshenij – proshlo.

剧,激进民族主义和宗教排他性已成为俄罗斯极端主义组织和流派的思想基础。① 2013年10月,莫斯科爆发了三年来最大规模的反移民骚乱,索契冬奥会召开前夕,2013年12月29日,伏尔加格勒市火车站发生爆炸,30日又有一辆无轨电车爆炸,两起爆炸均被定性为恐怖袭击。

研究俄罗斯的宗教民族问题,必然涉及高加索问题。普京在第六篇竞选文章中谈国家安全时,已经明确指出:保障高加索地区的稳定是俄罗斯自身和平发展、保持其国家完整的原则条件。② 在高加索民族关系方面对俄罗斯国家安全的威胁包括:地区族际关系紧张,民族政治和宗教政治极端主义的现象屡禁不止;国际组织使民族因素政治化,试图利用一些社会团体扰乱俄罗斯社会;派系斗争和营私舞弊依然存在,并与民族矛盾和地段争议混为一体;一些民族地区的头面人物抵制国家认同。当然,对高加索安全的主要威胁是旷日持久的恐怖活动。恐怖分子的目的是在高加索建立伊斯兰国家。俄罗斯必须在北高加索联邦区建立更完善的国家和全球监控体系,监控恐怖主义、分裂主义和排外行动的状况、因素和应对措施的效率,这项工作不仅依靠统计数据,也依靠对社会舆论和专家意见的研究结果,这是为打击恐怖主义、分裂主义和排外行动而采取一系列政治和法律决定的必要因素。目前在北高加索,对伊斯兰教信奉者进行了活跃的信息宣传活动。伊斯兰教在俄罗斯和一些周边国家传播过程中的矛盾被利用,整顿宗教团体活动工作中法律不健全的因素也被利用。③

车臣问题是俄罗斯政府处理高加索地区稳定与安全问题的一个缩影。车臣问题不仅仅是以分立主义为核心的联邦地方要求自主性的体现,更是反映了俄罗斯联邦面临分离势力二次解体的政治企图。久拖不决的车臣问题是独立后的俄罗斯政府一个难以摆脱的梦魇。如果说,车臣问题的复杂性在初期还被俄罗斯国内激烈的政治斗争和严峻的经济形势所冲淡,那么,在政党斗争逐步进入有序化,普京牢固掌握国家政权的情况下,该问题由于分离势力恐怖活动的扩

---

① Владимир Путин. Россия: национальный вопрос, http://www.ng.ru/politics/2012-01-23/1_national.html.
② Быть сильными: гарантии национальной безопасности для России, http://www.rg.ru/2012/02/20/putin-armiya.html.
③ Николай Димлевич, Кавказский геополитический район: вчера, сегодня, завтра, http://www.fondsk.ru/article.php?id=2808.

大化与恶性化而显得更加突出。对俄罗斯政府来说,车臣问题不仅成了一个内政难题,而且还严重影响了俄罗斯与以美国为首的西方国家的关系。美国对俄罗斯政府车臣政策的牵制及对车臣分离势力的支持和袒护,使这一将历史恩怨、民族嫌隙、宗教隔阂、反恐斗争和中央与地方关系等诸方面内容交织在一起的难题的解决变得更加棘手。

从某种意义上说,俄罗斯在高加索的强势姿态与其说是俄罗斯控制周边的帝国思维在发挥作用,不如换一个视角,从俄罗斯国家身份的层面思考这个问题。也就是说,从某种意义上讲,俄罗斯是一个高加索国家。苏联时期,总共发生过八次民族间的冲突,其中有六次是在大高加索地区发生的①。至今尚无一个族际武装冲突得到彻底解决。现在俄罗斯有七个联邦主体位于北高加索②。俄罗斯境内北高加索的冲突多与外高加索地区冲突相关,出现"冲突交织"现象,因此如果没有北高加索地区的稳定,要想保持俄罗斯南部安全进而保持国家稳定是无法想象的。③ 总之,北高加索地区表现出来的宗教民族问题事关俄罗斯国家安全。

其三,如何看待民族问题与人口问题的关系及其对俄罗斯国民特性的影响。20世纪90年代以来,俄罗斯总体人口不断下降。2002年人口普查俄罗斯是1.45亿人口,到了2010年人口普查已经下降到1.42亿。普京早就指出,对于俄罗斯来说,日益严重的人口问题已经不再是一个普通的社会问题,而是一个事关国家前途和民族命运的重大政治问题。但是,从2010年最新人口普查的结果看,人口问题还涉及俄罗斯的国民特性和文化基因问题。原因就在于,在总人口下降的背景下,更值得关注的现象是俄罗斯族的人口大幅度减少的严峻现实。

---

① 指在纳戈尔诺—卡拉巴赫发生的亚美尼亚与阿塞拜疆的冲突以及格鲁吉亚与奥塞梯冲突、格鲁吉亚与阿布哈兹冲突、奥塞梯与印古什冲突、格鲁吉亚内战、车臣战争。
② 2009年列车爆炸案后,2010年1月,俄罗斯政府通过了建立北高加索联邦区的决议,从南部联邦区分出北高加索联邦区。新的北高加索联邦区包括达吉斯坦共和国、印古什共和国、卡巴尔达—巴尔卡尔共和国、卡拉恰伊—切尔克斯共和国、北奥塞梯—阿拉尼亚共和国、车臣共和国,以及斯塔夫罗波尔边疆区七个联邦主体。北高加索联邦区中心设立在斯塔夫罗波尔边疆区的皮亚季戈尔斯克。
③ Сергей Маркедонов, Россия – кавказское государство, Независимая газета, 5 июня 2009.

虽然八年间人口减少了231万，但是俄罗斯族的人口减少得更多，从2002年的1.15亿减少到1.11亿，减少了487万。① 而原本基数就很大的穆斯林人口却不断攀升。1989年苏联最后一次官方统计，穆斯林人口为1200多万，而现在1.42亿俄罗斯人口当中，大约2500万人自称是穆斯林。20多年内，俄罗斯穆斯林人口在数量和人口比例上都增长了一倍多。按照现在的人口增长率，到21世纪中叶俄罗斯族人与穆斯林人数可能会持平，都将达到6500万人。如果出现这种变化，当俄罗斯族的人口不占绝对优势时，东正教信仰还会是社会主导的精神支柱吗？别尔嘉耶夫曾经指出俄罗斯这个民族国家与东正教的密切关系："俄罗斯民族，就其类型和精神结构而言，是一个信仰宗教的民族。就连那些没有东正教信仰，甚至开始迫害东正教会的人，在内心深处也保留着东正教形成的痕迹。"东正教在俄罗斯不仅仅是一种宗教信仰，更是俄罗斯的文化认同，是俄罗斯国民特性的基因。如果俄罗斯这种民族宗教结构的变化成为现实，这对俄罗斯未来社会的政治面貌、对俄罗斯国民特性和文化基因会产生什么影响呢？

三 俄罗斯与上海合作组织

如果说普京就任前八年是俄罗斯调整、恢复和实现稳定的时期，那么经历了应对经济危机、开启全面现代化进程的"梅普组合"时期之后，俄罗斯究竟要走向哪里？正是因为有此疑问，所以当普京再次复任总统的时候，俄罗斯国内在期待：俄罗斯将以何种状态迎接即将到来的全球大转型时代？世界在观察：俄罗斯将在未来六年"干什么、在哪里、去哪里"？

在经济发展道路上，普京早已在2008年提出国家创新发展战略是唯一正确的选择。在政治发展道路上，以主权民主为核心的保守主义价值观也日益巩固，加强控制性的政治稳定是普京改革举措的本质。那么，面对新的总统任期，普京如何回答俄罗斯走向何方的问题，"普京主义"的突破在哪里？目前

---

① 2002年和2010年调查的总人口分别为1.45亿和1.42亿，俄罗斯族人口分别为1.15亿和1.11亿。

看来，构建俄罗斯的"欧亚战略"是普京重返克里姆林宫以来执政理念的最大亮点。可以说，随着中国提出"丝绸之路经济带"的倡议①以及欧亚经济联盟即将成立，欧亚地缘政治经济格局成为俄罗斯处理与上海合作组织的关系的主要着眼点。

早在2011年10月竞选总统前夕，普京就提出了欧亚联盟的构想：建立强大的超国家联合体模式，它能够成为当代世界多极中的一极，发挥欧洲与亚太地区有效纽带的作用。2013年的对外政策构想又明确提出建立欧亚经济联盟是优先任务。欧亚经济联盟是决定独联体国家未来并向其他国家开放的一种联合模式。建立于广泛的一体化原则基础上的新联盟可以成为欧洲与亚太地区间有效的联系环节。

与欧亚联盟的思想密切相关，精英阶层关于俄罗斯是"欧洲太平洋国家"的身份认定也出现了。回顾俄罗斯在金融危机最困难之时，全社会都在反思发展模式，但是俄罗斯的政治精英们却依然坚定表示：俄罗斯仍属于一流国家，仍是世界强国。可以说，经历过帝国辉煌和大国地位的俄罗斯精英和许多知识分子习惯于被看作大国公民。因此，对他们来说，大国地位的衰落是一种痛苦的经历。他们与其说关心生活水平的低下，不如说更关注实力和影响力的丧失。俄罗斯不仅仅要成为欧亚国家，而且还应成为欧洲太平洋国家。"虽然俄罗斯非常热衷于维护自身的战略独立性，但它不应把自己看成是一个兼跨欧亚的国家，一种位于东西方之间的平衡力量，或是横跨两头的桥梁。其实，俄罗斯应当重新把自己确定为一个欧洲太平洋国家，应当不仅仅把眼光投向河对岸的中国，而且要越过大海放眼日韩，乃至越过大洋眺望北美洲与澳大利亚。"②

无论是欧亚联盟的设想还是欧洲太平洋国家的身份认定，背后都是普京欧亚战略的具体体现。欧亚战略表面上是要解决俄罗斯的国家定位问题，本质上依然是在回答俄罗斯的发展道路问题。事实上，从俄罗斯独立以来，发展道路

---

① 2013年9月，习近平主席在哈萨克斯坦纳扎尔巴耶夫大学的讲演中提出构建"丝绸之路经济带"的战略构想。随后，习近平主席在上海合作组织比什凯克元首峰会上再次阐述了这个思想。

② Dmitri Trenin, *China, Russia and the US - a shifting geopolitical balance*, http://www.publicserviceeurope.com/article/1583/china-russia-and-the-us-a-shifting-geopolitical-balance.

的基本含义并未发生重大改变，它依然是指俄罗斯选择什么样的政治经济制度和实行什么样的对外政策。从更深的层次看，发展道路涉及俄罗斯民族国家属性和文明的归属问题，即俄罗斯究竟应该纳入西方文明还是纳入东方文明，还是俄罗斯应该保持和发扬自己的文明传统，或者是根据自己的特点创造一种新的文明。所有这些辩论归根到底集中为一个焦点：俄罗斯究竟应该走向哪里。欧亚战略就是对上述问题的回应，认为俄罗斯需要通过经济、政治和军事的一体化，逐渐使独联体国家同俄罗斯重新联合起来，走向复兴和重新崛起。说到底，以区域性大国的方式崛起是俄罗斯的路径依赖。俄罗斯的国家特性可以概括为"对内集权，对外扩张"。

提出欧亚战略的背景，一是国际格局变化的客观要求，二是普京对于时代特征的判断。金融危机以来，国际格局出现的变化是人类社会自1989年东欧剧变和苏联解体以来国际格局变动和国际形势变化最为剧烈的一个时期。现阶段国际安全事务的重心，已经从俄美博弈的重点地区即欧洲大陆与独联体地区转向中美博弈的亚太地区。中国已经成为美国最大的现实的战略竞争者，而俄罗斯则被美国看作是现实的或潜在的战略合作者。从"梅普组合"时期奥巴马"重启"美俄关系以来，俄美在独联体地区的争夺、北约东扩与导弹防御之争这三大领域都出现了具有实质意义的缓和。在国际格局出现深刻变化的同时，普京对时代特征的判断非常明确，当今时代处于"世界发展的新阶段"。时代背景决定发展阶段。普京认为，在这样一个全球大转型的时代，俄罗斯的发展也进入了一个新阶段。在这种情况下，俄罗斯能够也应该发挥应有的作用，这种作用是由其文明模式、伟大历史、地理及文化基因所决定的。在俄罗斯的文化基因中，欧洲文明的基本原则同与东方长达数个世纪的合作得到了有机的结合。

基于上述考量，欧亚战略顺势而出。2013年12月24日，欧亚经济委员会最高理事会会议召开，明确了亚美尼亚和吉尔吉斯斯坦加入海关同盟的"路线图"，并再次确认2015年1月1日成立欧亚经济联盟的目标。那么，如何看待欧亚经济联盟同上合组织的关系？如何在欧亚地缘政治经济格局的视野下看待俄罗斯与上合组织的关系呢？

一方面，随着欧亚经济联盟的建设以及"丝绸之路经济带"的提出，俄国内出现一种声音，认为上合组织的主导国家——俄罗斯和中国对上合组织的战略兴趣降低。两国更关心自己的项目。俄罗斯关心的是欧亚经济联盟，中国着力打造"丝绸之路经济带"。两个项目会以某种形式破坏上合组织的发展。另一方面，俄国内也有一种观点，认为上合组织应该在当前的环境下更加积极进取，需要建立一些重大的突破性项目。成立上合组织开发银行和开设专门账户可以算作这种项目。把印度和巴基斯坦吸收进上合组织，使其成为常任成员国，这也算是重大的地缘政治决定，同时还能加强安全方面的潜力。①

上述两种声音，不论对上合组织发展持消极的还是积极的态度，其实都反映了在欧亚战略的视角下俄罗斯对中国在其欧亚地区一体化政策中所起的作用持怀疑态度。而中国建设"丝绸之路经济带"，着眼于整个欧亚大陆的经济合作，如果没有俄罗斯的参与和支持，该设想的前景将大打折扣。从这个意义上讲，中国应充分利用两国战略协作的沟通机制，就构建"丝绸之路经济带"的合作问题与俄罗斯进行充分的沟通。只有这样，才能真正实现利益共同体的目标。

即使在战略协商层面实现了有效沟通，还应考虑到实际项目建设上可能会出现的问题。俄国内有学者就提出，"丝绸之路经济带"项目启动实施，意味着大部分商品、服务、资金途经欧亚联盟时，将会扩大中俄两国的区域矛盾。俄学者还认为，2014年的阿富汗安全局势尚难预料，区域安全问题客观上也会对欧亚地缘政治经济发展前景产生影响。俄罗斯在安全领域的巨大投入，会为包括中国目前以及未来的欧亚经济项目在内的实施提供稳定环境。因此，中俄双方应有妥协和相互让步，在区域一体化过程中彼此独立而又同时发展。② 俄国内的这种认识实际上将中俄在上合组织内如何更好地展开战略协作提升到一个新的高度。中国应该继续在上合组织内加强与俄的战略沟通。

与此同时，俄罗斯对上合组织的进一步发展高度重视。随着2013年11月

---

① http://rus.ruvr.ru/2013_11_27/JEkspert－Dlja－razvitija－SHOS－nuzhni－prorivnie－proekti－7569/27 ноября 2013，Эксперт：Для развития ШОС нужны прорывные проекты．

② Сергей Лузянин，«Интеграционное возвышение» Китая，25 ноября 2013，http://rus.ruvr.ru/2013_11_25/Integracionnoe－vozvishenie－Kitaja－Mezhdu－Centralnoj－i－Vostochnoj－Aziej－4951/．

塔什干峰会的召开，俄国内很多学者提出，上合组织必须加强变革，以期发展壮大。其一，在上合组织各领域的合作中，社会经济方面需要加强。为发展经济合作，一定要有金融根基，而唯有成立上合组织银行的项目得以落实，才具备这样的资金后盾。一个更为强大的上合组织能够在很大程度上平缓热点地区的紧张局势。① 其二，上合组织已经走过了初期阶段，接下来需要迈出新的一步，即必须实现上合组织的扩员，建立不仅能够解决经济问题，而且可以解决军事问题的更大规模的组织。应该考虑"大中亚"范畴内的安全与稳定。② 其三，在解决国际热点问题上应有所建树。俄学者认为，创建上合组织的初衷是稳定中亚地区局势。上合组织已完成了这一任务。目前，上合组织在稳定地区局势方面的行动空间客观上要求扩大。俄学者提出最重要的是让上合组织在未来能够继续作为一个非军事组织而存在。它是一个促进稳定的组织、一个推动经济合作的组织。一些可能引发亚洲局势动荡的问题，如在叙利亚、伊朗、阿富汗、朝鲜等问题上，上合组织应该能够促成某些新协议的达成。③ 可见，俄罗斯对于上合组织下一步的发展壮大寄予厚望，希望上合组织可以在平衡国际战略格局、营造新型国际秩序上发挥更大的国际影响。中国如何回应这种诉求也是处理好中俄战略协作伙伴关系的重要内容。

综上所述，当前俄罗斯形势的突出特点是经济增长放缓对社会稳定形成挑战。俄罗斯发展进程中原本就存在的一些问题，如宗教民族问题等，由于经济增长放缓而更加突出。有鉴于此，我们应该看到俄罗斯这样的发展前景对于中俄关系的影响。一是如果俄罗斯2%和中国7%的增长率持续发展下去，中俄经济之间的差距会越来越大，这对中俄关系会是什么影响？二是当中国在很大程度上将中俄关系发展的保障放在普京身上，而普京体制存在弊端时，如何看

---

① Эксперты：Перед лицом внешней угрозы ШОС обрел новые очертания，13 сентября 2013，http：//rus. ruvr. ru/2013_ 09_ 13/JEksperti – Pered – licom – vneshnej – ugrozi – SHOS – obrel – novie – ochertanija – 0764/.

② Алексей Пилько，Будущее ШОС – это выведение ее на новый уровень，27 ноября 2013，http：//rus. ruvr. ru/2013_ 11_ 27/exvideo – Aleksej – Pilko – Budushhee – SHOS – jeto – vivedenie – ee – na – novij – uroven – 6788/.

③ Эксперты：Перед лицом внешней угрозы ШОС обрел новые очертания，13 сентября 2013，http：//rus. ruvr. ru/2013_ 09_ 13/JEksperti – Pered – licom – vneshnej – ugrozi – SHOS – obrel – novie – ochertanija – 0764/.

待俄罗斯的政治体制对中俄关系的影响。随着中国提出"丝绸之路经济带"的倡议以及欧亚经济联盟即将成立,欧亚地缘政治经济格局成为俄罗斯处理与上海合作组织的关系的主要着眼点。中国需要在明确以上合组织作为建设"丝绸之路经济带"基本依托的前提下,尽快提出一系列具体的举措,以期能够实现与地区国家的共同发展、共同繁荣。

Y.18
俄罗斯与当前的乌克兰危机

柳丰华*

摘　要：

俄罗斯是乌克兰政治危机的重要影响因素之一。当前，普京政府对乌克兰过渡政府实行军事威慑、经济惩罚和政治施压等多管齐下、以压促变的政策，主要目标在于：促使乌实行联邦制，促使乌成为俄罗斯与西方之间的军事政治中立国。乌克兰政治危机最有利的解决方案，是在俄罗斯和欧盟、美国的斡旋下，由分别代表中西部和东部地区人民利益的政治力量通过谈判，达成未来政治体制协议。

关键词：

俄罗斯　乌克兰危机　克里米亚

乌克兰危机具有错综复杂的内外原因，就外因而言，主要是西方与俄罗斯在乌的竞争。本文主要探讨俄罗斯对乌克兰政治危机的发生、发展及解决前景的影响。

一　俄罗斯是乌克兰政治危机的重要影响因素之一

（一）俄罗斯与亚努科维奇执政阶段的乌克兰危机

长期以来，俄罗斯一直致力于吸引乌克兰加入其主导的欧亚一体化进程。

---

* 柳丰华，中国社会科学院俄罗斯东欧中亚研究所研究员，法学博士。

2012年3月乌克兰与欧盟草签联系国协定，2013年2月双方商定在11月欧盟"东部伙伴关系"维尔纽斯峰会上签署联系国协定和自由贸易协定。签署这两份文件意味着乌克兰正式加入欧洲一体化，对于正在着力打造欧亚经济联盟的普京来说，这是难以接受的。

为阻止乌克兰签署联系国协定，普京政府主要从以下三个方面对乌施加影响。

（1）政治施压。在获悉乌克兰准备签署欧盟联系国协定的立场之后，普京总统、梅德韦杰夫总理、俄罗斯外交部和国家杜马多次发表声明，反对乌克兰与欧盟签署这两份政治经济文件；警告乌克兰，如果加入欧盟自由贸易区，俄罗斯将取消与乌克兰的双边自由贸易协定。普京甚至威胁乌克兰说，如果它加入欧盟自由贸易区，就不得参与关税同盟，并将遭受关税同盟成员国的反制措施。

（2）使用贸易惩罚手段。2013年俄罗斯以不符合俄质量规范为由，多次暂停进口乌克兰生产的奶制品和钢管等商品。8月14～19日，俄罗斯海关在俄乌边境加大对乌克兰进口商品的检查力度，实际上全面停止了乌克兰商品的进口；20日才恢复对乌克兰进口货物的正常通关手续。俄罗斯的贸易惩罚措施立竿见影，使乌克兰的出口遭受重创。

（3）用"胡萝卜"手段，主要包括财政援助、优惠的关税政策和天然气价格等，吸引乌克兰加入关税同盟。2013年7月，普京在访问基辅时承诺，只要乌克兰加入关税同盟，其国内生产总值能提高1.5%～6.5%。

在俄罗斯强大的经济和政治压力下，乌克兰权衡利弊得失，不得不暂时中止与欧盟的一体化进程，回归此前在俄、欧之间平衡交往的政策。2013年11月21日乌克兰政府宣布暂停与欧盟签署联系国协定的准备工作，同时恢复与关税同盟及独联体国家关于加强经贸关系的谈判。反对派随即组织其支持者在基辅市独立广场上抗议政府暂停与欧盟一体化进程，由此揭开乌克兰危机的序幕。11月29日在维尔纽斯召开的欧盟"东部伙伴关系"峰会上，亚努科维奇总统没有签署欧盟联系国协定。

乌克兰决定继续在俄、欧之间平衡交往的原因，主要有四点。

第一，乌克兰不能承受俄罗斯禁止进口乌商品的后果。俄罗斯是乌克兰的最大贸易伙伴国,2012年俄乌贸易额为450.5亿美元,占乌克兰对外贸易总额的29.6%①。至于包括俄罗斯在内的三国关税同盟,在乌克兰外贸总额中所占的比重更高。2011年乌克兰与关税同盟的贸易额超过600亿美元,占乌克兰对外贸易总额的40%②。比较一下乌克兰与俄罗斯的竞争对手欧盟的贸易状况,就能看到俄罗斯在乌克兰对外贸易中特别重要的地位:2011年乌克兰与欧盟的贸易额为437.2亿美元,占乌克兰外贸总额的29%③。就出口商品结构而言,乌克兰向俄罗斯主要出口机械设备、火车车厢及其零部件、冶金和金属制品、矿产、粮食,而向欧盟主要出口农业产品,可见乌克兰的工业品主要还得依靠俄罗斯和独联体市场。

第二,乌克兰不能承受俄罗斯对其停止供应能源的惩罚。苏联解体后很长时间,乌克兰进口天然气的95%都是俄罗斯供应的④。"橙色革命"后,俄罗斯大幅提高对乌克兰出口天然气价格,因此乌对俄天然气进口量有所减少。为了降低对俄能源依赖度,乌克兰积极实施油气进口渠道多元化政策,近年则准备与美欧能源公司合作开采本国的页岩气和页岩油。2013年乌克兰政府先后与荷兰皇家壳牌集团、雪佛龙公司签署合作协议,计划开采乌东部地区储量可观的页岩气,以期实现天然气自给自足。考虑到资金匮乏和页岩气技术因素,可以认为,在相当长时间内乌克兰仍然摆脱不了对俄罗斯天然气的依赖。

第三,欧盟虽然拉拢乌克兰签署联系国协定,但是并没有向乌克兰提供足以补偿其签署协定后造成的损失的财政援助,比如说,2012年乌克兰因为加入欧盟进程而损失了65亿美元的对俄出口。不仅如此,乌克兰要想使各经济部门符合欧盟标准,需要投入巨资进行改革,这是乌克兰仅凭自身财力所无法承担的。

第四,乌克兰想利用俄、欧竞争因素争取自身利益的最大化。在欧盟"东部伙伴关系"维尔纽斯峰会上,亚努科维奇明确提出一系列签署联系国协

---

① Краткие итоги взаимной торговли товарами и услугами России и Украины за 2012 год, http://www.ved.gov.ru/exportcountries/ua/ua_ru_relations/ua_ru_trade/.
② Украина нарастила товарооборот со странами ТС, http://ubr.ua/finances/macroeconomics-ukraine/ukraina-narastila-tovarooborot-so-stranami-ts-125612.
③ 数据来源于乌克兰统计局网站。
④ 柳丰华:《"铁幕"消失之后——俄罗斯西部安全环境与西部安全战略》,华龄出版社,2005,第148页。

定的条件,其中包括欧盟对乌克兰提供财政援助、帮助获取国际贷款、取消对乌克兰一些出口商品的贸易限制等。①

初战告捷后,普京政府继续拉拢乌克兰。2013年12月普京宣布:俄罗斯政府将购买150亿美元的乌克兰政府债券;从2014年1月起将对乌供气价格从现行的每千立方米约400美元下降到每千立方米268.5美元。这笔巨额贷款将大大缓解乌克兰的还债压力,天然气价格优惠相当于俄罗斯每年给乌70亿美元的补贴。

(二)俄罗斯与过渡政府成立后的乌克兰危机

在俄罗斯和欧盟代表的斡旋下,2014年2月21日,亚努科维奇总统与三个反对党("祖国党""打击党""自由党")的领导人签订了《乌克兰危机调解协议》。主要内容包括:在协议签署之后两天内恢复2004年乌克兰宪法修正案;在2014年9月完成宪法改革;在新宪法通过之后,但不迟于2014年12月举行总统选举②。但是就在当天,反对派抛弃墨汁未干的《乌克兰危机调解协议》,强行执掌乌克兰议会领导权,亚努科维奇逃离首都基辅;议会于22日宣布亚努科维奇"放弃总统职责",又在23日任命议长图尔奇诺夫担任代理总统。至此,原反对派实现政权更迭目标,全力推行其"脱俄入欧"政策。转眼之间,乌克兰的政权更迭使俄罗斯从亚努科维奇那里获得的外交战绩付之东流。

普京政府最初对乌克兰过渡政府的态度是不承认、不接触。俄罗斯指责乌克兰反对派不履行《乌克兰危机调解协议》,认为他们通过暴乱篡夺政权,不具有合法性,因此不与乌克兰现政权对话,只承认亚努科维奇是乌克兰唯一合法的领导人。普京政府宣布暂停拨付第二期贷款20亿美元(第一期30亿美元已经拨付),此举既有观望乌克兰局势,又有影响乌克兰过渡政府外交政策的意图,因为乌克兰经济已经濒临崩溃。尽管如此,乌克兰过渡政府不为所动,

---

① Выступление Президента Украины на пленарном заседании Саммита Инициативы «Восточное партнерство», 29.11.2013, http://www.president.gov.ua/ru/news/29616.html.

② Пресс-служба Президента Украины Виктора Януковича, Состоялось подписание Соглашения об урегулировании кризиса иа Украине, 21.02.2014, http://www.president.gov.ua/ru/news/30117.html.

无论是外交,还是经济,都是面向西方。

在西方完全支持乌克兰新政权、乌过渡政府推行亲欧反俄政策的情况下,普京总统决定主动介入,以保护乌境内俄罗斯族人的权利为由,出兵克里米亚半岛。乌克兰东南部地区的俄罗斯族人本来就不认同亲欧政党的"和平"夺权,他们一上台就取消俄语在一些州的官方语言地位的做法立即引发了亲俄居民的集会抗议,这种不满很快朝分离主义方向发展。走在最前面的是俄罗斯族人占多数的克里米亚自治共和国。克里米亚议会宣布在3月16日举行全民公决,以决定未来是并入俄罗斯,还是继续留在乌克兰。顿涅茨克和哈尔科夫等地区也不承认乌克兰过渡政府的合法性,主张加强与俄罗斯的关系。普京总统利用乌克兰东南部地区俄罗斯族人关于俄罗斯给予军事保护的请求(包括流亡俄罗斯的亚努科维奇提出的军事保护请求),出兵克里米亚。自2月28日起,俄罗斯黑海舰队部队占领辛菲罗波尔的军用机场等战略设施。3月1日普京总统从俄罗斯议会上院获得对乌克兰使用武力的授权,次日就向辛菲罗波尔增派兵力;俄军进占克里米亚乌克兰边防军司令部,并完成对乌驻克里米亚多处军事基地的包围。加上克里米亚政府倒向俄罗斯,克里米亚实际上已经处于俄罗斯的控制之下。

俄军的保护为克里米亚全民公决的如期举行创造了条件。3月16日的克里米亚全民公决结果显示:96.77%的投票者支持克里米亚并入俄罗斯。普京政府随即承认公决有效,着手接受新领土。3月18日,普京总统与克里米亚、塞瓦斯托波尔领导人共同签署《关于接受克里米亚共和国加入俄罗斯联邦和建立两个新的联邦主体(克里米亚共和国、联邦直辖市塞瓦斯托波尔市)的条约》。俄罗斯国家杜马和联邦委员会分别于3月20日和21日批准与该条约有关的法案,21日普京总统签署法案,从而单方面地完成了俄罗斯兼并克里米亚的法律程序。

兼并克里米亚半岛——尽管这一行动在国际社会广受非议——对俄罗斯具有重大的意义:①使俄罗斯在同西方对乌克兰的争夺中占据军事主动地位,在战时可完全控制黑海北部海域及乌克兰南部领土,在俄罗斯与西方谈判中也将产生强大的军事政治压力;②对乌克兰过渡政府向西方"一边倒"政策具有很大的牵制力,普京以此警示乌克兰政府,如果它执意"脱俄入欧",那么乌东部俄罗斯族人聚居的其他州有可能步克里米亚后尘;③终结了俄乌两国由来

俄罗斯黄皮书

已久的克里米亚归属之争，并且不再需要为续租塞瓦斯托波尔军事基地向乌克兰投入经济和外交资源。当然，俄罗斯将为兼并克里米亚付出沉重的经济和政治代价——西方的经济制裁与政治孤立、乌俄关系不可修复的伤痛及其对俄与独联体其他国家关系的消极影响等。

二 俄罗斯高度重视乌克兰的战略性选择的主要原因

（一）乌克兰是普京政府极力打造的欧亚经济联盟的重要发展对象国

无论是俄罗斯主导的独联体，还是俄建立的其他地区性一体化集团，都需要乌克兰的参与。乌克兰拥有发达的工农业、丰富的矿产资源和4555多万人口的市场，是独联体地区大国，它的参与对独联体范围内任何一体化组织的发展都有重大的意义。2003年普京总统成立统一经济空间，成员国为俄罗斯、白俄罗斯、哈萨克斯坦和乌克兰。普京的目标是在该组织架构下建立地区共同市场，并以此带动整个独联体经济一体化。但是，由于在"颜色革命"后乌克兰奉行反俄和疏离独联体一体化的政策，统一经济空间名存实亡，俄白哈三国只得将一体化的依托机制转向欧亚经济共同体。

普京在他的第三个总统任期内，决心以俄白哈关税同盟为基础，打造欧亚经济联盟[1]，使之成为与美国、中国和欧盟并驾齐驱的地区一体化集团。在俄罗斯的积极拉拢下，2013年5月乌克兰作为观察员国参与关税同盟，并探索与关税同盟发展合作的方式。俄罗斯希望乌克兰正式加入关税同盟，一心一意地融入俄主导的欧亚一体化进程。普京政府很清楚，一旦乌克兰同欧盟签署联系国协定和自由贸易协定，这一进程就不可逆转，其结果自然是乌克兰完全脱离欧亚一体化进程。这是普京不能接受的，也是俄罗斯千方百计阻止乌克兰"西进"的一个重要原因。

---

[1] Послание Президента Российской Федерации Федеральному Собранию, 12 декабря 2012 года, http：//www.kremlin.ru/news/17118.

（二）乌克兰是俄罗斯实现大国复兴的重要地缘战略伙伴

重回大国之列，一直是苏联解体以来俄罗斯历届政府外交的主要目标之一。独联体地区是俄罗斯重新崛起为大国的重要战略依托，而乌克兰则是其中具有战略意义的地缘政治支轴国家。正如美国战略家布热津斯基所言："没有乌克兰，（俄罗斯）以独联体或以欧亚主义为基础重建帝国都是不可行的。"①乌克兰地处东欧，位于俄罗斯和欧盟交通要道，也处在俄罗斯与北约之间，加上它濒临黑海，地缘政治地位十分重要，因此备受东、西方重视。

对俄罗斯来说，乌克兰至少具有两重地缘战略意义。第一，乌克兰是俄罗斯的缓冲地带。如果俄罗斯将乌克兰保留在自己的势力范围，可使俄西南领土和北约成员国之间有一个纵深数千公里的缓冲带。如果失去乌克兰，那么俄罗斯的国土将成为西方直接施压的对象。在俄罗斯的西部邻国波兰和波罗的海三国加入北约，并成为西方对俄战略前沿的情况下，使乌克兰不倒向西方（乌一旦融入欧盟一体化进程，加入北约只是时间早晚的事情），对俄国家安全至关重要。第二，长期保有俄罗斯黑海舰队驻扎在克里米亚塞瓦斯托波尔的权利，有助于维护俄海军强国地位。2010年俄、乌两国签署协定，将基地租期延长到2042年。如果乌克兰出现一个反俄政权，提出废止租约，就会使俄罗斯黑海舰队陷入困境，从而大大削弱俄在黑海海域的地位。当然，在普京政府兼并克里米亚之后，这个问题就自动消失了。

当前，普京总统的外交哲学是欧亚主义、新斯拉夫主义、现实主义和实用主义等学说的混合，无论从哪一种外交学说的角度看，乌克兰都是俄罗斯必不可少的地缘战略伙伴，对此普京深信不疑。

2013年2月普京总统批准的《俄罗斯联邦对外政策构想》②规定：俄罗斯外交的主要目标之一，是"加强俄罗斯在国际社会的稳固而有威望的地位，

---

① 〔美〕兹比格纽·布热津斯基：《大棋局——美国的首要地位及其地缘战略》，中国国际问题研究所译，上海人民出版社，1998，第148页。
② Концепция внешней политики Российской Федерации, утверждена Президентом Российской Федерации В. В. Путиным 12 февраля 2013 г., http://www.mid.ru/bdomp/ns - osndoc.nsf/e2f289bea62097f9c325787a0034 c255/c32577ca0017434944257b160051bf7f! OpenDocument.

最大限度地符合俄作为当代世界一个有影响力、有竞争力的中心的利益";俄罗斯在独联体地区的优先任务是建立欧亚经济联盟,使之成为欧洲和亚太地区之间有效的联系纽带;俄罗斯对乌政策是,"发展与独联体优先伙伴乌克兰的关系,促进它加入欧亚地区深度一体化的进程"。由此可见,大国地位是普京外交的一个主要目标,建立欧亚经济联盟是普京实现这一目标的重要途径,而发展与乌克兰的战略伙伴关系又是打通这一途径的优先方面。

(三)乌克兰是俄罗斯对西方意识形态斗争的重要伙伴

在普京总统的第二个任期,俄罗斯与西方的意识形态斗争已经凸显。笔者在专著《"梅普组合"的外交战略》中,将普京总统第二任期的外交政策概括为新斯拉夫主义外交①。简而言之,就是当时普京强调在捍卫国家主权和维护政治稳定的前提下,走适合俄罗斯国情的民主道路,反对美国"输出民主"、搞"颜色革命",在反导系统、北约东扩等涉及俄核心利益领域坚决维护俄罗斯的国家利益。

普京总统在其2012年国情咨文中强调:"俄罗斯民主是俄罗斯人民的政权,它具有自己的人民自治传统,完全不是外部强加的各种标准的实施。"②2013年9月,普京在瓦尔代国际辩论俱乐部会议上表示,"世界上有一些国家甚至整个地区,它们不能按照通行的美国或者欧洲民主的样板生存",因为它们的社会和传统明显不同③。在12月发表的2013年国情咨文中,普京要求俄罗斯各类学校"培养接受国家价值观、历史和文化的国家公民",宣称俄罗斯要坚持不懈地捍卫自己的价值观立场④。普京政府还将2014年确定为俄罗斯文化年,希望以此引领民众重视俄罗斯的文化根源和爱国主义。这些言论与政策宣示说明,在普京的第三个总统任期,俄罗斯与西方的意识形态斗争仍然相当尖锐。

---

① 柳丰华:《"梅普组合"的外交战略》,中国社会科学出版社,2012,第80~104页。
② Послание Президента Российской Федерации Федеральному Собранию, 12 декабря 2012 года, http://www.kremlin.ru/news/17118.
③ Заседание международного дискуссионного клуба «Валдай», 19 сентября 2013 года, http://www.kremlin.ru/news/19243.
④ Послание Президента Федеральному Собранию, 12 декабря 2013 года, http://www.kremlin.ru/news/19825.

乌克兰在俄罗斯维护其独特的文明和发展道路方面具有特殊的价值。俄罗斯族、乌克兰族、白俄罗斯族同属东斯拉夫人，他们所居住的土地在历史上曾被分别称作"大罗斯""小罗斯""白罗斯"。统一而强大的基辅罗斯是俄、乌、白三国共同的历史，基辅拥有"罗斯诸城之母"的美誉。公元988年弗拉基米尔大公统治的基辅罗斯皈依基督教正教，东正教帮助罗斯建构了一种共同的身份认同，为东斯拉夫文化奠定了基础。东正教和君主专制、人民性共同构成古典斯拉夫主义者所谓的俄国独特发展道路的基础①。

现在，白俄罗斯已经选择了与俄罗斯联合发展的道路，如果乌克兰也能加入进来，使得东斯拉夫三兄弟民族再度联合建立斯拉夫联盟，形成一条有别于西方的、具有东斯拉夫特色的发展道路，这当然具有相当的合理性和说服力，也是普京所极力促成的一种前景。回顾一下历史，1922年12月苏联就是在俄、乌、白三个斯拉夫加盟共和国加上外高加索联邦的基础上成立的，1991年12月签署"别洛韦日协定"，宣告苏联"作为国际法主体和地缘政治现实停止存在"的也是这三个斯拉夫加盟共和国，由此可见俄、乌、白三国联合的重要性。因此乌克兰何去何从，对于俄罗斯的发展道路及国际地位具有重大的影响。

相反，如果乌克兰选择接受西方民主制度并融入欧盟，那么将大大削弱普京所维护的俄罗斯独特的发展道路的存在价值和推广价值，还将给普京积极推进的独联体地区一体化以沉重的打击。因为乌克兰毕竟是独联体大国，它的"欧洲选择"将对独联体其他国家产生"示范效应"。这也是普京极力拉住乌克兰，不让它投奔西方的一个重要原因。

三 俄罗斯对乌政策与乌克兰政治危机的解决前景

（一）俄罗斯下一步的对乌克兰政策

2014年3月4日普京总统举行记者招待会，阐述了俄罗斯对乌克兰局势的看法及政策。其主要内容包括：乌克兰危机是一场武装夺权的违宪政变，因

---

① 柳丰华：《"梅普组合"的外交战略》，中国社会科学出版社，2012，第25页。

此现政权是不合法的，亚努科维奇仍是唯一合法的总统；俄罗斯暂时没有对乌克兰动武的必要性，但是存在那种可能性；普京无意兼并克里米亚；莫斯科不会承认在恐怖气氛下举行的乌克兰总统选举的结果；俄罗斯政府不排斥与基辅现政权保持联络，但是只有在乌克兰局势正常化与合法的总统选举完成之后，俄乌两国在各个领域的联系才能充分地发展①。

3月17日，俄罗斯外交部提出解决乌克兰危机的建议。其主要内容包括以下五点。第一，乌克兰立即履行2月21日《乌克兰危机调解协议》的义务。第二，根据乌克兰议会的决议，尽快召开各地区都有平等代表资格的乌克兰立宪大会，起草新的联邦宪法。新宪法应当确定乌克兰的联邦国家政治制度和军事政治中立国地位；赋予俄语以第二国语地位。第三，在新宪法通过之后，立即在广泛和客观的国际监督下举行全民选举，选出乌克兰国家最高权力机关；同时在各个联邦主体举行立法和权力机关选举。第四，承认和尊重克里米亚自治共和国享有根据3月16日公投结果决定自己命运的权利。第五，由俄罗斯、欧盟和美国保障乌克兰的联邦国家制度、主权、领土完整和军事政治中立国地位②。上述建议立即遭到乌方的坚决反对，乌克兰外交部指责俄罗斯企图以此"裁割乌克兰边界，剥夺其制定内外政策的主权，破坏战后欧洲国际关系体系的基础"③。

俄罗斯兼并克里米亚进一步加重了基辅政府的反俄情绪，而后者加快"脱俄入欧"的步伐又使俄罗斯不断强化对乌高压政策。乌克兰过渡政府总理亚采纽克密集访问美国、欧盟总部，寻求美欧对乌克兰领土完整的支持，并于3月21日与欧盟签署《欧盟联系国协定》政治部分。从3月20日起，俄罗斯针对乌克兰商品完全关闭了边界，对乌发起新一轮"贸易战"。3月21日俄罗斯总理梅德韦杰夫提出废除哈尔科夫协议④，建议普京总统向乌克

---

① "Владимир Путин ответил на вопросы журналистов о ситуации на Украине", 4 марта 2014 года, http://www.kremlin.ru/news/20366.
② "Заявление МИД России о Группе поддержки для Украины", 17 марта 2014 года, http://www.mid.ru/brp_4.nsf/0/49766426492B6E9644257C9E0036B79A.
③ "Украина отвергла российский 'план урегулирования ситуации'", 17 марта 2014, http://lb.ua/news/2014/03/17/259748_mid.html.
④ 2010年4月，俄乌两国在哈尔科夫签订协议，规定俄罗斯黑海舰队租借塞瓦斯托波尔基地期限自2017年起再延长25年，俄罗斯向乌克兰出口天然气价格降低30%。

兰追索160亿美元欠款，这笔欠款的绝大部分是俄根据哈尔科夫协议提前给予乌的能源优惠款。俄罗斯天然气工业股份公司宣布：从4月起，将对乌克兰天然气出口价格从现行的每千立方米360美元提高到485美元。3月27日，乌克兰安全与国防会议秘书帕鲁比指责俄罗斯在两国北部和东部边界附近集结十万兵力，企图以此"扰乱乌政局，阻挠将于5月举行的乌总统选举"①。

4月6日，乌克兰东部的顿涅茨克、卢甘斯克和哈尔科夫三州亲俄民众占领政府大楼，要求举行关于当地并入俄罗斯的公投。乌克兰立即指责俄罗斯策划了骚乱，并企图以此为借口对乌进行武装干涉。在通过对话不能与亲俄武装分子达成和解的情况下，乌政府于4月14日开始在顿涅茨克州展开反恐行动，乌局势因此再度紧张。

综合上述，普京政府下一步仍将对乌克兰实行军事威慑、经济惩罚和政治施压等多管齐下、以压促变的政策，主要目标在于以下五点。第一，迫使乌克兰实行联邦制。俄罗斯想以此削弱乌克兰中央政府，让乌东部地区获得更多自主权，以便其未来与俄罗斯及关税同盟发展密切关系。第二，迫使乌执政当局改变反俄亲西方路线，使乌克兰成为俄罗斯与西方之间的军事政治中立国。俄罗斯提出的关于乌克兰制定新宪法以确定乌军事政治中立国地位的建议，虽然有干涉乌内政的成分，但是确实反映了俄任何时候都不愿接受乌加入北约的"底线"立场。第三，促使乌克兰过渡政府尊重东部地区的权利，包括俄罗斯族人使用俄语、平等参与国家政治进程、派代表参加美欧（盟）乌俄四方会谈等。第四，干预乌克兰总统选举。乌克兰选民对联邦制和俄语地位的认同程度，直接关系到总统选举的结果；而乌总统选举结果又直接关系到未来俄乌两国关系状况。第五，巩固俄罗斯对克里米亚的兼并。在3月24日乌克兰过渡政府开始撤出驻扎在克里米亚的军队之后，俄罗斯着手加强其在该半岛的行政管辖，并谋求乌克兰及国际社会对这一既成事实的外交承认。

---

① СНБО:"Россия хочет сорвать президентские выборы и может вторгнуться на материковую Украину", 27 марта 2014года, http://zn.ua/UKRAINE/snbo－rossiya－hochet－sorvat－prezidentskie－vybory－i－mozhet－vtorgnutsya－na－materikovuyu－ukrainu－142096_.html.

（二）乌克兰危机的解决前景

乌克兰危机反映了这样一个实质性的问题："冷战"结束后欧洲地区新秩序的建构过程远没有结束，西方与俄罗斯对处于俄罗斯与欧盟中间国家的争夺日益激烈，那些作为竞争对象的国家的社会政治矛盾随之激化。乌克兰危机就是深刻的国内政治矛盾在对抗性外力的作用下发展而成的。因此，探讨乌克兰危机的解决前景，就不仅需要乌克兰国内主要政治力量通过对话达成共识，而且需要借助于主要外部力量来进行协调。

其一，俄罗斯一直主张乌克兰有关政治力量回到2月21日协议上来，但是现实表明，这条路似乎已走不通。理由如下：《乌克兰危机调解协议》是在时任总统亚努科维奇和三个反对党领导人之间签订的，现在执政者与反对者已然易位，且流亡俄罗斯的亚努科维奇再也没有机会重返乌克兰政坛；议会已经决定5月25日举行总统选举，尽管俄罗斯不承认乌克兰议会和过渡政府的合法性，但是很难使乌推翻已经做出的决定。

鉴于俄罗斯需要的不是恢复亚努科维奇的总统职位，而是一个奉行对俄友好方针的乌克兰新政府，可以认为，俄能够接受其他考虑到俄方关切的，又具有可行性的危机解决方案。

其二，在俄罗斯和欧盟、美国的斡旋下，由分别代表中西部和东部地区人民利益的政治力量通过谈判，达成未来乌克兰政治体制协议，其主要内容包括乌政府组成、议会运作、宪法改革、总统选举等。这是对乌克兰、俄罗斯和西方最为有利的危机解决方案。美欧（盟）乌俄四方在日内瓦的会谈虽然没有就乌克兰危机问题达成切实可行的调解步骤，但是在一定程度上缓和了乌紧张局势，开启了乌危机的政治调解进程。继续推进四方会谈，有利于乌克兰危机的和平解决。

除此之外，还存在其他可能性，包括乌克兰发生内战从而导致东部地区与中西部地区对立等，但这是乌克兰人民和国际社会所不愿看到的。

Y.19
2013年俄罗斯与亚太地区国家关系

赵玉明*

摘　要： 2013年，除俄美关系外，俄罗斯与亚太地区国家关系总体呈现继续发展态势，其中与中国、日本、越南双边关系有较大进展。俄罗斯亚太战略的出发点是推动东部地区经济增长，增强其在亚太地区的政治影响力与外交影响力。在策略上，俄罗斯的亚太战略以能源出口和军工贸易为主要载体，发展与重点国家关系，保障其预期战略设想的推进。2013年，俄罗斯在亚太地区经贸往来与政治、外交影响力增长的同时，也显露出一些限制其经贸发展与影响力提高的内外因素。

关键词： 亚太地区　亚太战略　俄中关系　俄日关系　俄越关系

一　俄罗斯亚太战略的定位与目标

众所周知，俄罗斯政治、经济与文化重心在欧俄部分，但这并不意味着其对亚俄部分经济发展的忽视及在外交策略上对亚太地区的轻视。普京第三次担任俄罗斯总统以来，基于经济发展需要，以及受美国加快向亚太地区战略转移的影响，俄对亚太地区的重视度不断提高。2012年5月，普京在外交构想中提出：积极参与亚太地区事务，有利于西伯利亚和远东地区参与地区一体化进

---

* 赵玉明，中国社会科学院俄罗斯东欧中亚研究所助理研究员、历史学博士。

程。为此俄罗斯将大力倡导建立亚太安全与合作机制,加强东亚峰会与俄罗斯伙伴关系对话,深化与中国的战略协作伙伴关系,继续与印度、越南加深战略伙伴关系,并进一步发展与日本、韩国、澳大利亚、新西兰及其他国家的双边关系。① 2013年12月12日,普京在年度国情咨文中表示,振兴西伯利亚与远东地区将是21世纪俄罗斯国家的优先发展方向。俄东部地区发展将转为面向亚太国家,这不仅能为俄经济发展提供新机遇,也能为其今后实施积极的外交政策奠定基础。② 可见将东部地区的发展面向亚太地区,是俄罗斯亚太战略定位的起点与方向。

俄罗斯西伯利亚与远东地区是当今世界上仅有的尚未充分开发的资源宝库,不仅拥有丰富的矿产、林业、渔业和农业等资源,还有巨大的油气储量。而纵观亚太地区,区域经济总量不断扩大,经济发展迅速,使得其对原材料与能源的需求不断增加。俄罗斯加强与亚太地区国家合作,可将雄厚的资源禀赋转化为经济利益,并可通过更新西伯利亚铁路与建设北方海上通道的方式,将东部领土建设成连接欧亚大陆的交通枢纽。除了获取经济利益之外,俄罗斯与亚太地区国家进行合作,还可增强俄罗斯在亚太地区的战略影响力。这就是俄罗斯亚太战略的目标所在。

二 俄罗斯与亚太地区国家关系现状

经济交往是发展外交关系的基石。根据俄罗斯联邦海关局统计,2013年俄罗斯对外贸易总额为8441.98亿美元,其中与亚太地区贸易额为2086.27亿美元,占贸易总额的24.7%,仅次于俄罗斯与欧洲的贸易额(4174.55亿美元,占49.4%)。③ 俄罗斯与亚太地区各国经贸往来具体数据如下(参见表1)。

---

① Подписан Указ о мерах по реализации внешнеполитического курса, http://www.kremlin.ru/acts/15256.
② 普京发表的2013年俄罗斯国情咨文相关内容可见:http://www.mofcom.gov.cn/article/i/jyjl/m/201312/20131200423851.shtml。
③ Внешняя торговля Российской Федерации по основным странам за январь – декабрь 2013 г., http://www.customs.ru/index2.php?option=com_content&view=article&id=18871&Itemid=1976.

表 1　2013 年俄罗斯对外贸易总额

国家及地区	总额/百万美元	出口/百万美元	进口/百万美元	占总贸易额比重/%	贸易额增长率（以上年度为基准）/%	出口增长率（以上年度为基准）/%	进口增长率（以上年度为基准）/%
中国	88842	35630.5	53211.5	10.5	101.7	99.6	103.1
日本	33211.8	19648.5	13563.3	3.9	106.6	126.7	86.7
美国	27732.9	11196.1	16536.8	3.3	98.4	87	108
韩国	25182.9	14868.3	10314.6	3	101.5	107.3	94.2
中国台湾	6372	4445.3	1926.7	0.8	119.7	133.8	96.2
越南	3972.9	1373.5	2599.4	0.5	108.5	98.9	114.4
泰国	3357.2	1272.9	2084.3	0.4	99.3	90.2	105.7
中国香港	3199	3026.3	172.7	0.4	213.3	214.5	194.5
印度尼西亚	2960.7	1233.6	1727.1	0.4	102.8	94.2	109.9
马来西亚	2685.6	1280.4	1405.2	0.3	153.8	464.1	95.5
新加坡	2438.6	1885.6	553	0.3	121.7	118.6	133.6
加拿大	2276.4	471.5	1804.9	0.3	81	136.6	73.2
墨西哥	1902.9	855.4	1047.6	0.2	119.9	173.7	95.8
菲律宾	1780.8	1326.3	454.5	0.2	108.1	112.1	98
澳大利亚	887.3	72	815.2	0.1	88.2	67.5	90.6
智利	743.1	48.8	694.3	0.1	141	163.2	139.7
新西兰	569.8	331.7	238.1	0.1	258.7	3812.6	112.5
秘鲁	503.5	400.6	102.9	0.1	111.4	111.6	110.5
巴布亚新几内亚	7.5	0.2	7.3	0	87.2	66.7	89
文莱	0	0	0	0	—	—	—
总计	208626.9	99367.4	109259.5	24.7	104.2	108.9	100.2

资料来源：根据俄罗斯海关统计数据整理制作。

由表 1 可见，俄罗斯与亚太地区国家经贸往来总量的前五名为中国（包括台湾和香港）、日本、美国、韩国、越南。这五国占俄罗斯贸易总额的比重依次为 11.7%、3.9%、3.3%、3%、0.5%，合计占亚太地区贸易总额的 90.3%。除了美国与越南外，俄罗斯与亚太地区经贸往来主要集中在东北亚地区的中日韩三国，这是由地理上的临近与该地区经济发展水平决定的。从具体外交实践来看，中日美韩越这五国，实质上也是俄罗斯在亚太地区经济或政治联系紧密的国家。2013 年，俄罗斯与其他国家贸易额有增有减，但占贸易总额的比重不大。

（一）俄罗斯与亚太地区国家总体关系

2013年，俄罗斯积极利用资源优势拓展与亚太国家关系，参与亚太地区经济一体化进程，尤其是依托关税同盟与亚太地区各国或组织建立自贸区的意图明显。5月28日，第一届亚太能源论坛在俄罗斯符拉迪沃斯托克召开，普京表示要竭力满足亚太地区不断扩大的能源需求。① 6月22日，俄罗斯－东盟商业论坛在圣彼得堡国际经济论坛框架下举行，俄罗斯联邦工商会副会长彼得罗夫表示，俄罗斯需要与东盟建立更加密切的合作，加强关税同盟与东盟之间的经贸往来。10月7日，亚太经合组织第21次非正式会议在印度尼西亚巴厘岛召开，普京出席会议并发言，同时与印度尼西亚总统苏西洛、中国国家主席习近平和日本首相安倍晋三分别举行了会晤。

单个国家关系方面，2013年俄罗斯与美国围绕棱镜门事件与叙利亚危机交锋激烈，使得俄美关系陷入低迷。棱镜门事件最终以斯诺登获得为期一年的俄罗斯临时避难权为结局而告一段落。在9月举行的圣彼得堡G20峰会期间，普京与奥巴马就叙利亚危机达成协议：俄罗斯促成叙利亚交出化学武器，美国则不对其进行武力打击。朝鲜半岛方面，2013年11月初，普京在访问越南之后访问韩国。俄韩双方就六方会谈、朝鲜半岛及东北亚地区和平与稳定、两国间经贸合作及人文交流等主题进行了磋商。对于俄朝关系，由于朝鲜执意进行核试验而处于冻结状态。围绕朝鲜核计划，2013年12月普京签署法令，命令俄罗斯执行联合国安理会于3月通过的对朝制裁决议。根据该命令，俄罗斯禁止所有企业向朝鲜提供制造弹道导弹方面的任何技术及咨询，拒绝接受检查的朝鲜船只不得入港，禁止向被怀疑协助朝鲜核计划的法人和自然人提供金融服务。同时，命令规定冻结俄境内或其管辖范围内的与朝鲜核计划和弹道导弹计划有关的任何资产。俄罗斯制裁朝鲜，俄朝关系陷入困境，原因主要有两点：第一，朝鲜发展并拥有核武器会改变朝鲜半岛乃至东北亚地区的和平态势与战略力量对比，这是俄罗斯不希望看到的局面；第二，朝鲜发展核武器严重违反

---

① Участникам Азиатско－Тихоокеанского энергетического форума，http：//www.kremlin.ru/letters/18213.

了国际公约与联合国相关决议,俄罗斯作为联合国常任理事国负有执行联合国禁止朝鲜发展核武器的义务。俄罗斯与东盟国家(越南除外)、大洋洲国家及墨西哥等美洲太平洋国家关系方面,在 2013 年未有明显进展。对于俄罗斯与中国、日本、越南三国关系,由于在 2013 年有较大进展,下文将做集中论述。

(二)与主要国家关系进展

俄中关系

2013 年 3 月 22~24 日,习近平就任中国国家主席后首站选择对俄罗斯进行国事访问,足见中国对中俄关系的重视。双方在莫斯科签署了《关于合作共赢、深化全面战略协作伙伴关系的联合声明》,表示要在解决国际争端、打击恐怖主义、打击毒品贩运和跨国有组织犯罪、推动维护国际信息安全方面加强合作。另外在反导问题上,俄中两国表示反对一国或国家集团单方面、无限度地加强反导系统,损害国际战略稳定和国际安全,主张共同应对导弹威胁和挑战,优先在国际法框架内通过政治与外交手段应对弹道导弹扩散问题,不能以牺牲部分国家的安全为代价来维护其他国家的安全。另外,双方就加强军事技术合作签署了一系列协议。根据协议,俄罗斯将向中国出售 24 架苏-35 战斗机、四艘"阿穆尔级"潜艇等尖端武器。这些尖端武器将进一步提升中国军队的装备水平,同时也将刺激俄罗斯军事工业的发展。在习近平访俄期间,双方还就共同举行"和平使命-2013"等重要联合军事演习达成协议,标志着俄中两国的共同军事演练与战役协同水平朝着新的高度在发展。

6 月,中石油与俄罗斯石油公司在圣彼得堡国际经济论坛上签署了价值 2700 亿美元的石油购买协议,该协议规定未来 25 年内俄罗斯每年向中国供应 4600 万吨上限的原油。①

7 月 5~12 日,"海上联合-2013"俄中联合军事演习在俄罗斯彼得大帝湾举行,双方围绕联合防卫作战、武器使用、阅兵等内容进行了协同演练。中国海军派出四艘驱逐舰、两艘护卫舰和一艘综合补给舰参演。俄罗斯海军派出

---

① 第 17 届圣彼得堡国际经济论坛闭幕,http://news.xinhuanet.com/world/2013-06/23/c_124896378.htm。

各型水面舰艇11艘、潜艇一艘参演。上海合作组织"和平使命-2013联合反恐军演"则于7月27日至8月15日在俄罗斯车里雅宾斯克切巴尔库尔靶场举行。中方派出646人及相关武器装备参演,俄方出动兵力约600人及相关武器装备。

9月初,G20领导人第八次峰会在圣彼得堡召开,中国国家主席习近平与俄罗斯总统普京进行了会晤。峰会期间,在两国元首的见证下,双方相应部门就能源、航空、地方合作内容签署了多份合作协议,分别为中国石油天然气集团公司同俄罗斯天然气股份公司关于俄中东线天然气合作的框架协议、中国石油天然气集团公司同俄罗斯诺瓦泰克公司液化天然气股权合作协议、上海市政府和圣彼得堡市政府合作协议等。

10月22日,俄罗斯总理梅德韦杰夫访华,俄中总理在北京举行第十八次定期会晤。作为中国新一届政府成立后的两国总理首次会晤,落实习近平访俄期间达成的元首共识,促进更加频繁与机制化的高层互动,凸显俄中互为战略依托的紧密关系,是梅德韦杰夫访华的中心议题。此外,在俄罗斯经济增速下滑的情况下拓展与中国的经贸关系,也是梅德韦杰夫访华的重要任务。

纵观2013年,俄中经济利益互补,政治与外交上则相互支持,双方关系发展与合作势头良好。但这并不意味着两国之间不存在分歧。具体而言,俄罗斯与印度、越南政治关系密切,武器出口增加,军事合作频繁,这对俄中关系的发展是一种无形的限制。此外,俄罗斯对与中国合作开发西伯利亚及远东地区的积极性并不高、进展不大,俄对中国的劳务输出也较为忌讳。笔者认为,现阶段俄中两国在全球进行战略协作是主旋律,但在地区合作上竞争关系越来越明显,这需要双方建立更加密切的交流沟通平台与完善的协作机制。

俄日关系

安倍晋三担任日本首相后,于4月28~30日率领120人的代表团访问了莫斯科,这是近十年来日本首相首次访问俄罗斯。在俄日双方发表的《联合声明》中,两国商定加快签署和平条约进程,建立领导人定期互访机制与外长、防长2+2会晤机制,并在投资领域签署一揽子协定,设立十亿美元的投资基金,同时还签订了双边能源合作等协定。

在经贸领域,俄罗斯在2013年对日贸易呈出超态势,出口商品以石油天

2013 年俄罗斯与亚太地区国家关系

然气为主，原因是日本 3·11 大地震以来核电产能下降，所以对俄罗斯的能源需求增加。日本企业对俄投资与出口方面，之前一直集中于欧俄地区，现阶段由于俄罗斯对东部地区发展的重视，日本企业对在东部地区加大工农业投资与进行资源开采的意愿越来越大，并开始付诸实践。日本学者新井洋史认为，加强与俄罗斯的合作，将其作为能源供应地、以"地区对地区"的合作模式实现日本地区经济振兴，是日本积极拓展对俄合作的目的。①

11 月 1 日，首次俄日外长、防长 2＋2 会晤在东京举行，俄罗斯外交部部长拉夫罗夫、国防部部长绍伊古与日本外务大臣岸田文雄和防卫大臣小野寺五典出席。2＋2 会晤的召开，标志着此前限于经贸和能源合作的俄日双边关系向外交与安保领域扩展。引人注目的是，在 10 月底 11 月初，俄罗斯海军与日本海上自卫队举行了多场名为"海上搜救"与"打击海盗走私行为"的联合军事演习。

总体而言，2013 年俄日关系升温较快，原因在于俄日双方互有政治需要与经济需求。日本学者小泽治子认为，再度执掌克里姆林宫的普京，为了牵制中国，改变在政治上与经济上倚重中国的态势，重视发展对日关系。② 而日中关系因钓鱼岛问题陷入低迷，使得日本有意加强与俄罗斯关系以抗衡中国。改善俄日关系，对日本而言也是有利无害的，一方面可以获取俄罗斯的自然资源、油气资源与商品市场，另一方面可以推进解决俄日领土争端、签订两国和平条约。笔者认为，未来俄日在经贸领域的合作将会有较大提升空间，但在政治、外交与防务领域的合作难有实质进展。首先，俄中现为全面战略协作伙伴关系，俄日则历来无政治互信传统，俄中关系与俄日关系孰轻孰重，将国家利益至上奉为圭臬的普京必然心中有数。其次，俄罗斯与日本围绕千岛群岛归属问题争执不下，这既是阻挡双方签订和约的极大障碍，也限定了两国政治外交合作的深度。再者，日本作为美国的忠实盟友，向来在外交步伐上紧随其后，

---

① 〔日〕新井洋史：《俄罗斯远东与日本经贸合作的现状及展望》，《俄罗斯学刊》第 2 卷第 12 期，2012。
② 小泽治子：《ロシアのアジア太平洋統合と日ロ関係》，日本国际问题研究所研究报告：《ロシアの政治システムの変容と外交政策への影響》。http：//www2. jiia. or. jp/pdf/resarch/H24_Russia/9_ ozawa. pdf。

209

亦步亦趋。目前俄美关系由于斯诺登事件、叙利亚问题陷入僵局，这对俄日关系的发展也是一种制约。

俄越关系

俄越两国近年来关系进展较快，2013年也延续了这一势头，朝着全面战略合作伙伴关系方向发展。普京于2013年11月12日访问越南，分别与越南国家主席张晋创、总理阮晋勇和越共中央总书记阮富仲举行了会谈，双方签署了16份合作文件。出访前普京专门发表了一篇名为《俄罗斯与越南：共同迈向合作新边界》的文章。普京在文中表示，俄越关系经受了历史考验，现今仍保留着相互尊重、相互信任与相互帮助的关系。[①]

2013年，俄罗斯与越南贸易总额为39.73亿美元，两国计划在2015年前贸易总额突破70亿美元，2020年前达到100亿美元。在相互投资方面，越南对俄罗斯的投资主要集中在轻工业、食品业和服务业等。俄罗斯对越南的投资与出口主要集中在电力开发、石油天然气开采与军工产品。具体内容包括以下几个方面。第一，核电开发项目。俄罗斯原子能公司预计将在2014年年初帮助越南开始建造第一个核电站——宁顺1号核电站，预计将在2023~2024年投入使用。第二，俄罗斯石油和天然气公司将帮助越南开采油气，升级石油开采能力，并从远东地区向越南提供液化天然气。第三，军工合作。针对越南正在实行的军队全面现代化建设，作为主要武器供应商，俄罗斯向越南提供的六艘基洛级潜艇，第一艘已于11月交付完毕。2013年8月，俄越双方又签订了一份价值4.5亿美元的军售合同，俄将向越提供12架苏-30MK2战机及相关技术设备。俄罗斯与越南签订的军舰出口或合作建造合同也正在执行。此外，越南对苏-35战机有购买意向，俄罗斯海军则对重返金兰湾，租借军港作为俄罗斯海军的技术、物资保障基地抱有浓厚兴趣。

总体而言，2013年越南从俄罗斯获取了较多资金、技术以发展经济，购买了不少武器以增加军力。作为回报，越南将帮助俄罗斯加强在东盟中的话语权，增强俄罗斯在亚太地区的存在。笔者认为，近年来俄越关系虽进展较快，

[①] Россия – Вьетнам: вместе к новым рубежам сотрудничества, http://www.kremlin.ru/news/19591.

但双方经贸合作模式较为单一。过去,苏联长期以来向越南出口重工业品的同时依赖越南的工农业原材料,当前俄越经贸关系仍延续着这一特征。俄罗斯向越南出口的商品主要为石油、钢铁和化肥产品;越南对俄罗斯的出口则以劳动密集型小商品、橡胶等热带资源和农产品为主,另有少量的劳务输出。

三 结语

总体而言,2013年俄罗斯在亚太地区与中国、日本、越南关系进展较大,这符合其以点带面的一贯外交风格,与其他国家关系则无明显进展。笔者认为,不论是加强经贸往来,还是强化政治合作,俄罗斯亚太战略的实质是维护其国家利益,增加在亚太地区的影响力与话语权。对于俄罗斯与亚太地区国家而言,发展双边关系,是一种互利互惠行为。2008年世界金融危机使俄罗斯认识到了发展与亚太国家关系的重要性,为了应对美国战略重心东移,俄罗斯也需要加强对亚太地区的影响。① 而亚太地区国家则需要俄罗斯丰富的资源、能源与市场空间。此外,中国经济总量与国际地位日益提升,美国加大在亚太地区的战略存在,使得不少亚太地区国家感到不安与忧虑,因而对于俄罗斯奉行的大国平衡战略抱有好感,意图借助俄罗斯在中美之间实现力量平衡,以期实现国家利益最大化。

在看到俄罗斯的亚太战略雄心勃勃的同时,也要看到其面临的短板。虽然俄罗斯近年来加大了对亚太地区的重视度与战略存在,决定将东部地区发展面向亚太地区,但当地人口太少,缺乏专业技术人员与工人,还面临着人口不断减少的窘境,加上基础设施不完善,出口产品以能源和初级产品为主,这些内部因素制约着俄东部地区的经济发展,也使得俄罗斯的亚太战略略显底气不足。此外,俄中之间持续扩大的贸易逆差与中国国家实力的增强,美国在亚太地区军事实力的增长,这些都是限制俄罗斯在亚太地区影响力增加的外部因素。② 具体而言,有如下四点因素制约着俄罗斯

---

① 左凤荣:《俄罗斯的亚太新战略及其对俄中关系的影响》,《国际政治研究》2013年第2期。
② Морозов Ю., Перспективы России в Северо‐Восточной Азии и предлагаемая стратегия в регионе, Проблемы дальнего востока, но 5, 2013.

与亚太地区国家关系的发展。

第一,亚太地区过于庞大分散,使得俄罗斯难以用同一种政策来与各个国家交往。亚太地区是个宽泛的地域概念,包括了东北亚地区、东南亚地区、大洋洲地区、美洲地区,每一地区的政治体制、经济模式与文化环境不同,除了松散的亚太经合组织外,在这一地区并不存在统一的区域组织来协调与糅合各方政治、外交立场或拓展经贸往来,另外各地区建立单独自贸区的意愿越来越明显,这都增加了俄罗斯与亚太地区国家交往的难度。对于俄罗斯而言,除了与东北亚地区及越南在经济、政治上联系较为密切以外,其与东南亚国家、大洋洲国家及中南美国家经济往来少、层次低,政治交往也较少,难以有效地与各国拓展关系。

第二,现实困境难以突破。俄罗斯制定的亚太地区政策以西伯利亚与远东地区为依托,既要积极参加地区政治经济一体化进程,又要保证这种进程不能损害俄罗斯的利益;既要积极与亚太地区国家进行经济合作,保障开发东部地区所需的市场、资金及劳动力,又要防止该地区成为亚太地区的资源附庸。但从现实情况来看,俄罗斯东部地区人口太少,对于亚太地区各国而言意味着市场空间有限,因而无意投入过多的资金与技术。中日韩等国有意在西伯利亚与远东地区开发农业、开采资源或进行劳务输出,但由于俄罗斯国家政策方面的顾虑及民族主义情绪的限制而进展缓慢。对于俄罗斯而言,付出资源代价与获取地区经济发展的困境难以破解。

第三,俄罗斯羁縻于欧洲事务难以脱身。欧俄部分是俄罗斯的中心与重心,俄罗斯与欧美在后苏联空间的争夺仍然牵扯了其大部分精力。俄罗斯始终对北约东扩、欧盟扩员戒心重重,试图整合周边各国,依托关税同盟等组织与欧美竞争。在短期内,俄罗斯与欧美在欧洲地区的角力不会停息,这限制了俄罗斯对亚太地区的精力投入。

第四,大国竞争关系是制约俄罗斯在亚太地区作为的重要因素。日本有学者认为,俄罗斯积极参与亚太事务可视作构建多极化世界的努力。[①] 笔

---

① 加藤美保子:《ロシア外交における「多極化世界の構築」とアジア太平洋:对中国、东南アジア政策を中心に》,北海道大学大学院。http://www.law.osaka-u.ac.jp/c-forum/symposium/0611kato.htm.

者认为,这种努力首先受到了俄美竞争关系的制约。日本、韩国、澳大利亚、新西兰等国在外交政策上追随美国,这些也都阻碍了俄罗斯发展与这些国家的关系。此外,俄罗斯重返金兰湾可能会给中国解决南海问题增加新的变量,而且俄中两国在中亚地区的潜在竞争也可能给双边关系带来新的挑战。①

---

① 申韬:《机遇与桎梏:变革时代的俄罗斯亚太战略》,《俄罗斯研究》2013 年第 2 期。

Y.20
2013年俄罗斯与欧盟关系述评

文龙杰*

摘　要： 2013年的俄欧关系紧承此前的"回暖"趋势，这体现在双方的经贸合作、能源合作、签证问题及科教文化合作中。俄欧合作取得的一些新进展主要得益于双方内部发展的需求，而推动俄欧关系发展的直接动因之一则来自克服经济危机这一经济考虑。但是，俄欧2013年在铺建"全新基础"方面并无新进展，这恰是俄欧关系中的核心问题。此外，岁末的乌克兰危机——系由俄欧在后苏联空间的竞争逻辑演绎而来，又使"回暖"趋势横生变数。

关键词： 俄罗斯　俄欧关系　外交

2008年俄格八月冲突，导致俄罗斯和欧盟的关系出现大的滑坡。但随之而来的金融危机又促使双方修补裂痕，寻找新的合作路径。2009年11月，时任俄罗斯总统梅德韦杰夫在俄欧斯德哥尔摩峰会上倡议，双方应建立起"现代化伙伴关系"。为回应这个倡议，俄欧双方相互提交了意欲开展的合作项目清单，并于2010年6月，在罗斯托夫峰会上宣布启动"现代化伙伴关系计划"。俄欧之间由此呈现出一种"回暖"的大趋势。过去的2013年紧承该趋势，这可从双方的经贸合作、能源合作、签证问题及科教文化合作中体现出来。

---

* 文龙杰，中国社会科学院研究生院俄罗斯欧亚系博士研究生。

一 经贸合作

自 2000 年至 2008 年，俄罗斯对欧盟的出口和进口都保持了增长，2009 年大幅度下滑，然后开始逐渐恢复，自 2010 年起，俄欧贸易逐步摆脱了金融危机的阴影，到 2012 年时达到新高。2013 年 1～9 月与 2012 年同期相比，俄从欧盟 28 国的进口总额从 912 亿欧元下降至 902 亿欧元，俄向欧盟 28 国出口总额从 1590 亿欧元下降至 1558 亿欧元，贸易顺差从 678 亿欧元降至 656 亿欧元。欧盟对俄出口额占欧盟出口总额的 7%，欧盟从俄进口额占欧盟进口总额的 12%，俄罗斯仍是欧盟的第三大贸易伙伴，仅次于美国和中国。

从国别角度来分析，2013 年 1～9 月，在欧盟 28 国中，德国是俄罗斯最大的贸易伙伴，德国对俄出口额为 274 亿欧元，约占欧盟 28 国对俄出口总额的 1/3；从俄进口额为 288 亿欧元，约占欧盟 28 国从俄进口总额的 1/5。

德国是欧盟成员国中最大的对俄出口国，占 30%；第二位的是意大利，80 亿欧元，占 9%；第三位是荷兰和波兰，均为 61 亿欧元，各占 7%；然后是法国 60 亿欧元，占 7%。德国还是最大的从俄进口国，占 19%；第二位是荷兰①，224 亿欧元，占 14%；第三位是意大利，149 亿欧元，占 10%；然后是波兰 139 亿欧元，占 9%。

2013 年 1～9 月，有 20 个欧盟成员国对俄罗斯贸易逆差，分别是荷兰 163 亿欧元，波兰 78 亿欧元，意大利 68 亿欧元，希腊 48 亿欧元等。对俄罗斯贸易顺差最大的是奥地利，为 12 亿欧元。

从双边贸易结构角度来看，2013 年 1～9 月，欧盟向俄罗斯出口的 85% 为工业制成品，从俄进口的 80% 为能源产品（详见表 1 及表 2）。

---

① 对荷兰从俄进口额的统计存在着过高的问题。荷兰是俄向欧盟出口的重要港口，商品经荷兰再分散至欧盟其他国家，这部分贸易额被统计为欧盟内部贸易，而非这些欧盟国家与俄罗斯的贸易额。换言之，在这一过程中，俄对欧盟其他国家的出口额被统计为俄荷贸易额。

表 1 欧盟 28 国与俄罗斯的商品贸易

单位：百万欧元

时间 国家	欧对俄出口		欧从俄进口		贸易平衡	
	2012 年 (1~9 月)	2013 年 (1~9 月)	2012 年 (1~9 月)	2013 年 (1~9 月)	2012 年 (1~9 月)	2013 年 (1~9 月)
欧盟 28 国	91206	90198	159002	155813	-67796	-65615
比利时	4092	4005	6269	7779	-2177	-3775
保加利亚	418	430	3934	3636	-3516	-3206
捷克	3445	3295	4368	4022	-923	-727
丹麦	1165	1186	477	722	688	464
德国	28252	27445	29852	28843	-1600	-1398
爱沙尼亚	1113	1027	771	625	342	401
爱尔兰	457	481	67	107	391	374
希腊	352	311	4144	5108	-3792	-4797
西班牙	2186	2159	6066	6248	-3880	-4089
法国	7011	5994	9322	7898	-2311	-1904
克罗地亚	244	165	984	977	-739	-811
意大利	7281	8047	13552	14895	-6271	-6848
塞浦路斯	18	20	11	46	6	-26
拉脱维亚	1365	1228	886	795	479	433
立陶宛	3039	3522	5585	6049	-2546	-2527
卢森堡	138	124	3	1	134	123
匈牙利	1893	1913	4660	4695	-2766	-2782
马耳他	17	35	1	5	16	30
荷兰	6091	6137	22134	22431	-16043	-16294
奥地利	2917	3255	2706	2063	211	1193
波兰	5581	6057	15778	13889	-10197	-7832
葡萄牙	137	207	417	748	-280	-540
罗马尼亚	762	1011	1758	1652	-996	-640
斯洛文尼亚	828	894	279	361	548	533
斯洛伐克	1835	1895	4375	4371	-2541	-2476
芬兰	4163	3982	7616	7940	-3454	-3958
瑞典	1999	1945	5292	4256	-3293	-2310
英国	4407	3427	7696	5651	-3288	-2224
欧盟 28 国对外贸易总额	1252676	1299146	1352098	1263846	-99422	35300
欧俄贸易在欧盟对外贸易总额中占比(%)	7.3	6.9	11.8	12.3		

资料来源：欧盟驻俄罗斯代表处网站，http://eeas.europa.eu/delegations/russia/press_corner/all_news/news/2014/20140124_ru.htm。

2013年俄罗斯与欧盟关系述评

表2 欧盟28国与俄罗斯商品贸易结构

单位：百万欧元

	欧对俄出口		欧从俄进口		平衡	
	2012年 （1~9月）	2013年 （1~9月）	2012年 （1~9月）	2013年 （1~9月）	2012年 （1~9月）	2013年 （1~9月）
总额	91206	90198	159002	155813	-67796	-65615
主要商品：	9939	10123	127114	125748	-117175	-115625
食品和饮料	7137	7522	977	900	6160	6622
原料	1703	1710	3501	3078	-1798	-1368
能源	1098	891	122636	121770	-121538	-120880
工业产品：	80000	78784	16551	15557	63449	63227
化学制品	14536	15192	4482	4475	10053	10717
设备和车辆①	45260	42869	1328	1349	43932	41520
其他日用工业品②	20205	20722	10740	9733	9464	10989
其他	1267	1291	15337	14508	-14070	-13216

资料来源：欧盟驻俄罗斯代表处网站，http://eeas.europa.eu/delegations/russia/press_corner/all_news/news/2014/20140124_ru.htm。

二 能源合作

在管道能源合作方面，俄欧在能源问题上的情形依旧如故：欧盟奉行能源进口多元化的方针，欲打破俄罗斯天然气工业公司在俄欧天然气管网运输方面的垄断地位；俄罗斯则欲继续稳固和扩大在欧盟的市场，在获取外汇的同时使欧盟更加依赖自己，这在俄意识到"页岩气革命"将给自己的能源出口带来消极影响后尤为明显。

2011年11月，"北溪"天然气管道第一条支线投入使用；2012年10月，俄罗斯天然气工业公司开通了"北溪"天然气管道第二条支线。在此后的

---

① 该项包括能源和工业设备、电脑、电子设备和元件、道路交通工具及配件、船舶、飞机和铁路设备。
② 该项包括皮革制品、橡胶制品、木制品、纸制品、纺织品、金属制品、建筑器具和材料、家具、衣服、鞋子和配件、科学仪器、钟表和照相机。

2013年，俄欧之间没有大的手笔。值得一提的是，2013年10月底，俄罗斯与欧盟签署了关于OPAL天然气管道投入运营的协议。该管道可负荷360亿立方米天然气，将"北溪"与西欧天然气运输网络连接了起来。俄罗斯与德国想将这条管道经营成欧盟"第三能源一揽子文件"之外的一个特例。根据"第三能源一揽子文件"，俄气在管道中的填充比例不能超过一半。但俄气希望OPAL天然气管道的全部皆由其天然气填充，与此同时，将该管道中的部分天然气投放到整个市场当中去。①

上述的这一案例还透露出，欧盟作为超国家，其与各成员国的利益并不完全一致。欧盟在2009～2012年间出台了包括"第三能源一揽子文件"在内的一系列能源措施，其重要目的之一便是使欧盟在与俄罗斯进行能源对话时，以同一个声音说话，避免各自为政，使俄罗斯有机可乘。德国在这一案例中的举措表明，成员国有时首先考虑的是本国利益而非欧盟的利益。莫斯科方面也认准了这一点，其各个击破的手段屡试不爽。而且，这并不限于能源对话方面。

三　签证问题

俄欧互免签证问题在2003年提出后一直是俄欧对话中的重要议题。2013年，俄欧虽在该问题上无实际进展，但出现了新动向。

2013年12月18日，欧盟委员会发布了关于俄欧"免签共同进程"② 完成情况的首份报告。报告中对涉及俄欧免签制度的四个关键问题进行了全面评价，这包括：①证件安全；②移民问题；③社会安全，包括打击腐败；④个人自由迁徙的权利。

总体上，欧盟委员会认为俄罗斯在落实"免签共同进程"方面取得了成果，已经完成了"免签共同进程"中的一些事项。但欧盟的报告仍然指出，俄罗斯仍应进一步开展工作消除欧盟方面的不安，落实"免签共同进程"中

---

① Россия и ЕС договорились об использовании немецкого газопровода, 2013, http://lenta.ru/news/2013/09/16/opal/.

② 2011年12月，俄欧就"免签共同进程"达成协议。

的事项。2014年1月17日，欧盟委员会与俄罗斯方面在俄欧合作常任理事会的会议上讨论了这一报告，以解决报告中指出的问题。

欧盟委员会内部政策委员塞西莉亚·马尔姆斯特伦说："自俄欧开启免签对话以来，俄罗斯已经做了大量的工作。这使我们更加意识到这件事情涉及法制、自由和安全领域的一些情况。因此，我们能够告诉俄罗斯，还需要在哪些领域进一步开展工作以完成'免签共同进程'，直至出现进行免签谈判的可能性。"①

欧盟外交与安全政策高级代表兼欧洲委员会副主席凯瑟琳·阿什顿说："欧盟与俄罗斯在'免签共同进程'框架下，为最终实现签证制度的自由化做了大量的准备工作。我希望，我们能够就这一问题继续努力。我希望，'免签共同进程'中提出的问题一旦解决，其中所提出的项目一旦落实，俄欧就签署关于短期免签制度的协议。"②

报告中指出，俄罗斯在落实"免签共同进程"方面取得了巨大进展。俄罗斯极大地改善了护照的安全性，使其符合国际标准。同时，对俄罗斯护照发放流程给予了好评。俄罗斯通过简化合法移民规则和限制非法移民完善了移民监管系统。俄罗斯加强了对恐怖主义的打击，达到了打击洗钱的国际标准。俄罗斯还采取措施减少了无国籍人员的数量。

还存在的问题和欧盟方面提出的建议包括：短期和长期居留俄罗斯的规则复杂，条件繁芜；某些俄欧边境口岸的出入境办理时间过长；在俄罗斯执法机构和立法机构太过集中，极大地延迟了从俄罗斯获得回应；为与欧盟的刑警组织和欧盟司法机构进行合作，俄罗斯还应提供相应的数据保护；缺乏打击贩卖人口的综合机制，无法保护受害者的利益；俄罗斯的人名变更太过自由；反腐

---

① Первый доклад Европейской Комиссии о выполнении Россией "Совместных шагов по переходу к безвизовому режиму краткосрочных поездок граждан России и ЕС", 19/12/2013, http：//eeas. europa. eu/delegations/russia/press ＿ corner/all ＿ news/news/2013/20131219 ＿ ru. htm.

② Первый доклад Европейской Комиссии о выполнении Россией "Совместных шагов по переходу к безвизовому режиму краткосрочных поездок граждан России и ЕС", 19/12/2013, http：//eeas. europa. eu/delegations/russia/press ＿ corner/all ＿ news/news/2013/20131219 ＿ ru. htm.

措施力度不够。①

尽管俄罗斯试图以索契冬奥会运动员免签事宜为突破口,实现俄欧之间的互免签证。但截至目前,事情都没有朝莫斯科方面预想的方向发展。2014年3月10日,欧盟负责简化与俄罗斯签证制度问题的主要谈判者、欧盟内部事务委员会总干事斯蒂凡诺·曼瑟维斯表示,欧盟委员会对欧盟与俄罗斯在2014年索契冬季奥运会前结束免签证谈判表示怀疑。他指出:"不应该在这方面操之过急,必须认真研究,因为如果出现某种纰漏的话,我们将承担草率决定的后果。"②

四 科教、文化领域的合作

在世界上,俄欧都是科技大国。欧盟对科学的贡献占全世界的1/3,在许多领域都居于领先地位。俄罗斯在这方面也拥有深厚的历史积淀,是许多科学流派的始祖。俄欧很早就在科学、文化领域展开了合作,无论是"四个共同空间",还是"现代化伙伴关系",都对此十分重视。这方面主要的双边和多边文件包括:《俄罗斯与欧盟合作伙伴协议(科技一章,第62款)》(1997);《俄联邦政府与欧盟科技合作协议》(2000);《俄联邦政府与欧盟在核安全领域就原子能进行合作协议》(2001);《俄罗斯-欧盟科学、教育和文化共同空间"路线图"》(2005)。

2007~2013年,在欧盟"玛丽亚·斯克沃多夫斯卡-居里计划"的框架下,有350名俄罗斯学者得到资助前往欧盟进修。这些俄罗斯学者获得了欧洲科研委员会(ERC)的25项资助,其中18项是在自然科学领域,四项是在社会人文科学领域,三项属于医学生物科学。这其中的17项给予青年学者作为科研启动资金,八项给予某一领域的著名学者、领军人物。他们分别被邀请至

---

① Первый доклад Европейской Комиссии о выполнении Россией "Совместных шагов по переходу к безвизовому режиму краткосрочных поездок граждан России и ЕС", 19/12/2013, http://eeas.europa.eu/delegations/russia/press_corner/all_news/news/2013/20131219_ru.htm.

② 《欧盟对与俄在索契冬奥会前结束免签证对话表示怀疑》,俄新网,2014年3月11日,http://rusnews.cn/guojiyaowen/guoji_shizheng/20130311/43713201.html。

英国（六项）、法国（四项）、德国（四项）、瑞士（三项）、荷兰（两项）、奥地利（一项）、比利时（一项）、西班牙（一项）、挪威（一项）等。

欧盟的科研人员也从俄罗斯获得了资助。俄罗斯通过提供资助，吸引欧洲的顶尖学者到俄罗斯的高校、国家科学院和其他研究中心来。欧盟的科研人员获得了31项资助。①

2013年10月20～21日，圣彼得堡举办了第六次"欧洲日"系列活动。活动的主题是：310年前彼得一世打开了面向欧洲的窗口，而我们每年都要将这一窗口开得更大更自由；我们幸运的是：不仅是我们需要走向欧洲，欧洲也在走向我们。②

2013年11月25日，"俄欧科学年"在莫斯科正式开幕。在科学年的12个月中，俄欧计划出台近200项措施，不仅涉及一些专门的问题，还与俄欧在科技领域的合作有关。

俄欧之间进行合作的领域包括：航空、航天、信息通信技术、能源、纳米技术、保健和科研基础设施。根据欧盟在创新和科研领域的新国际战略，未来优先进行合作的领域有三个：航空、信息通信技术和科研基础设施（见图1）。

俄欧科技合作共同委员会和俄欧合作协议框架下的专题工作组负责落实和协调双边合作。俄欧在航天领域的合作在欧盟委员会、欧盟航天局和俄联邦航天局三方之间展开。这方面的合作包括远程对地观测、卫星通信和卫星导航系统。无论是航天领域的基础研究还是应用研究，双方均表示要加强合作。

在科研基础设施方面进行的合作，设立了"Mega－science"项目。俄欧将在欧洲X射线自由电子激光（XFEL）、欧洲离子和反质子研究中心（FAIR）、国际热核实验反应堆（ITER）和欧洲核研究中心（CERN）的研究事务中进行合作。

俄罗斯273个不同的机构先后459次参与到欧盟的298个科技项目中，从

---

① Запуск Года науки Россия－ЕС 2014，European Commission－MEMO/13/1038，22/11/2013，http：//europa.eu/rapid/press－release_ MEMO－13－1038_ ru.htm.
② Дни Европы в Санкт－Петербурге 2013，http：//eur.ru/spb/about/.

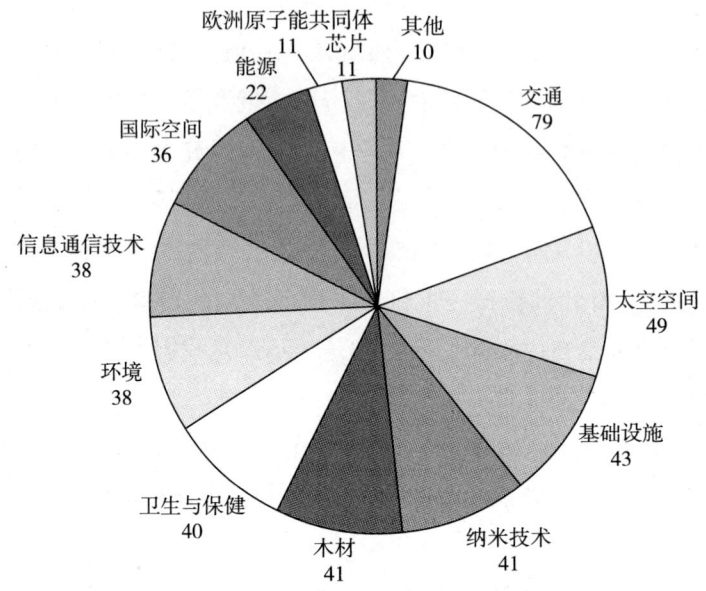

图1 欧盟与俄罗斯进行合作的科学领域

资料来源：欧盟驻俄罗斯代表处网站，http：//europa. eu/rapid/press - release_ MEMO - 13 - 1038_ ru. htm。

欧盟方面获得了6400万欧元。其中一半以上的俄罗斯参与者是来自俄不同地区的科研机构，有约20%是工业或私营部门的代表。①

此外，俄欧还在其他方面进行对话和交流。例如，2013年2月18日，应凯瑟琳·阿什顿之邀，俄罗斯、欧盟、冰岛和挪威四方外长在布鲁塞尔举行会晤。四方外长指出，出于地理上的接近、经济上的相互依存和共同的文化遗产，四方应该加强合作，促进北欧的繁荣和稳定发展。② 2013年6月17日，俄欧就双方在旅游方面的合作发表了联合声明，指出双方需在交流、法制、服务和从业人员技能培训方面加强合作。但该声明没有规定俄欧双方的任何国际

---

① Запуск Года науки Россия - ЕС 2014，European Commission - MEMO/13/1038，22/11/2013，http：//europa. eu/rapid/press - release_ MEMO - 13 - 1038_ ru. htm.
② Совместное заявление третьей министерской встречи в рамках обновленного «Северного измерения»，19/02/2013，http：//eeas. europa. eu/delegations/russia/press_ corner/all_ news/news/2013/20130218_ ru. htm.

义务，也不是具有法律效力的合约。①

综前所述，2013年的俄欧关系在20世纪90年代形成的双边框架基础之上有所发展。尽管在有些方面，例如经贸合作，2013年的情况较之2012年有所不及，但总体未脱出"回暖"这一大趋势。这种"回暖"实际上是俄欧关系的正常化。因此，在这里看不到任何一方的让步。俄欧在乌克兰问题上的暗斗便是一例。

无论是在俄罗斯还是在欧洲，均有人认为俄欧在"共同邻国地区"存在竞争。德国外交关系理事会（DGAP）②的一份报告认为，俄罗斯与欧盟是按竞争逻辑参与地区建设的。③俄罗斯与波兰专家组共同发布的一份报告认为，"东方伙伴关系"俄欧之间出现了新的变化——竞争。不过，该报告的落脚点是，这种变化将成为俄欧调整双边关系的积极动力。④

2004年5月，欧盟出台了旨在防止在扩大了的欧盟新边界上出现新分裂的"欧盟邻国政策"。2008年5月，波兰和瑞典在欧盟外交与总务会议上联合发起推行"东方伙伴关系"政策的倡议。2009年3月，"东方伙伴关系"获得欧盟首脑会议的批准。"东方伙伴关系"政策是"欧盟邻国政策"的进一步发展和细化。

"东方伙伴关系"政策付诸实施之后，俄罗斯产生了担忧。俄罗斯认为这一政策将会损毁其在独联体地区的存在。其中尤以乌克兰最为俄罗斯所看重。布热津斯基在其《大棋局——美国的首要地位及其地缘战略》一书中已将这一问题剖析得十分透彻："从地缘政治上看，丢掉乌克兰有举足轻重的影响，因为这使俄国的地缘战略选择受到极大限制。"如果"丢掉了乌克兰及其5200多万斯拉夫人"，俄罗斯将无法"充当一个自信的欧亚帝国的领袖，主宰原苏

---

① Совместное заявление Министра культуры Российской Федерации В. Р. Мединского и заместителя Председателя Европейской Комиссии А. Таяни о сотрудничестве в области туризма, Москва, 17 июня 2013 г.
② 德国外交关系理事会（DGAP）系德国一家独立的、非党派和非营利的会员制组织，是德国外交政策的智囊团之一，一直致力于在德国推动关于外交政策的公开辩论。
③ Andrey Makarychev, *Russia – EU: Competing Logics of Region Building*, DGAPanalyse 1, March 2012 (pdf), p. 1, 7.
④ Российско – польская группа экспертов, *Восточное партнерство иновый импульс для отношений Россия – ЕС*, http://www.pism.pl/files/?id_plik=3098.

联境内南部和东南部的非斯拉夫人"。"莫斯科任何重建欧亚帝国的图谋均有可能使俄国陷入与在民族和宗教方面已经觉醒的非斯拉夫人的持久冲突之中。"另外,"没有乌克兰而仅建立在俄国力量之上的新欧亚帝国",其欧洲化色彩将不可避免地减弱,日趋亚洲化。① 若乌克兰决定倒向欧洲,那么,"将会使俄罗斯在对它下一阶段的历史做出决策时陷入危机——或者成为欧洲的一部分,或者成为欧洲的一个弃儿,既不真正属于欧洲,又不真正属于亚洲"。②

2013年11月21日,乌克兰政府做出决定,暂停与欧盟签署联系国协定,转而采取了一些与俄加强合作的举措。在这一回合中,俄罗斯无疑稍占上风。但莫斯科方面仍无法稍作松懈。因为,乌国内反对派向当局的"离欧向俄"政策发难,酿成了全国性的政治危机。而且,反对派还呼吁欧盟和美国介入。

乌政府担心危机中会裹挟进国家分裂因素,积极采取措施稳定民众情绪,希望通过与反对派对话来寻求解决危机。亚努科维奇还要考虑到如何才能不失去下届总统竞选的选票,既要拉拢国内亲俄的民众,也要照顾到向欧的势力。目前,在布鲁塞尔和莫斯科之间,乌未表现出明显的倾向性。同时,亚努科维奇明确地公开表示,希望东、西方的政治家们不要再争夺乌克兰了,乌克兰人自己可以解决眼下的各种问题。俄常驻欧盟代表奇若夫在此后宣称,乌克兰问题不应成为2014年1月俄欧峰会的主要议题,在峰会上将不会做出任何有关乌克兰的决议。但事实上,双方在1月29日的峰会上就外部力量是否应介入乌克兰国内危机这一问题发生了激烈的争吵。

如果说2008年格鲁吉亚战争还只是敲山震虎,那俄欧这次关于乌克兰的争夺战则使双方实实在在地过上了招。这一回合下来,不独欧盟,乃至整个西方,都意识到俄罗斯在对后苏联空间控制问题上的努力不可小觑。但是,乌国内民众的情绪表明:历史文化联系、经济联系、能源依赖、地缘上接近这些因素到底能让乌委身于俄多久,仍是一个问题。不少分析家认为,

---

① 〔美〕布热津斯基:《大棋局——美国的首要地位及其地缘战略》,中国国际问题研究所译,上海人民出版社,2010年第一版,第121~122页。
② 〔美〕布热津斯基:《大棋局——美国的首要地位及其地缘战略》,中国国际问题研究所译,上海人民出版社,2010年第一版,第159页。

2013 年俄罗斯与欧盟关系述评

乌克兰的"离欧向俄"是战术性的,其倒向欧洲的大方向并未改变。①这一判断或许尚待继续观察,不过,克里姆林宫肯定存在这方面的担心。目前,乌克兰问题对俄欧关系的影响尚未完全显露出来,这可能是因为双方的博弈才刚刚开局。

2014 年 1 月 24 日,在与白俄罗斯接壤的立陶宛南部地区发现有两头公猪感染鼠疫。欧盟方面称,根据最新的调查,这两个感染病例与俄罗斯西部地区和白俄罗斯对疫情的监管不严有关。尽管疫情目前只存在于立陶宛的某些地区,俄罗斯已采取了史无前例的贸易限制措施,禁止从欧盟 28 国进口猪肉。此举在经济上对欧盟企业造成了严重影响。欧盟方面认为,俄罗斯的贸易限制措施是与现实情况极不相称的,违反了国际贸易准则。

欧盟卫生保健问题委员 Тонио Борча 表示,欧盟方面积极地与俄方寻求接触,但无论是俄方的主管领导还是技术人员都没有给予回应。他说:"已经提供的证据、观察和监测的结果、欧盟疫情感染地区的健康状况都表明,俄对欧完全限制猪肉进口是与现实不相符的。""我再次声明愿意尽快赴莫斯科与俄进行谈判,恢复俄欧在这方面的贸易往来。""根据合作的原则,应该仅对感染瘟疫的地区进行贸易限制。"

欧盟驻俄罗斯首席代表维加乌达斯·乌沙茨卡斯指出:"俄罗斯限制从欧盟进口猪肉是不正确的做法。这不利于俄欧经贸关系的发展。俄罗斯的贸易限制在时间上恰好与其他的一些贸易因素相重合。我希望,为了双方公民的福祉,俄欧能够尽快找到一个解决这一问题的建设性的长期措施。"②

欧盟之所以如此着急,是因为俄罗斯是欧盟猪肉的主要出口国家。俄罗斯每年从欧盟进口猪肉超过 80 万吨,价值超过十亿欧元,③ 占到欧盟猪肉出口

---

① НГ: Киев может изменить ориентацию, Независимая газета, 16 января 2014, http://korrespondent.net/world/worldabus/3285450 - nh - kyev - mozhet - yzmenyt - oryentatsyui.

② Европейская Комиссия вновь призывает Россию провести конструктивные переговоры о российском запрете на экспорт свинины из ЕС, 07/02/2014, http://eeas.europa.eu/delegations/russia/press_corner/all_news/news/2014/20140207_ru.htm.

③ Карина Романова, Илья Ильин, Россия подложила Европе свинину, http://www.gazeta.ru/business/2014/02/07/5888433.shtml.

总额的 1/4。① 根据俄罗斯国家肉类协会的数据，俄罗斯 2013 年从欧盟进口了超过 13 亿欧元的猪肉和猪肉副食品。俄对整个欧盟的猪肉禁运将使欧盟遭受巨大损失。鉴于俄罗斯的态度，欧洲出现了这样一种声音：俄罗斯的禁运政策是贸易战的开始，其背后有着政治层面的考虑——禁运与欧盟的乌克兰政策有关，因为事情发生在 1 月 29 日的峰会之后。② 俄罗斯驻欧盟代表奇若夫称欧盟的反应是将此事政治化。③ 这不过是外交家的辞令，经济何曾须臾脱离政治。

五　结语

俄欧合作取得的一些新进展主要得益于双方内部发展的需求。从俄罗斯的角度看，发展对欧关系并非只是俄对外政治的需要，更是其经济结构转型发展、社会进步及文化发展的需要，是目前俄罗斯实现"国家现代化"不可缺少的外部资源。在为俄罗斯经济发展提供先进技术、理念和资金方面，欧盟是俄罗斯最可"借力"的地区。从欧盟角度看，俄罗斯一直是西欧国家工业产品的主要市场，也是欧洲国家的主要能源提供者，稳定合作对遭受严重危机的欧洲国家经济具有重要的意义。

而推动俄欧关系发展的直接动因之一则是克服经济危机这一经济考虑。俄罗斯驻欧盟代表奇若夫说："俄罗斯与欧盟都面对着同样的挑战——能否在全球经济的新形势下通过现代化和创新保持竞争力，这使我们（俄罗斯和欧盟）重新协力合作，当然，是在全新的基础上。"④

不过，俄欧 2013 年在铺建"全新的基础"方面并无新进展。早已到

---

① Россия начала торговую войну с ЕС, http://www.pravda.com.ua/rus/news/2014/02/3/7012427/.
② Карина Романова, Илья Ильин, Россия подложила Европе свинину, http://www.gazeta.ru/business/2014/02/07/5888433.shtml.
③ Мария Князева, Постпред РФ при ЕС: Реакция ЕС на запрет ввоза свинины в Россию сугубо политизирована, http://1prime.ru/state_regulation/20140210/777581386.html.
④ Иржи Юст, Европейский союз с Россией, http://www.mk.ru/specprojects/free-theme/article/2013/12/22/963230-evropeyskiy-soyuz-s-rossiey.html.

期的《伙伴关系与合作协定》自2007年后就一直处于自动延期状态,至今仍没有签署任何新的基础性法律文件。这表明双方在关于"合作"的理念上仍存在差异:俄罗斯认为合作就是从欧盟获得资金、技术,乃至在欧洲事务上的话语权;而欧盟则认为"合作"是用欧洲标准来重塑俄罗斯,只有在经济、政治、法制和社会等方面实现了同质化,才能建立真正的伙伴关系,实现统一空间。

总而言之,在过去的一年里,俄欧在"回暖"的大势之下开展务实合作,在核心问题上未获突破。其中,岁末年初由双方在后苏联空间竞争逻辑演绎出的乌克兰危机,则有可能使"回暖"趋势生出变数。

Y.21
2013年独联体地区总体形势

牛义臣*

摘　要： 2013年独联体地区的问题头绪众多，纷繁复杂，我们可以通过俄罗斯的独联体政策、乌克兰问题和独联体区域内一体化机制的发展这三个视角来观察2013年独联体地区的总体形势。总体来看，2013年的独联体地区形势还算平稳，同时存在着明显的动态因素，局部地区出现不稳定现象，潜在问题和挑战有增无减。

关键词： 独联体　俄罗斯　一体化　乌克兰

独联体地区的问题头绪众多，纷繁复杂，把握其总体形势很难面面俱到。我们可以通过以下几个视角来观察：第一是俄罗斯的动作和举措，俄罗斯作为独联体地区最大的国家，一直是影响独联体形势的重要因素；第二是乌克兰问题，2013年的乌克兰成为独联体地区一个引人注目的热点；第三是独联体区域内一体化机制的发展，它们牵扯到独联体内的众多国家和众多问题，每一个举动都会对地区形势产生直接的影响。

一　俄罗斯的独联体政策和举措

2013年，进入普京再次掌权的第二年。虽然俄罗斯国内也存在一些经济

---

* 牛义臣，中国社会科学院俄罗斯东欧中亚研究所博士后。

2013年独联体地区总体形势

和社会问题,但这并没有阻挡俄罗斯在外交上频频出手。2013年6月23日,斯诺登离开中国香港飞往莫斯科之后,就留在了俄罗斯。尽管美国多次要求俄罗斯交出斯诺登,但俄罗斯最终还是给斯诺登提供了难民身份,为其提供庇护。2013年的叙利亚局势也是在不断升级,美国甚至发出信号,准备针对叙利亚政府动武。在局势僵持不下之际,9月俄罗斯提出以"化武换和平"的建议得到各方认可,避免了叙利亚局势的进一步恶化。俄罗斯的这一举措既缓和了叙利亚的僵局,又为俄罗斯提升在中东的影响力创造了机会。在乌克兰与欧盟和关税同盟的关系问题上,俄罗斯与欧盟进行角力,使乌克兰融入欧盟的进程出现暂停。俄罗斯加强在亚太地区的活动,与越南等国展开多领域的合作,受到一些国家的欢迎。俄罗斯在国际大舞台上采取一系列动作举措的同时,在独联体地区层面上也有持续的动作。

2013年2月18日,俄罗斯总统普京签署《俄罗斯联邦对外政策构想》,再次将发展与独联体国家的双边和多边合作,进一步巩固独联体,努力促进独联体区域的一体化进程放在了区域外交政策的第一优先位置。[①]为促进独联体区域内的经济关系,俄罗斯积极倡导建立欧亚经济联盟,希望其成为有效连接欧洲和亚太地区的纽带。与白俄罗斯和哈萨克斯坦一起,改革欧亚经济共同体并建设欧亚经济联盟,吸引其他欧亚共同体成员国参与此项工作。采取措施进一步发展及完善关税同盟与统一经济空间的机制和法律基础,加强欧亚经济委员会的职能和作用。在扩展与独联体成员国进行安全保障合作方面,俄罗斯把集体安全条约组织(集安组织)视为后苏联空间现代安全保障体系的重要组成部分,积极促进集安组织发展,重视加强快速反应机制与维和能力建设,提升集安组织成员国外交政策协调水平。

俄罗斯积极开展双边和多边外交,加强对独联体地区事务的影响。增进与乌克兰的关系,促使其融入不断深化的区域一体化进程;俄罗斯支持阿布哈兹共和国和南奥塞梯共和国作为现代民主国家独立,为它们巩固国际地位、保障安全和实现社会经济复苏提供帮助。俄罗斯表示有兴趣与格鲁吉亚实现关系正

---

① Концепция внешней политики Российской Федерации, http://www.mid.ru/brp_4.nsf/0/6D84DDEDEDBF7DA644257B160051BF7F.

常化。虽然2012年格鲁吉亚议会改组之后格鲁吉亚也开始出现与俄罗斯实现关系正常化的想法，但由于双方在阿布哈兹和南奥塞梯问题以及格鲁吉亚寻求加入北约问题上的分歧，致使俄格关系正常化的道路依然不畅。同时，由于纳戈尔诺-卡拉巴赫问题，阿塞拜疆与亚美尼亚之间的关系一直得不到根本改善。尽管俄罗斯一直希望从中协调，但仍然没有找到解决问题的方法。从总体上看，俄罗斯无法独自左右独联体地区局势发展的进程，但俄罗斯在该地区的政策举动有着巨大的影响力。

二　乌克兰问题

2013年的乌克兰局势发生了很大的变化。年初时乌克兰的外交形势不错，不仅有欧盟的关照，还有关税同盟的示好，就连集体安全条约组织都希望借乌克兰担任欧安组织轮值主席国的机会增进与欧安组织的合作。但从后来的情况看，2013年乌克兰的状况却并不妙。

在年初，乌克兰和欧盟就计划于2013年11月签署欧盟准成员国协定。乌克兰入盟之路取得阶段性的重要成果，似乎看到了胜利的曙光。与此同时，乌克兰也对俄罗斯主导的关税同盟有着浓厚的兴趣。俄罗斯建议乌克兰加入关税同盟，乌克兰为了不影响与欧盟的关系，并不打算很快加入关税同盟。乌克兰认为关税同盟和欧盟两个组织对自己来说都十分重要，希望在成为欧盟准成员国的同时，也以适当的形式保持与关税同盟的合作。虽然，在2013年2月乌克兰方面表示，以"3+1"形式与关税同盟建立合作问题的谈判取得某些进展，但俄罗斯并不接受乌克兰的这一想法。2013年3月5日，时任乌克兰总统亚努科维奇表示，乌克兰可以作为观察员国与关税同盟合作，希望通过获得关税同盟观察员国地位，一方面保持与俄罗斯、白俄罗斯和哈萨克斯坦目前的贸易额，一方面考察成为关税同盟成员国的利弊。这一提议最终得到了关税同盟成员国的认可。

5月31日，乌克兰和关税同盟主要工作机构——欧亚经济委员会在明斯克独联体总理理事会上签署深化协作的备忘录。通过签署这一备忘录，乌克兰就可以在没有正式成为观察员国的情况下参加关税同盟的工作。而乌克兰国内对快速拉近与关税同盟关系的做法却存在分歧。5月，当时还在狱中的季莫申科就曾要求乌总统推迟与欧亚经济委员会签订备忘录，把文件提交给乌克兰人民进行讨论。这进一步体现出乌克兰国内在与欧盟或关税同盟的关系选择上存在着不同的意见。为避免与关税同盟关系的进展影响到与欧盟的关系，2013年6月1日，时任总统亚努科维奇向欧盟委员会担保，乌克兰和欧亚经济联盟的新合作模式与乌克兰加入世贸组织和欧洲一体化战略方针并不矛盾。① 乌克兰左右逢源的立场，在俄欧双方角力的情况下并没有自如的空间，在无法同时推进的时候，还是做出了单项选择。2013年11月21日，乌克兰政府决定暂停与欧盟签署准成员国协定的筹备进程。对此，俄罗斯一方面表示没有对乌与欧盟可能的结盟采取侵略性政策，一方面也承认，俄罗斯与乌克兰有着开放的市场，假如乌克兰完全向欧洲敞开大门，那么俄罗斯就不能保留与乌克兰之间存在的宽敞大门。② 俄罗斯和乌克兰在12月达成协议，俄罗斯将下调对乌克兰供气的价格，并将购买乌克兰发行的总额150亿美元的欧洲债券。这二者之间的关系显而易见。欧盟对乌克兰的举动表示遗憾，并表示将继续争取发展乌克兰与欧盟的关系。同时，美国也对乌克兰政府做出的暂停筹备与欧盟联盟协议的决定感到失望，并表示会"继续支持乌克兰人民及其融入欧洲的愿望"。③

乌克兰对外关系出现的波动，在其国内激起了政局的不安。乌克兰政府决定暂停与欧盟签署准成员国协定筹备进程之后，随即就有人对政府的举动表示不满，开始走上街头举行抗议活动。反对派指责总统和政府中断融入欧洲的进程，认为这个举措违反乌克兰宪法、背叛乌克兰人民利益。反对派的抗议活动越演越烈，与政府的对立状态不断激化，乌克兰逐步陷入更加复杂的局势。

---

① 《乌克兰总统向欧盟担保坚持欧洲一体化政策》，http：//rusnews.cn/guojiyaowen/guoji_cis/20130601/43780507.html。
② 《普京：俄方没有对乌与欧盟可能的结盟采取侵略性政策》，http：//rusnews.cn/eguoxinwen/eluosi_duiwai/20131121/43917039.html。
③ 《美国副总统对乌克兰决定暂停与欧盟结盟表示失望》，http：//rusnews.cn/guojiyaowen/guoji_shizheng/20131123/43918515.html。

三 独联体区域内一体化机制的发展

独联体区域内不同领域不同层次的一体化机制为数不少,比如独联体自由贸易区、欧亚经济共同体、欧亚经济联盟、统一经济空间、关税同盟、欧亚经济委员会、俄白联盟国家、集体安全条约组织等。其中,2013年5月独联体自由贸易区接收乌兹别克斯坦为成员国,加上原来的俄罗斯、亚美尼亚、白俄罗斯、哈萨克斯坦、吉尔吉斯斯坦、摩尔多瓦、塔吉克斯坦和乌克兰,成员国已扩展到九个。欧亚经济共同体已经进入改造的后期阶段,按照俄罗斯建议的进度,希望在2015年前建立欧亚经济联盟。关税同盟和统一经济空间作为建设欧亚经济联盟的阶段性步骤正在推进,欧亚经济委员会当前则是关税同盟和统一经济空间的管理机构。目前,关税同盟的活动是独联体区域内经济一体化进展的集中体现,而集体安全条约组织则是独联体区域内军事安全一体化机制的代表。

(一)关税同盟的进展

作为欧亚经济联盟的前期准备阶段,关税同盟在2013年进入了发展的关键期。在这一年里,虽然关税同盟发展的过程并非一帆风顺,但是总体上取得了实质性的进展。除了乌克兰与关税同盟之间的互动之外,吉尔吉斯斯坦和亚美尼亚也是关税同盟重点关注的对象。2013年4月23日,俄总理梅德韦杰夫表示,俄方支持吉尔吉斯斯坦加入关税同盟和统一经济空间,并愿意提供必要帮助。2013年9月3日亚美尼亚总统宣布打算加入关税同盟。2013年10月24日,俄罗斯总统普京表示,俄罗斯、白俄罗斯和哈萨克斯坦支持亚美尼亚和吉尔吉斯斯坦加入关税同盟,并成立工作组起草亚美尼亚和吉尔吉斯斯坦加入一体化项目的路线图。尽管如此,它们加入关税同盟的进程却不是一帆风顺。

2013年12月,吉尔吉斯斯坦对俄白哈三国在没有吉参与的情况下制定了吉入盟"路线图"并不认可,认为这个"路线图"没有考虑吉根本利益,并表示吉只有在事关企业和民众的所有问题得以解决后,才能加入关税同盟。吉尔吉斯斯坦仍在加入关税同盟的道路上努力为自己争取有利的条件。而亚美尼亚加入关税同盟的举动则遭到了阿塞拜疆的反对，阿塞拜疆强调要在解放被亚美尼亚占据的领土之后，亚美尼亚才能加入关税同盟或类似机构。而事实上，阿塞拜疆的反对意见作用并不大。在2013年12月24日结束的欧亚经济委员会最高理事会元首级会议上，亚美尼亚签署了加入俄白哈关税同盟的协议。

（二）集体安全条约组织

2013年集体安全条约组织在发展军事合作、加强军事力量、应对集体安全条约组织成员国安全方面所面临的挑战和威胁、打击非法毒品交易和非法移民、打击信息领域犯罪、消除极端和恐怖行为、协调成员国合作、增进同其他国际组织联系等方面都开展了广泛活动，并取得一定成效。在集体安全条约组织框架内，军事技术合作优惠协议规定组织成员国可以以优惠价格采购武器和军事装备。军事采购在优惠的条件下急剧增加，尤以俄罗斯、白俄罗斯和哈萨克斯坦最为积极。① 俄罗斯和亚美尼亚在集体安全条约组织框架下组建联合军工企业，建立武器、装甲设备和飞机设备维修的联合企业中心，在通过的决议框架内，预计建成8~9个联合企业继续促进军工企业一体化。② 2013年11月28日在明斯克召开了集安组织成员国反毒主管部门代表协调委员会的第14次会议，会上做出决定由各成员国主管部门建立"集体安全条约组织反毒行动中心"工作组，整合组织内反毒力量，协调各成员国反毒部门行动。

2013年集体安全条约组织的主要活动还包括：加强防空体系建设，在已有的俄白、俄亚防空体系基础上，又决定建立俄哈防空体系；在亚美尼亚成立"集体安全条约组织研究院"基金，为该组织的活动提供信息保障；提高组织内武装力量及职能部门之间联合行动的经验和能力，进行了"协作-2013""牢不可破的兄弟-2013""霹雳-2013""钴-2013""山城-阿斯塔纳"等六次大规模演习；无偿为成员国军事安全部门培养人才。同时，集体安全条约组织还进一步增进了同其他国际组织的联系，尤其是与联合国、欧安组织、上

---

① РИА Новости: Льготные условия закупок вооружений в рамках ОДКБ работают - Бордюжа, http://ria.ru/defense_safety/20130201/920811841.html#ixzz2odnCwxDT.

② РИА Новости: Россия и Армения создают совместные предприятия ВПК - Бордюжа, http://ria.ru/defense_safety/20130201/920828769.html#ixzz2odp3R5e9.

合组织。同联合国秘书处就维和及阿富汗问题进行了务实的磋商。

2013年集体安全条约组织有两个重点关注的问题：其一，如何应对2014年之后阿富汗局势及其影响；其二，如何预防外部干涉和"颜色革命"在集体安全条约组织区域内发生。集体安全条约组织成员国元首们把应对阿富汗问题及其对中亚地区安全的影响视为首要任务。① 工作重点是增强集体安全条约组织的军事能力、巩固集体安全条约组织中亚成员国与阿富汗边境安全、为阿富汗培训人才、与其他国际组织合作等。比如，为了控制来自阿富汗方向的威胁，2013年，集体安全条约组织继续向吉尔吉斯斯坦和塔吉克斯坦边防部门提供援助，并对塔阿边界给予特别关注，加强集体安全条约组织的外部边界。近来，反对派与外部势力联合，采取大规模军事行动来颠覆政权和强制更换领导人的现象在国际上时有发生。为预防成员国发生类似情况，以"防止和解决集体安全条约组织成员国危机的联合措施"为题的模拟演练于2013年11月26日在莫斯科举行。模拟演练过程中，假定在集体安全条约组织的一个成员国——"里海共和国"出现危机，对该国领土完整和主权构成了威胁，集体安全条约组织采取一系列必要的措施加以应对。2013年12月19日，集安组织秘书处举行了题为"政府和社会合作应对外来干涉和'颜色革命'"的圆桌会议。会上不仅研究了"颜色革命"及其与外部支持和干预的关系，还讨论了集体安全条约组织应该做出的一些应对方法。

通过以上内容可以发现，2013年的独联体地区：俄罗斯外交表现活跃且颇有收获，俄继续坚持将独联体地区作为其外交第一优先方向，持续推进区域一体化进程，不断加强同独联体国家的联系和互动；乌克兰从"左右逢源"到"左右为难"，停止与欧盟签署准成员国协议导致国内不满，国内抗议又拉住了与关税同盟的关系进展，内政外交相互作用最后导致国内政局不安；外高加索地区南奥塞梯和阿布哈兹、纳戈尔诺-卡拉巴赫等问题仍未得到解决，相关各方继续角力和纠缠，俄格关系出现转机但进展不大，亚美尼亚积极响应一体化进程；中亚地区安全形势严峻，面临现实和潜在的威胁与挑战的同时，各

---

① Русская служба БиБиСи："ОДКБ готовится к обострению в Афганистане"，http：//www.odkb-csto.org/news/detail.php? ELEMENT_ID=3080&SECTION_ID=92.

国也在努力寻求发展自己的经济利益；关税同盟取得进展，继续为欧亚经济联盟的建设创造条件；集体安全条约组织继续加强保障区域安全的能力，对重点和敏感问题、潜在的威胁和挑战积极研究对策并采取措施进行防范，在此过程中，该组织的影响力和行动能力有进一步增强的趋势。总体来看，2013年的独联体地区形势还算平稳，同时存在着明显的动态因素，局部地区出现不稳定现象，潜在问题和挑战有增无减。

Y.22
俄美在叙利亚问题上的博弈

韩克敌*

摘　要： 2013年，围绕叙利亚内战、化学武器袭击、巴沙尔的去留，俄美展开激烈博弈。俄美主导的叙利亚问题第二轮日内瓦会谈没有取得成果。由叙利亚问题衍生出的"例外论"争执显示了俄美关系的复杂性。

关键词： 叙利亚问题　俄美关系　化学武器　"例外论"

第二次世界大战后，中东一直是国际热点地区。叙利亚内战肇始于2011年的"阿拉伯之春"，这场风波从突尼斯、埃及、利比亚、也门一直延烧到叙利亚。自2011年3月以来，叙利亚的国内战争已经持续三年，导致数十万人死亡，数百万人逃离家园。2013年，围绕叙利亚内战，俄美双方展开博弈。这场争斗更因为两国领导人的直接介入而增添了几分个人色彩，其激烈程度，仿佛冷战再现。

一　错综复杂的叙利亚局势

叙利亚特殊的地理、历史、人种、教派和政治因素，使这场战争旷日持久。

巴沙尔·阿萨德属于阿拉维派（Alawite－什叶派的一支，相对世俗化），

---

* 韩克敌，中国社会科学院俄罗斯东欧中亚研究所副研究员。

其人口只占叙全国人口的12%。从20世纪70年代开始,苏联就和巴沙尔的父亲老阿萨德(哈菲兹·阿萨德)政权建立了紧密的联系。苏联和现在的俄罗斯一直是叙利亚最大的武器供应国,叙利亚政府军几乎全部使用苏式武器。目前,巴沙尔政府也得到伊朗支持的"真主党"和"圣城军"(Quds Force)的支持。这两个组织都被美国列为恐怖组织。

叙利亚反对派大多属于逊尼派,其人员构成复杂,既有叙国内土生土长的武装人员,也有来自邻国和世界各地的形形色色的伊斯兰圣战者、志愿军。其主要派别包括叙利亚境内的"叙利亚全国民主变革力量民族协调机构"和"叙利亚自由军"(Free Syrian Army),以及境外主要反对派"叙利亚反对派和革命力量全国联盟"(简称"全国联盟")。其中,"全国联盟"和"叙利亚自由军"受到西方国家的支持。

叙利亚反对派中也包含伊斯兰极端主义组织。例如,叙利亚东北部的"努斯拉阵线"(Nusra Front)和"伊拉克和叙利亚伊斯兰国"(Isis–Islamic State of Iraq and Syria)组织。这两个组织和"基地"组织的关系一直是个谜。"伊拉克和叙利亚伊斯兰国"组织活跃在叙利亚东北部以及伊拉克西部地区。2014年1月3日,该组织突然占领伊拉克安巴尔省重要城市费卢杰,宣布建立"伊拉克和叙利亚伊斯兰国",在控制区内实行严格的伊斯兰教法,引起国际社会震动。这两个组织不受叙反对派控制,他们几乎同时与政府军和反对派武装为敌。

叙利亚问题还牵涉复杂的地缘政治,将该地区几乎所有的国家如土耳其、伊朗、黎巴嫩、以色列、约旦、沙特阿拉伯、卡塔尔、伊拉克全部卷入进来。黎巴嫩、约旦、土耳其等国都有大量叙利亚难民,各国都有两方的支持者。例如,黎巴嫩真主党在伊朗的支持下,已向叙利亚派出大量战斗人员,帮助政府军打击逊尼派叛军。反过来,真主党对巴沙尔政府的支持又引起了黎巴嫩国内逊尼派武装对什叶派真主党的打击。

从叙国内来说,叙利亚内战的焦点是巴沙尔·阿萨德政权的去留问题。而从地区来说,这俨然成为一场由沙特阿拉伯和卡塔尔等国支持的逊尼派穆斯林和伊朗支持的什叶派穆斯林之间的宗教代理人战争。而从全球范围来说,叙利亚更成为俄美角力的又一个战场。

二 化学武器危机

2013年6月17~18日,在北爱尔兰举行的八国峰会上,就叙利亚问题,普京与其他七国领导人产生了严重分歧。俄罗斯支持巴沙尔政权,坚持向其提供大量武器装备。而美国等西方国家则支持反对派,认为巴沙尔政权已经失去民意支持,必须下台。

8月21日,在大马士革郊区古塔(Ghouta)等地区发生了化学武器袭击,造成大量平民伤亡。对于是谁发动了这样的袭击,西方国家和俄罗斯各执一词。美国谴责巴沙尔政权实施了化武攻击,而俄罗斯认为化武袭击是叙反对派所为。联合国组成了专门的小组进行实地调查,调查报告确认发生了化学武器袭击事件,但却没有指明谁是凶手。

9月5日,美国驻联合国大使鲍尔(Samantha Power)明确表示,就叙利亚问题,俄罗斯已经"绑架"了安理会,使安理会两年来无所作为,美国此次将放弃通过安理会协商。此前,2011年10月4日、2012年2月4日和2012年7月19日,俄中两国曾三次在安理会否决了西方国家提出的解决叙利亚问题的决议草案。

9月5~6日,在圣彼得堡20国集团峰会期间,叙利亚问题超越东道主俄罗斯预设的经济问题,成为会议的焦点。经过美国积极争取,有十个国家签署了由美国提出的叙利亚问题联合声明,这十个国家为:英国、法国、澳大利亚、加拿大、意大利、日本、韩国、西班牙、沙特阿拉伯和土耳其。声明抨击了联合国安理会在叙利亚问题上的不作为,表示"支持美国和其他国家采取的行动,强化禁止化学武器的使用"。这个联合声明的签署是奥巴马政府的一个胜利。而俄罗斯、中国、印度、巴西、阿根廷、南非、德国没有签字。这表明,在叙利亚问题上,20国集团实际上已经分裂。奥巴马政府的所作所为表明,奥巴马已经将打击叙利亚与其个人威望和美国国家威望联系到一起,将打击叙利亚和美国是否对俄罗斯示弱联系在一起。美国的军事机器已经启动,对叙利亚的打击似乎不可避免。

但是,事态出现戏剧性转折。9月9日,美国国务卿克里在伦敦的记者会

俄美在叙利亚问题上的博弈

上回答提问时，似乎偶然地表示："（避免军事打击的唯一途径），是他（巴沙尔）在下周内向国际社会交出所有化学武器。"俄方机敏地抓住了这个契机，俄外交部当天立即发表正式声明，提出以"化武换和平"建议：将叙利亚化学武器设施置于国际监督之下，叙交出化学武器，加入《禁止化学武器公约》，以避免美国对叙实施军事打击。

9月10日，奥巴马发表全国讲话，为军事打击叙利亚争取国民的支持。他强调军事打击的必要性："我们的理念和原则，我们的国家安全，还有我们为确保最邪恶的武器永远不会被使用而发挥的世界领导作用，都在叙利亚面临风险。"① 奥巴马指责巴沙尔政府动用了化学武器："我们知道阿萨德政权应为此负责。在8月21日前的几天，阿萨德的化学武器人员为了准备发动袭击，在邻近地区配制沙林毒气。他们向自己的军队发放了防毒面具。然后他们从政府控制的地区向附近的11个区域发射火箭，试图清除这些地区的反对派武装。火箭落地后不久，毒气就开始蔓延，医院里到处都是死伤的人员。我们知道阿萨德军事机器的高级官员评估了袭击的结果，此后几天，政府军加强了对这些区域的炮击。对事发现场那些（血液）检验结果为沙林阳性的人员，我们研究了他们的血液和毛发样品。"② 在强硬表示的同时，奥巴马也承认，看到了一些积极迹象，因此他要求国会推迟就授权使用武力进行投票，并派国务卿克里与俄罗斯外长商谈外交解决途径。

9月11日，普京罕见地在《纽约时报》上刊登回应文章，针锋相对地否认巴沙尔政府的责任。"没有人怀疑叙利亚发生了化学武器袭击。但有充分的理由相信，使用化武的并非政府军，而是反对派武装在外国援助的情况下煽动局势。"③ 普京预言："美国即将对叙利亚发动的军事攻击，遭到了许多国家和

---

① Barack Obama, "Remarks by the President in Address to the Nation on Syria", http：//www.whitehouse.gov/photos－and－video/video/2013/09/10/president－obama－addresses－nation－syria#transcript.

② Barack Obama, "Remarks by the President in Address to the Nation on Syria", http：//www.whitehouse.gov/photos－and－video/video/2013/09/10/president－obama－addresses－nation－syria#transcript.

③ Vladimir Putin, "A Plea for Caution from Russia：What Putin Has to Say to Americans about Syria", *New York Times*, Sep. 11, 2013.

主要政治、宗教领袖的强烈反对。军事干预将导致更多无辜的受害者和暴力升级,甚至将蔓延至叙利亚边境之外。一次军事打击可能会引发暴力冲突以及新一轮的恐怖主义浪潮。它可能会破坏多方解决伊朗核问题和巴以冲突的努力,并进一步摧毁中东北非地区。它甚至可能会引发整个国际法体系的失衡。"他明确指责美国:"令人震惊的是,军事干预他国内部冲突似乎已成为美国的家常便饭。这是美国的长期利益吗?我对此表示怀疑。世界上数百万人越来越发现,美国不再是民主典范,而是依靠蛮力,联合盟友时号召'你要么支持我们,要么就是反对我们'的国家。"①

9月12日,俄罗斯外长拉夫罗夫与克里在日内瓦举行了会谈。14日,俄美就销毁叙利亚化学武器问题达成框架协议。这份协议拟定了一个三阶段的方案,即:一周内,叙利亚提交化学武器的详细清单(包括种类、数量、制造和储藏地点);11月之前,联合国核查人员进入叙利亚进行核查;2014年年中以前,全部销毁或转移叙化学武器。当天,叙利亚政府向联合国秘书长递交加入《禁止化学武器公约》申请书。按照规定,一个月后(10月14日),叙利亚成为该公约的正式缔约国。

9月27日晚,联合国安理会一致通过了有关叙利亚化学武器问题的决议。决议要求叙利亚任何一方都不得使用、开发、生产、获取、储存、保留或转让化学武器;要求叙利亚各方遵守"禁止化学武器公约组织"的决定,与"禁止化学武器公约组织"和联合国充分合作;尽快召开一个叙利亚问题国际会议,以执行日内瓦公报。②

最后一刻,美国认识到了使用武力的高度风险性,认识到了叙利亚局势的极端复杂性。它从动武的立场上后退了。叙利亚危机的突然转向让世界目瞪口呆,它使俄罗斯收获了荣誉,而美国招致了一定的怀疑。尽管奥巴马暗示他和普京曾在20国集团峰会上讨论过"化武换和平"的问题,但毫无疑问,世界

---

① Vladimir Putin,"A Plea for Caution from Russia: What Putin Has to Say to Americans about Syria", *New York Times*, Sep. 11, 2013.
② 2012年6月30日,在日内瓦由联合国五个常任理事国与叙利亚邻国及相关国际组织举行的"叙利亚问题行动小组"外长会议发表联合公报,公报呼吁尽快停止武装暴力,开展政治对话,组建由叙所有社会力量参加的过渡管理机构。但各方对过渡机构人员组成存在严重分歧。

认为是普京提出了和平方案。

大多数国家欢迎这种转变。但以沙特阿拉伯为首的阿拉伯国家对美国的表现非常失望,对俄罗斯则异常愤怒。由于俄罗斯方面支持叙利亚总统巴沙尔,沙特阿拉伯和俄罗斯两国关系一直处于紧张状态。2013年10月,沙特阿拉伯突然拒绝接受联合国安理会非常任理事国席位,矛头直指俄罗斯。这一举动反过来受到了俄罗斯的激烈批评。

三 日内瓦和谈

2014年1月22日,叙利亚问题第二轮日内瓦会议在瑞士蒙特勒开幕。会议分为两个阶段,第一阶段由联合国秘书长潘基文主持,有包括安理会五个常任理事国在内的30多个国家的外长,以及叙政府与反对派代表出席。第二阶段会谈由联合国-阿盟叙利亚危机联合特别代表普拉希米主持,在巴沙尔政府与反对派"全国联盟"之间直接进行。这是叙利亚危机自2011年爆发以来,参战双方首次在谈判桌上碰面。

会议还未开始就在伊朗是否与会的问题上产生分歧。美国反对伊朗出席会议,而俄罗斯希望伊朗参加。叙反对派则表示,如果伊朗与会,他们将拒绝参加。最后,在美国的压力下,潘基文撤销了对伊朗与会的邀请。会议的三大争论焦点是:巴沙尔的去留和过渡机构的组成;"反恐"和停火孰先孰后;人道主义救援如何开展。

巴沙尔政府希望日内瓦会议首先讨论"反恐"问题,美国予以拒绝。克里指责"巴沙尔本人就是一个恐怖磁石,他通过无限制轰炸、饥饿和酷刑,对自己的人民搞国家恐怖"①。他强调第二轮日内瓦会议的"唯一目的"就是"落实第一轮日内瓦会议"的内容,建立一个"在各方同意下拥有完全执行权的管理机构",使政权可以实现平稳过渡。

会上,有关总统巴沙尔是否有权力领导叙利亚过渡政府的议题引起了广泛

---

① Syria Peace Talks Failure Spurs U. S. – Russia Recriminations,http://www.reuters.com/article/2014/02/17/us–syria–crisis–idUSBREA1G0R420140217.

争议。叙反对派坚决反对巴沙尔在过渡政府任职。克里在会上表示,巴沙尔不能够成为叙利亚过渡政府的成员,他也没有能力结束叙利亚的内战。叙利亚外交部部长穆阿利姆(Walid al-Moallem)反对美国的立场。他说:"除了叙利亚人以外,世界上没有其他人有权利决定或撤销叙利亚总统、政府。"俄罗斯外长拉夫罗夫也对克里的发言提出了质疑,他指出,国际社会必须"避免任何预先决定结果的企图"。

美国为首的西方国家要求叙政府提供人道主义通道,以便对反对派控制的地区提供人道主义援助。叙利亚政府拒绝放松对反对派占领区的封锁,理由是反对派会利用解除封锁获得武器和给养。谈判期间,叙利亚政府与联合国达成了三天的停火协议,以允许人道主义援助进入反对派控制的霍姆斯。该城位于叙首都大马士革和沿海港口塔尔图斯、拉塔基亚之间,战略位置十分重要,目前由"叙利亚自由军"控制。据西方媒体报道,该地区有25万平民。这算是日内瓦会谈的一个小成果。

叙利亚冲突双方直接谈判于1月31日在日内瓦休会。历时近一周的谈判,几乎没有任何进展。双方在绝大多数问题上都存在严重分歧。

克里将日内瓦会谈失败的原因推到巴沙尔政权头上。"(巴沙尔)政府在制造障碍。他们什么都不做,只是继续轰炸自己的人民,继续毁灭自己的国家。我很遗憾地说,他们这样做是因为得到了伊朗、真主党和俄罗斯更多的支持。"而拉夫罗夫则反驳说:"有证据显示,一些反对派的捐助国正试图建立一个新的结构。换句话说,正在确立一个远离谈判轨道的新方针,这个新方针再次将赌注押在军事方案上。"①

四 俄美的立场和策略

应对叙利亚危机,美国有很多选项:例如武装反对派、设立禁飞区、空中打击(不派地面部队)、派出地面部队。但是,过去一年,美国政府有所保留。

---

① Syria Peace Talks Failure Spurs U. S. – Russia Recriminations, http://www.reuters.com/article/2014/02/17/us-syria-crisis-idUSBREA1G0R420140217.

既没有实施空中打击,也没有武装反对派。首要的原因在于,美国民众对卷入中东另一场战争并不积极,发动另一场战争也和奥巴马从中东逐步脱身转向亚太的总战略不符。奥巴马主动将是否动武的决定权交给国会也表明了他本人并不坚定的态度。因为,实施对外有限的军事打击,美国总统并不需要国会的授权。

同时,以美国为首的西方国家日益关注伊斯兰极端主义分子在叙利亚内战中的发展壮大。美国国会两党成员在向叙利亚反对派提供武器方面都非常犹豫,尤其担心这些援助武器落入伊斯兰极端分子手中。美国情报总监克拉珀(Jim Clapper)估计,在叙利亚有26000名伊斯兰圣战者。① 许多西方国家,包括政府和情报机构,都在和大马士革私下接触,希望巴沙尔政府提供其国内有关伊斯兰圣战者的情报。

叙反对派内部派别林立,组织涣散,进一步干扰了美国的决策。推翻巴沙尔可能很容易,关键是推翻以后呢?美国对巴沙尔以后的叙利亚并没有好的设想和安排。在西方各国,对伊斯兰圣战者的恐惧正逐渐超过了对巴沙尔政权的恐惧。巴沙尔·阿萨德政府确实是一个世袭的独裁政府,这和美国宣扬的民主、自由格格不入。但是,这个政府至少是一个可控制的政府,是一个可预测的政府。放弃化武在一定程度上表明了巴沙尔政权的合作意愿。而反对派则可能什么都不是。

奥巴马在不同的地点、不同的时间,曾经表达过美国军事干预的三条红线:人道主义灾难;大规模杀伤性武器的使用(例如化学武器);对美国的盟国构成威胁(以色列、土耳其、约旦)。奥巴马称,他的目标依然是让巴沙尔·阿萨德下台,但这个过程中要保护叙利亚宗教少数族群,并确保极端分子不会在叙利亚抬头。

在美国,也有这样的猜测,美国也许在故意放纵叙利亚危机。毕竟,叙利亚问题无论如何恶化,也不会对美造成大的损害。相反,这个问题会严重困扰海湾国家,困扰伊朗、俄罗斯甚至欧盟。

在叙利亚问题上,俄罗斯的立场日渐清晰,力挺巴沙尔政府,保持俄罗斯的影响力。俄罗斯海军加强了在地中海东岸的军事部署,悬挂俄罗斯国旗的船只给叙利亚政府运送武器和各种物资。对俄罗斯来说,叙利亚具有某种现实独

---

① Max Boot and Jeane J. Kirkpatrick, Obama's Syria Policy is a Deadly Mistake, *Financial Times*, February 10, 2014.

特性。俄罗斯在叙利亚有据点，有移民，有东正教堂。普京的叙利亚政策也是对2011年的"利比亚事件"和"阿拉伯之春"反思的结果。通过一年的努力，俄罗斯稳住了这个中东的据点，扩大了影响。它让海湾伊斯兰国家看到，美国并不能左右一切。

与此同时，俄罗斯的叙利亚政策也体现了某种灵活性和全局性。俄方一再重申，如果发现叙政府使用化学武器的确凿证据，它将加入联合国的行动，反对巴沙尔政权。在美国国会就叙利亚问题投票前，俄政府鼓励俄国家杜马议员接触美国国会议员。俄也邀请叙反对派代表访问了莫斯科。虽然俄罗斯一再表态将继续履行向叙利亚政府供应武器的合同，但是，俄罗斯暂停了一些对提升叙利亚政府军战力有重要价值的武器系统，例如S300防空导弹系统和"堡垒"岸防导弹系统的供应。2013年5月28日，以色列国防部长摩西·亚阿隆明确表示，如果俄罗斯提供S300防空导弹给叙利亚，那将是对以色列的威胁。

以"化武换和平"协议暂时缓解了危机，但没有根本解决问题。俄美只是在化武这样一个小问题上达成了妥协。而巴沙尔政权的去留、未来叙利亚政府的组成、中东势力范围的消长这样的根本问题依然悬而未决。叙利亚战场态势的发展也值得关注。目前，政府军方面掌握着主导权，反对派处于守势，但是仍能够撑得住。未来，如果政府军处于压倒优势，西方加强干预在所难免。

在俄罗斯，在世界上，很多人认为，在这次叙利亚问题上，俄罗斯是赢家。确实，叙利亚危机的和平解决给俄罗斯，也给普京本人带来了声誉。但是，莫斯科的胜利是阶段性的，是战术性的。因为，叙利亚危机仍在发展，而华盛顿实际没有失去什么，这是一盘未下完的棋。目前，俄罗斯在中东仅有两个支点：叙利亚和伊朗。但是，这两个支点都非常脆弱。伊朗有自己的大国抱负，而叙利亚自身难保。

在2013年9月10日对全国演讲的最后，奥巴马顺带说道："我坚信我们应当（在叙利亚）采取行动。正是这一点让美国与众不同。正是这一点让我们出类拔萃。胸怀谦逊，却意志坚定，让我们永远牢记这个至关重要的真理。"[1] 普京9月

---

[1] Barack Obama, "Remarks by the President in Address to the Nation on Syria", http://www.whitehouse.gov/photos-and-video/video/2013/09/10/president-obama-addresses-nation-syria#transcript.

11 日文章最引起世界关注的并不是他对叙利亚局势的长篇大论,而是文章最后有关"美国例外论"的点睛之笔。"我仔细地研究了他(奥巴马总统)本月 10 日发表的全国讲话。我并不同意他所说的美国特殊主义的观点,他说,美国的政策使'美国与众不同,让我们出类拔萃'。怂恿人们认为自己与众不同是非常危险的事,无论出于何种动机。世界上有大国和小国、富国和穷国,有具有悠久民主传统的国家与正在寻找民主之路的国家。它们的政策也不尽相同。我们都是不同的,但当我们寻求上帝的恩典时,我们不能忘记,上帝造人,生而平等。"① 这段评论一出,导致世界范围内有关"美国例外论"和"俄罗斯例外论"的激烈讨论。9 月 24 日,在联合国大会上,奥巴马针锋相对:"有人可能不同意,但是我相信美国是例外的,这部分是因为我们显示了这样的意愿,即不仅只是为了我们自己狭小的私利,而且是为了所有人的利益,牺牲我们的鲜血和财富。"②

俄美这次围绕是否军事干预叙利亚的对抗进而延伸到有关两国"例外论"的争论,跌宕起伏。在整个过程中,普京充分展示了他的勇气,而奥巴马显示了他的成熟。

当然,在两国内部,也不乏加强合作的呼声。11 月 23 日,美国前国务卿奥尔布赖特和俄罗斯前外长伊万诺夫联合发表文章,呼吁两国在伊朗核问题和叙利亚问题上合作。他们认为,在这两个问题上,两国具有共同利益。应该以此为突破口,进而促进两国关系,进而解决更广泛的世界问题。"我们鼓励奥巴马总统和普京总统,抓住他们共同创造的在叙利亚化学武器和伊朗核武器解决前景的机会,重新开始高层会晤,规划两国远大的然而又是现实的议程。"③

---

① Vladimir Putin, "A Plea for Caution from Russia: What Putin Has to Say to Americans about Syria", *New York Times*, Sep. 11, 2013.
② Barack Obama, "Remarks by President in Address to the United Nations General Assembly", http://www.whitehouse.gov/the-press-office/2013/09/24/remarks-president-obama-address-united-nations-general-assembly.
③ Madeleine Albright and Igor Ivanov, On Syria and Iran: U.S. and Russia Can Work Together, Nov. 21, 2013, http://www.foreignpolicy.com/articles/2013/11/21/syria_iran_us_russia_albright_ivanov#sthash.Q6hLAkwq.dpbs.

Y.23
2013年欧亚经济联盟计划的进展及其前景

刘 丹*

摘 要:
> 2013年,建立欧亚经济联盟的计划在普京强势推动下取得了新进展。欧亚经济委员会最高理事会元首级会议的召开为欧亚经济联盟计划的推进迈进了坚实的一步。俄白哈三国已经批准欧亚经济联盟条约中的制度部分,为新经济联盟的基本原则做出了规定。亚美尼亚在会上签署了加入俄白哈关税同盟的协议。欧亚经济联盟计划在取得新进展的同时也面临复杂的外部环境,美国、欧盟都是其强有力的竞争对手。俄罗斯的实力、后苏联空间各国的态度都是该战略能否成功的重要影响因素。

关键词:
> 欧亚经济联盟 独联体 影响因素

2011年10月3日,普京在《消息报》上发表题为《新欧亚一体化计划——今天孕育未来》的文章,提出了欧亚联盟的设想。这是普京宣布参选总统后,首次公开宣布其外交政策主张。普京希望建立"一个强大的超国家联盟模式,能够成为当今世界的一极,并成为连接欧洲和蓬勃发展的亚太地区的纽带"。①

---

* 刘丹,中国社会科学院俄罗斯东欧中亚研究所助理研究员、法学博士。
① Владимир Путин, Новый интеграционный проект для Евразии — будущее, которое рождается сегодня, Известия, 3 октября 2011.

2013年欧亚经济联盟计划的进展及其前景

欧亚联盟的基础是发展完备的经济联盟。从普京提出建立欧亚经济联盟至今，该战略在困境中扎实推进。

一 2013年欧亚经济联盟计划的新进展

2011年年底，俄白哈三国着手在关税同盟的基础上转向一体化的下一个阶段——建立统一经济空间。12月19日，三方在克里姆林宫签署了启动统一经济空间的系列文件，成立了超国家机构——欧亚经济委员会。俄时任总统德米特里·梅德韦杰夫在签署文件当天说："欧亚经济委员会将负责一体化事宜，它的成立是建立欧亚经济空间和最终建立欧亚经济联盟过程中最严肃的一步。"① 该委员会的成立具有里程碑式的意义，它为统一经济空间的运作铺平了道路，为欧亚经济联盟的真正形成奠定了良好基础。2012年1月1日，俄白哈统一经济空间正式启动，至此，一个幅员辽阔，实现商品、劳务和资本自由流动的共同市场基本形成。这意味着在关税同盟基础上，俄白哈一体化开始向更高水平发展，并朝着2015年最终建成欧亚经济联盟的目标又迈进坚实的一步。②

2012年5月7日，普京再任俄罗斯总统，强势推进独联体一体化进程，以俄白哈关税同盟、统一经济空间和欧亚经济委员会为依托，借重集安组织，全方位整合独联体。在政治、经济、军事、人文等多方面加强同独联体各国的联系，作为重点的欧亚经济联盟战略有所斩获。9月亚美尼亚总统萨尔基相访俄期间宣布，亚美尼亚决定加入俄白哈关税同盟，这意味着亚美尼亚政府单方终止同欧盟方面近四年的就签署联系国协定的谈判进程。10月25日俄罗斯总统普京表示："俄罗斯、白俄罗斯和哈萨克斯坦支持亚美尼亚和吉尔吉斯斯坦③加入关税同盟，并已经成立工作组，它的任务是在最短期限内起草亚美尼

---

① Россия，Белоруссия и Казахстан создали ЕЭК，2011，http：//ria. ru/economy/20111219/520796519. html.
② "关税同盟和统一经济空间是未来欧亚经济联盟的基础，下一步更高的一体化目标——通向欧亚联盟。"Владимир Путин，Новый интеграционный проект для Евразии - будущее，которое рождается сегодня，Известия，3 октября 2011。
③ 吉尔吉斯斯坦于2011年提交了加入关税同盟的申请。

亚和吉尔吉斯斯坦加入一体化项目的相关'路线图'"。① 塔吉克斯坦也对此表示出相当的兴趣。

2013年12月24日，欧亚经济委员会最高理事会元首级会议在莫斯科召开。本次会议主要讨论了四方面的内容：欧亚联盟成立条约起草问题；亚美尼亚、吉尔吉斯斯坦加入关税同盟问题；关税同盟成员国之间贸易结构改善；进一步促进关税同盟内商品自由流通。俄罗斯总统普京出席在莫斯科举行的欧亚最高经济理事会扩大会议时表示，俄白哈三国已经批准欧亚经济联盟条约中的制度部分，为新经济联盟的基本原则做出了规定。文件明确了自2015年1月1日起，该联盟的法律地位、组织架构、目标和运行机制。亚美尼亚在会上签署了加入俄白哈关税同盟的协议。吉尔吉斯斯坦原定于2013年年底加入，但由于条件尚未谈拢，态度仍有所保留。总统普京要求欧亚经济联盟条约草案在2014年5月1日前完成，以便这个经济联盟在2015年元旦前全面展开工作。

二 独联体各国对欧亚经济联盟的态度

独联体各国政治经济军事文化发展不平衡，在对待欧亚经济联盟的问题上也不相同。目前独联体各国对欧亚经济联盟的态度，可分为以下几种情况。

1. 俄罗斯强势推动欧亚经济联盟的决心不变

作为独联体大国，俄罗斯主导下的独联体次地区一体化进程从未停止。欧亚经济联盟计划是其在独联体地区重要的战略，俄罗斯依靠此政策整合后苏联空间。乌克兰是除俄罗斯之外独联体最大的国家，一直在欧盟和关税同盟之间犹豫不决，其政策对欧亚经济联盟的发展有很大影响。在对乌政策方面，俄罗斯软硬兼施，一方面不惜降低天然气价格来换取乌克兰加入关税同盟；另一方面也明确表示，乌克兰必须在欧盟和关税同盟之间做出选择。9月9日俄罗斯

---

① 《普京：俄白哈支持亚美尼亚、吉尔吉斯斯坦加入关税同盟》，http://rusnews.cn/guojiyaowen/guoji_cis/20131025/43895712.html。

总理梅德韦杰夫表示："乌克兰与欧盟签署准成员国协定意味着，俄白哈关税同盟的大门将对基辅关闭，这是乌克兰高层一个关键性的政治选择。"① 12月12日普京在发表国情咨文时强调："俄罗斯官方对待乌克兰在该方面做法的态度非常明确，不能接受乌克兰'脚踩两只船'，若其与欧盟结盟，关税同盟将果断采取贸易保护措施。"②

对于独联体其他国家，俄罗斯也从未放弃。12月2日俄罗斯总统普京在俄罗斯－亚美尼亚地区间论坛上表示："俄罗斯打算加强其在外高加索的地位。"普京强调："为了俄罗斯从祖先那里得到的一切会更好，为了发展同包括亚美尼亚在内的这一地区所有国家的友好关系，俄罗斯从没有打算离开外高加索，相反准备加强在外高加索的地位。"③ 2013年12月12日，普京向联邦会议发表国情咨文时表示："俄罗斯将始终不渝地推进欧亚一体化项目，且不与欧洲一体化进程对立。并且出于双方互补性的考虑，会与欧洲友人在起草新的基础协议方面继续合作。"④ 由此可见，尽管独联体地区一体化道路并不平坦，但俄罗斯推进欧亚一体化的目标不会动摇。

2. 白俄罗斯和哈萨克斯坦是欧亚经济联盟的坚定支持者

俄白哈三国是推动关税同盟的"三驾马车"，是欧亚经济联盟战略的践行者。2011年10月普京在《新欧亚一体化计划——今天孕育未来》的文章中，勾勒出新一体化计划的总体轮廓。其后，白俄罗斯总统卢卡申科和哈萨克斯坦总统纳扎尔巴耶夫也在《消息报》撰文，声援普京。卢卡申科在《我们的一体化命运》一文中热烈支持普京的设想，他强调："目前欧债危机加剧了世界的不确定性和无序性，形成一个广阔的共同市场并实现利益均衡是抵御危机的主要方法，创建一个重要的联盟是通向世界稳定的切实一步。"⑤ 纳扎尔巴耶夫在《欧亚联盟：从理念到未来的历史》一文中提出了"从国家和人民利益

---

① 《俄官员：俄乌继续讨论基辅加入欧盟和关税同盟无意义》，http：//rusnews.cn/guojiyaowen/guoji_cis/20130909/43859683.html。
② Послание Президента Федеральному Собранию，http：//www.kremlin.ru/news/19825.
③ 《普京：俄罗斯计划加强其在外高加索的地位》，http：//rusnews.cn/guojiyaowen/guoji_cis/20131202/43925501.html。
④ Послание Президента Федеральному Собранию，http：//www.kremlin.ru/news/19825.
⑤ Александр Лукашенко，О судьбах нашей интеграции，Известия，17 октября 2011.

出发的自愿一体化是通向繁荣的最短途径"① 的观点。今天的"欧亚三角"——莫斯科、明斯克和阿斯塔纳是原苏联地区的引力中心,俄白哈三国也成为核心引擎。2012年俄白两国贸易额达到438亿美元的创纪录水平,普京认为,在2013年两国完全能够实现500亿美元的贸易额。2013年年底,卢卡申科强调:"如果没有一体化合作,无法实现现阶段约450亿美元的贸易额,加强一体化的方针不变。""欧亚经济一体化是一个明智的选择,在全球经济条件下除此之外别无选择。"②

3. 2013年11月之前乌克兰游走于关税同盟和欧盟之间

2010年以来乌克兰在加入关税同盟的问题上一直是"脚踩两只船",希望采取"3+1"模式③——既不放弃欧盟,也不放弃关税同盟,在两者之间找到平衡。2013年3月19日乌克兰总理尼古拉·阿扎罗夫在一次新闻发布会上阐述乌克兰同俄白哈关税同盟各国合作的新立场:基辅放弃在"3+1"模式下开展合作的想法,转而选择关税同盟观察员国的立场,同时发展与欧盟的协作。实际上乌克兰在选择加入欧盟和关税同盟的问题上已经做出了倾向性的选择,因为作为观察员国参与关税同盟没有实质性的意义。④ 基辅Penta应用政治研究中心领导弗拉基米尔·费先科对观察员国地位的定性是:"对任何人都没有约束力的中间合作形式,同关税同盟的这种协作方式给不了乌克兰任何经济红利。"⑤ 俄罗斯独联体国家研究所乌克兰分所所长弗拉基米尔·科尔尼洛

---

① Нурсултан Назарбаев, Евразийский Союз: от идеи к истории будущего, Известия, 25 октября 2011.
② 《普京:俄白两国年贸易额应达到500亿美元》,http://rusnews.cn/guojiyaowen/guoji_cis/20130315/43717133.html。
③ 乌克兰总统维克托·亚努科维奇2011年3月7日在向最高拉达(议会)发表国情咨文时表示,乌克兰准备发展同关税同盟的合作,将按照"3+1"的模式签署一系列文件。http://rusnews.cn/xinwentoushi/20110408/43024281.html。
④ 《全球政治中的俄罗斯》杂志主编费奥多尔·卢基扬诺夫表示,"3+1"的模式是一种折中,不是实质性的一体化,只是"不反对也不加入"的立场。俄罗斯方面对乌克兰的此种提法一直都坚决予以否定,认为应该在目前的法律基础上分为三个层次——建立自由贸易区、加入关税同盟和形成统一经济空间进行合作,除此以外没有别的方式。http://rusnews.cn/xinwentoushi/20110408/43024281.html。
⑤ 《乌克兰对关税同盟的新观点:观察员国代替"3+1"》,http://rusnews.cn/guojiyaowen/guoji_cis/20130320/43719826.html。

2013年欧亚经济联盟计划的进展及其前景

夫也表达了类似意见。他称基辅建议的方式是"与关税同盟这一欧亚机构实行一体化的过于胆怯的一小步"。① 5月31日欧亚经济委员会主席维克托·赫里斯坚科和乌克兰总理尼古拉·阿扎罗夫签署备忘录,深化相互协作。根据备忘录规定,基辅可以参加关税同盟的工作,但没有正式的观察员国地位。

6月1日,乌克兰总统新闻局发布消息,乌总统亚努科维奇向欧盟委员会主席巴罗佐担保,乌克兰和关税同盟的新合作模式与乌克兰加入世贸组织和欧洲一体化战略方针并不矛盾。乌克兰总理阿扎罗夫认为:"不能将乌克兰与关税同盟合作同与欧盟的合作对立,从地理角度来讲,历史上乌克兰一直位于这两个大型组织之间。"② 对此,乌克兰天主教会发表了全乌克兰教会和宗教组织理事会领导人的声明:"乌克兰的未来取决于欧洲,但选择欧洲与乌俄两国关系并不对立,……由于我们的历史根源,乌克兰的未来应成为一个自由独立的欧洲国家。"③

11月21日,乌克兰政府突然暂停了与欧盟签署联系国协定的筹备进程,当时距离原计划在维尔纽斯的"东方伙伴关系"峰会上签署该协定的时间仅剩一周。11月22日乌克兰副总理尤里·博伊科在新闻发布会上表示,乌克兰此举系出于提高生产力、保证就业、增强国家经济稳定性、保障人民生活富足等国家利益需要。俄罗斯的独联体研究学者对乌克兰加入关税同盟普遍持乐观态度,该事件似乎印证了俄罗斯学者的判断④,但是情况很快发生了变化。乌

---

① 《乌克兰对关税同盟的新观点:观察员国代替"3+1"》,http://rusnews.cn/guojiyaowen/guoji_cis/20130320/43719826.html。
② 《乌总理:没有什么能阻止乌与欧盟及关税同盟的合作》,http://rusnews.cn/guojiyaowen/guoji_cis/20131010/43883265.html。
③ 《乌克兰教会领导人支持与欧盟一体化但不反对俄罗斯》,http://rusnews.cn/guojiyaowen/guoji_cis/20131001/43876334.html。
④ 俄罗斯独联体研究所副所长弗拉基米尔·扎里欣对乌克兰加入欧盟的前景非常悲观,他认为,"乌克兰加入欧盟是遥遥无期的事情,乌克兰和波兰一样是劳动法欠发达的国家,这阻碍了其公民在欧洲劳动力市场内自由流通。所以欧盟不需要他们。"Владимир Леонидович Жарихин: «Европа азденет Украину», http://www.materik.ru/rubric/detail.php?ID=16938. 莫斯科大学国际关系学院的学者卡曼·卡鲁特维娜认为,乌克兰的经济问题是阻碍欧盟吸收其入盟的主要因素。Чему служит Восточное партнерство ЕС? http://www.materik.ru/rubric/detail.php?ID=17315. 独联体研究所所长康斯坦丁·扎杜林认为:"乌克兰经济的未来取决于低价天然气,俄罗斯是乌天然气供应者,而不是欧盟。俄罗斯和乌克兰之间的关系是相互影响的,它们的关系不仅是两个国家(俄罗斯和乌克兰两国精英)之间的关系,而且是人民(转下页注)

克兰反对派对这个决定表示不满,不断组织示威活动对政府施压,威胁让政府辞职、弹劾总统。12月1日情况又出现了反复,乌克兰总统亚努科维奇发表声明:"将尽全力加快乌克兰与欧洲一体化的进程,乌克兰应当作为平等的伙伴加入欧盟,在地缘问题上已经做出了自己的选择。"①

2013年乌克兰在关税同盟和欧盟之间一直举棋不定,反复无常。虽然乌克兰政府将欧盟一体化定为优先方向,并希望不与关税同盟对立,但一些政治家仍呼吁基辅在欧盟与关税同盟之间做出选择。事实证明,希望在两个存在竞争关系的国际组织中都得到实惠是不可能的。

4. 独联体其他国家的态度

2013年12月16日吉尔吉斯斯坦总统阿尔马兹别克·阿坦巴耶夫在新闻发布会上表示,只要符合国家利益的条件得到满足,吉尔吉斯斯坦就会加入关税同盟,并于2015年初成为该组织的一员。同时他也强调:"永远没有人能将某种决定强加于吉国,这是不现实的。"② 吉尔吉斯斯坦原计划在2013年年底前通过入盟"路线图",但政府表示,目前给该国提供的条件"绝对不可接受",所以吉对加入关税同盟持保留意见。塔吉克斯坦对关税同盟表现出了一定的兴趣,但是并没有明确表示希望加入关税同盟。阿塞拜疆、摩尔多瓦

(接上页注④)之间的关系,使用同种语言的社会之间的关系。不仅仅是经济关系将两国联系在一起,历史文化、宗教精神和价值观是让两国关系更密切的纽带。"正因为有这种渊源,他认为,乌克兰更可能加入关税同盟。Выступление директора Института стран СНГ, Общественный украино‐российский форум 《Взаимодействие ‐ 2013》, http://www.materik.ru/rubric/detail.php?ID=16619。独联体研究所乌克兰研究室副主任阿纳托利·菲拉托夫认为:"关税同盟是乌克兰的现实需求,而欧亚联盟是其未来需求。欧盟并不希望乌克兰成为其成员,否则的话,在尤先科和季莫申科时期,这个问题就解决了。欧盟在能源贸易、反对美国帝国主义地缘扩张、遏制宗教恐怖主义方面被看作一个潜在的合作伙伴,还可以被看作竞争对手、邻居。欧盟拥有先进的经济技术,代表发达的欧洲文明,但是,欧盟以及其组成部分德国和法国,在国际舞台上有明显推动其地缘政治利益的意图。在这方面,乌克兰和俄罗斯与它们的利益并不总是一致。" Анатолий Филатов: 《Таможенный союз ‐ это настоящая потребность Украины, а Евразийский ‐ будущая》, http://www.materik.ru/rubric/detail.php?ID=16005。

① 《乌总统承诺尽全力加快乌欧一体化进程》, http://rusnews.cn/guojiyaowen/guoji_cis/20131201/43924400.html。
② 《普京:俄白哈支持亚美尼亚、吉尔吉斯斯坦加入关税同盟》, http://rusnews.cn/guojiyaowen/guoji_cis/20131025/43895712.html。

是欧盟"东方伙伴关系"计划中的成员,在政策上更倾向加入欧盟。9月3日在俄亚两国总统会谈后,亚美尼亚宣布打算加入关税同盟,随后加入欧亚联盟,亚美尼亚已准备好几乎全面接受加入关税同盟的所有必要条件。由于亚美尼亚已经选择关税同盟,这意味着其单方面放弃加入欧盟的计划。12月19日最高欧亚经济委员会已确定亚美尼亚加入关税同盟的"路线图"。乌兹别克斯坦于2012年12月19日正式退出了集体安全条约组织,这表明它与集安组织其他成员国在军事安全领域合作的终止。此举同时影响其在独联体框架内其他领域的合作,可以想象在加入关税同盟的问题上乌兹别克斯坦并不感兴趣。

三 欧亚经济联盟的前景

俄罗斯推进欧亚经济联盟计划固然有其维护在独联体地区影响力、保持和巩固大国地位的意图,但是这个计划也是全球经济一体化下的必然选择,联盟的建立在目前也能够有效地抵御金融风险,减缓经济危机。7月7日俄罗斯总统普京在与哈萨克斯坦总统纳扎尔巴耶夫在阿斯塔纳会晤时表示:"关税同盟是后苏联空间在一体化方面最大的一个措施,一体化关系让我们可以缓和世界经济问题的尖锐程度。"① 俄罗斯是欧亚经济联盟的计划制订者和领导者,但在其发展的过程中还将受到下列主要因素的影响。

1. 影响欧亚经济联盟的内部(独联体框架内)因素

欧亚经济联盟的发展,取决于独联体内部各国的态度。如前所述,俄罗斯是欧亚经济联盟战略的主导者,其国力的强盛和推动力将起到重要作用。乌克兰是影响欧亚经济一体化战略的关键国家,乌克兰"向西还是向东"对于俄罗斯来说至关重要。基辅是古罗斯的发源地,失去了乌克兰,俄罗斯是没"根"的国家。没有乌克兰,俄罗斯的欧亚战略将遭受重创。高等经济大学教授阿列克谢·波尔坦斯基认为:"乌克兰同关税同盟更加紧密的合作符合俄罗

---

① 《全球经济不稳定形势下关税同盟内一体化效益明显》,http://rusnews.cn/eguoxinwen/eluosi_duiwai/20130707/43808967.html。

斯的战略利益,如果没有乌克兰的参与,在后苏联空间进行的一体化是没有前景的。"①

天然气价格问题一直是俄乌关系重要的影响因素。乌克兰是能源过境国,天然气严重依赖俄罗斯。在过去几年内,乌克兰同俄罗斯就天然气提取和天然气价格问题发生了几次争端,一度曾导致俄罗斯对欧洲天然气供应的中断,而欧洲约1/4的天然气来自俄罗斯。乌克兰总理阿扎罗夫认为:"天然气合同使乌克兰与俄罗斯的关系越来越疏远,并且供气合同一直是两国关系的刺激因素。"② 他表示,乌克兰最近三年购买俄罗斯天然气多支付了200亿美元,本可以把这些资金用于工业、卫生领域的现代化改造或者落实基础设施项目。他还说:"提供给乌克兰的天然气价格全欧洲最高,加上国际市场对乌克兰商品需求下降,这令国家经济增长放缓。"③ 乌克兰时任总统亚努科维奇也曾表示,俄罗斯天然气价格对于乌克兰而言是一个"可怕的问题"④,"乌克兰与俄罗斯关系中存在的最主要问题是俄罗斯利用能源领域对乌克兰施压"⑤。

2013年乌克兰国内经济下滑严重,与俄罗斯的双边贸易额下降了12.5%,和独联体国家的双边贸易额下滑了25%。⑥ 俄罗斯的高价天然气拖住了乌克兰加入欧盟的梦想,基辅不得不暂停欧洲一体化进程,优先发展同俄罗斯和独联体国家的经贸关系,以期在各个领域使关系发展正常化,包括同俄罗斯的能源合作。12月18日俄罗斯总统普京表示,俄罗斯天然气工业公司和乌克兰国家石油天然气公司签署的合同补充协议规定俄罗斯下调对乌天然气价格至每千立方米268.5美元。乌克兰副总理尤里·博伊科则表示,天然气每千立方米

---

① 《乌克兰提议以"3+1"方式同俄白哈关税同盟合作》,http://rusnews.cn/xinwentoushi/20110408/43024281.html。
② 《乌总理:天然气合同使乌克兰疏远俄罗斯》,http://rusnews.cn/guojiyaowen/guoji_cis/20130913/43862879.html。
③ 《乌克兰总理称购买俄天然气三年多支付达200亿美元》,http://rusnews.cn/guojiyaowen/guoji_cis/20131023/43893981.html。
④ 《乌克兰总理称高价天然气是一个可怕的问题》,http://rusnews.cn/guojiyaowen/guoji_cis/20130301/43705610.html。
⑤ 《亚努科维奇指责俄罗斯借助天然气对乌克兰施压》,http://rusnews.cn/guojiyaowen/guoji_cis/20130925/43873006.html。
⑥ 《乌总理:乌克兰已做出有利于欧洲一体化的选择》,http://rusnews.cn/guojiyaowen/guoji_cis/20131216/43936299.html。

268.5 美元的价格将维持至 2019 年合同到期。普京表示，俄罗斯政府决定从国家福利基金中支出 150 亿美元购买乌克兰有价证券。①

长远来看，乌克兰更倾向加入欧盟，融入欧洲。但是不顾天然气极度依赖俄罗斯的现实一味向西也不切实际，况且欧盟的"口惠而实不至"② 也令基辅犹豫不决。所以乌注定要在关税同盟与欧盟之间、在理想与现实之间徘徊。

2. 欧亚经济联盟面临外部挑战

欧亚经济联盟战略在其发展过程中受到外部环境的挑战，以美国和欧盟的影响因素最大。首先欧亚经济联盟面临欧盟的竞争。2008 年 12 月，欧盟正式推出"东方伙伴关系"③ 计划。作为欧盟睦邻政策的一部分，"东方伙伴关系"计划支持伙伴国的政治和经济社会改革，推动欧盟与伙伴国建立自由贸易区，加大对伙伴国的财政援助，简化其入盟的签证手续，加强能源和安全等方面合作，鼓励伙伴国与欧盟发展经济一体化，并最终与欧盟形成经济共同体。白俄罗斯、亚美尼亚、乌克兰都在这个伙伴关系中。由于白俄罗斯和亚美尼亚已经选择关税同盟，这意味着两国单方面放弃加入欧盟的计划。乌克兰则在欧盟和俄罗斯之间进行艰难的选择。面对欧盟的"东方伙伴关系"计划，俄认为欧盟企图通过"东方伙伴关系"计划扩大势力范围，削弱俄在欧亚地区的影响。为阻止欧盟东扩，俄采取一系列措施向欧盟东部伙伴国施加影响。12 月 24 日，普京总统要求欧亚经济联盟条约草案在 2014 年 5 月 1 日前完成，以便这个经济联盟在 2015 年元旦前全面展开工作。至此，一个由俄罗斯主导、作为俄白哈关税同盟升级版的新联盟正在逐渐成形，并在地缘政治上与欧盟东扩的步伐针锋相对。

其次，美国对独联体大国乌克兰施加影响。在乌暂停入盟谈判后的 11 月

---

① 《俄罗斯将向乌克兰投资 150 亿美元并下调天然气价格》，http：//rusnews. cn/eguoxinwen/eluosi_duiwai/20131218/43937932. html。

② 乌总统亚努科维奇认为，欧盟对乌克兰提供金融援助的条件是侮辱性的。他说："这个准成员国协定，欧盟向乌克兰许诺提供 6.1 亿欧元金融技术援助。从 2010 年开始连续三年给我们展示这个包装漂亮的糖果而且还说：'当你们与国际货币基金组织签署协议后，你们会得到的。'我不想说粗话，但不要这样侮辱我们。我们是一个欧洲大国。"《乌克兰总统称经济情况允许时才与欧盟签署协议》，http：//www. chinanews. com/gj/2013/11 - 27/5554561. shtml。

③ "东方伙伴关系"是一项由欧盟发起的处理欧盟国家和原苏联国家即亚美尼亚、阿塞拜疆、格鲁吉亚、乌克兰、摩尔多瓦和白俄罗斯之间关系的计划。该计划的目的是为欧盟国家和原苏联国家间建立谈判贸易、经济战略、旅行协议和其他话题的场所。

22日,美国副总统拜登在同亚努科维奇的电话会谈中表示,美国对乌克兰政府推迟筹备签署与欧盟结盟和自由贸易区协议的决定感到失望。美国认为,融入欧洲会给乌克兰在战略上带来加强民主和重返经济繁荣的重要机会。拜登强调,美国继续支持乌克兰人民及其融入欧洲的愿望。[①] 12月16日乌克兰总统网站发表声明,乌克兰总统亚努科维奇会见美国参议员麦凯恩和克里斯托弗·墨菲时强调,乌克兰的欧洲一体化方针不变。12月25日墨菲和麦凯恩在基辅独立广场上发言,他们表示,美国支持乌克兰加入欧盟的诉求。在独联体大国乌克兰抉择的背后,处处有美国的影子。

综上所述,2013年欧亚经济联盟战略取得了显著的进展,也面临严峻困难。它的未来取决于俄罗斯的推动、后苏联空间各国的态度以及俄罗斯在与各方博弈中能否胜出。

---

① 《美国副总统对乌克兰决定暂停与欧盟结盟表示失望》,http://rusnews.cn/guojiyaowen/guoji_shizheng/20131123/43918515.html。

Y.24
2013年俄罗斯国际移民报告

于卓超*

摘　要： 当前，国际移民流动日趋频繁。它不仅改变了世界面貌，拓展了人类视野，而且推动了经济交往，促进了社会进步。俄罗斯作为世界移民大国，随着外来移民数量的持续增多，非法移民问题日益突出，如何合理解决这一难题成为摆在俄罗斯政府面前的一个严峻课题。尽管俄罗斯政府不断出台移民政策新规，但是最终效应还有待观察。

关键词： 俄罗斯　非法移民　移民政策

进入21世纪以来，国际移民流动日趋频繁。它不仅改变了世界面貌，拓展了人类视野，而且推动了经济交往，促进了社会进步。然而，在全球化趋势持续加深的背景下，国际移民管理正面临越来越多的挑战，如何建立创新型移民政策，实现政治、经济和社会效益最大化，成为摆在各国政府面前的一个严峻课题。

一　2013年俄罗斯国际移民简况

近两年来，世界各国为了应对国际金融危机，不同程度地调整了各自的国际移民政策。面对复杂多变的国际形势，俄罗斯国际移民发展虽然出现部分问题与矛盾，不过基本内在格局未发生根本性变化，主要特点包括几个方面。

---

* 于卓超，中国社会科学院俄罗斯东欧中亚研究所助理研究员、博士。

第一,移民大国地位得以巩固。2013年全球国际移民人数增至2.32亿人,再创历史新高,而这个数字在1990年和2000年分别为1.54亿人和1.75亿人。其中,俄罗斯仅次于美国,成为世界上第二大移民目的地国。2013年共有来自228个国家的1240万外国人进入俄罗斯。随着大量外国移民的到来,俄罗斯各级政府也承受着巨大的压力。①

第二,独联体公民是主要来源。2013年俄罗斯有约850万移民享受免签证待遇。从数量上看,有3/4来自高加索和中亚地区国家,他们成为俄罗斯国际移民的基本来源国。在全球十大"移民走廊"中,其中有三处位于俄罗斯与独联体国家之间:俄罗斯-乌克兰,移民数量350万人,乌克兰-俄罗斯,移民数量290万人,哈萨克斯坦-俄罗斯,移民数量250万人。②

第三,外来移民促进经济增长。2013年外来移民共为俄罗斯创造了7.56%的GDP,约为8.25万亿卢布,而且这个数字还将持续增加。普京表示,外来移民群体已经成为俄罗斯重要的组成部分。俄罗斯需要外国人力资源,他们对俄罗斯经济发展做出了很大贡献,当然,包括俄罗斯在内的任何一个文明国家都必然优先保护本国的劳动力市场。③

第四,对外劳的需求依旧很高。2013年俄罗斯政府共发放了175万个外籍劳务配额,外来务工人员有效地填补了俄罗斯人力资源的不足,特别是对低技能移民的需求有增无减。预计本年度将发放163.15万个外籍劳务许可证,同比减少6.5%。其中,建筑业为55.69万人,低技术工种人员27.54万人,司机11.89万人。④

第五,非法移民数量居高不下。2013年俄罗斯境内共有350万~360万非法移民,其中绝大部分是独联体国家的公民,他们经常非法入境,非法滞留,非法从事商业活动。未来时期,解决非法移民问题是俄罗斯移民政策的主要目

---

① Выступление руководителя ФМС РФ Ромодановского К. О. на заседание Комитетоа Совета Федераций. Москва. 17 декабря 2013 г.
② Доклад отдела народонанаселения департамента ООН по экономическим и социальным вопросам. Нью-Йорк. 12 сентября 2013 г.
③ Послание Президента РФ Путина В. В. Федеральному Собранию. Госдума РФ. Москва. 12 декабря 2013 года.
④ Постановление Правительства РФ № 977 от 31 октября 2013 года. Москва. 09 ноября 2013 г.

标。2013年俄罗斯政府共颁布与移民有关的法令27项，其中50%的法令旨在打击非法移民。①

第六，违法犯罪事件逐年上升。2013年俄罗斯移民管理部门共进行约80万次的检查行动，查处大量的违法行为和刑事案件，全年妥善处理230万外国人。其中，1300人被行政驱逐，6.3万人被强制遣返，46万人被拒绝入境。资料显示，来自乌兹别克斯坦的公民是违法行为最多的外国移民。②

第七，移民法规得到有效执行。2013年俄罗斯联邦政府为外国人和无国籍人士共发放10.5万个暂住证。2014年指标略有降低，仅为95880个。其中，圣彼得堡市为1500个，莫斯科市为2000个，巴什基尔共和国为3500个，加里宁格勒州为4000个，新西伯利亚州为4100个。获得配额最多的是莫斯科州，共7000个。③

简而言之，无论基于政治原因，还是出于经济需求，吸引国际移民已经成为俄罗斯的国家战略选择。总理德米特里·梅德韦杰夫表示："俄罗斯愿意吸引更多的外国人力资源，特别是高技能人才，俄罗斯已经为国外专业人才的涌入创造了所有必要的条件。当然，俄罗斯同样需要那些愿意在建筑业、公共服务领域从事低技术劳务的外国公民。不过，进入俄罗斯的外国务工人员应该适应俄罗斯的生活，会讲俄语，接受俄罗斯的习俗，抛弃自身的不良习惯和行为。那些违反俄罗斯法律的移民，应该被驱逐。"④

二 非法移民：俄罗斯的心头之痛

在进入俄罗斯的国际移民中，非法移民占了很大的比例。官方资料显示，

---

① Итоги деятельности ФМС России в 2013 году. Москва. 26 февраля 2014 года.
② Интервью заместителя руководителя департамента ФМС РФ по организации работы с иностраными гражданами Дмитрии Д. Москва. 15 января 2014 г..
③ Об установлении квоты на выдачу иностранным гражданам и лицам без гражданства разрешений на временное проживание в Российской Федерации на 2014 год. Правительство России. 30 ноября 2013 г.
④ Интервью премьер-министра РФ Медведева Д. А. Телеканал "Россия". Москва. 05 июля 2013 года.

2013年俄罗斯有350万非法移民。不过专家认为，基于多重因素，政府通常公布的都是保守数字，实际上俄罗斯至少有500万的外来非法移民。①

非法移民给俄罗斯带来诸多难题。俄罗斯联邦安全会议秘书帕特鲁舍夫曾表示，非法移民充斥俄罗斯就业市场，大部分人属于低技能工作者，没有特别的专业和经验，对俄语的掌握程度不高，在很大程度上无法适应俄罗斯社会。对此，俄罗斯总统普京指出，外国劳务移民是"一个复杂的问题"，"外来劳务市场的无序状态，不仅扭曲了就业结构，破坏了社会平衡，而且挑起种族冲突，加剧犯罪隐患"。②

俄罗斯舆论研究中心民调显示，35%的受访者认为俄罗斯面临的最现实威胁是外来移民，这个比例高于科教文化衰落（占33%）、生态灾难（占28%）、恐怖威胁（占28%）、油气资源耗尽（占25%）、人口下降（占23%）、生活水平降低（占22%）。此前多次调查显示的最大威胁则是俄罗斯解体（占34%）和国内战争（占27%）。③

缘于非法移民这个社会顽疾，有超过半数的俄罗斯人认为"应该限制外来人口进入俄罗斯"；有34%的人认为，"在许多方面俄罗斯的贫困是由非俄罗斯族人造成的"；只有20%的受访者对"来自周边国家的非俄罗斯族工人"持正面评价。

1. 骚乱事件频发，排外情绪加重

2013年7月27日，莫斯科警方在莫斯科西部的马特维耶夫斯基市场抓捕强奸俄罗斯少女的嫌犯穆罕默多夫时，莫斯科警员安德烈·库德利亚绍夫受到嫌犯亲属暴力袭击，导致头骨破裂，身受重伤。④

2013年10月10日，在莫斯科南部的西比留廖沃地区，25岁的莫斯科青年伊戈尔·谢尔巴柯夫与女友回家途中，与阿塞拜疆人奥尔罕·泽伊纳洛夫发

---

① В России находится более 3.5 миллионов незаконных мигрантов. 《ИТАР – ТАСС》. Москва. 09 декабря 2013 года.
② Послание Президента РФ Путина В. В. Федеральному Собранию. Госдума РФ. Москва. 12 декабря 2013 года.
③ Мигранты – главная угроза России. ВЦИОМ. Москва. 22 июля 2013 года.
④ Приговор двум экс – полицейским с Матвеевского рынка вступил в силу. 《ИТАР – ТАСС》. Москва. 16 декабря 2013 года.

生冲突，结果谢尔巴柯夫被该男子用刀刺中心脏，后因伤势过重死亡。①

如果这两起恶性事件突破了俄罗斯人心理承受能力的底线，成为排斥外国人的导火索，那么俄罗斯"团结日"大规模骚乱则将反移民情绪烧至沸点。俄罗斯科学院民族与人类学研究院首席研究员斯捷潘诺夫指出："非法移民的存在产生大量犯罪和腐败问题，深受其害的普通民众自然难保安宁，极端民族主义思潮的快速蔓延正是对外来移民不满情绪的集中体现。"

当前，极端民族主义者与外来移民的冲突已经成为俄罗斯政府的一块心病。对政府来说，两者似乎不可兼而得之。当俄罗斯政府试图通过民族主义来团结本国民众时，民族主义却逐渐朝着极端方向发展；当政府期望利用外来移民弥补本国人力资源的不足时，群体骚乱与种族排外问题随之屡屡发生。

2. "驱逐"还是"赦免"，争论尚在延续

实践经验表明，如何处理非法移民，选择手段只有两种：强制驱逐出境或者给予合法身份。对深陷非法移民泥潭的俄罗斯来说，整体形势更为复杂严峻，各方持有截然相反看法，支持与反对两派针锋相对，移民政策改革前景依旧难料。

第一种观点："驱逐非法移民"。

以莫斯科市市长谢尔盖·索比亚宁为代表的强硬派认为，非法移民对国家稳定构成多重威胁，短期性或永久性驱逐是最佳解决方案。② 这一观点认为非法移民的威胁有以下几点。

其一，危害民族安全：排外情绪高涨，种族冲突加剧。非法移民的存在，极大损害了外来移民的整体形象，致使国民的抵制情绪持续上升，部分城市出现许多极端民族主义组织，其中包括以青年人为主的崇尚暴力的"光头党"，他们不断袭击外国人和本国外族人，导致俄罗斯极端主义犯罪案件大幅增加。③

其二，危害社会安全：罔顾国家法律，恶化当地治安。非法移民犯罪活动

---

① Жители Бирюлево массово протестуют из-за убийства кавказцем русского. Справочник предприятий Москвы и Московской области. Москва. 13 октября 2013 гоад.
② Интервью Мэра города Москвы Собянина С. С. 《Московский Комсомолец》. Москва. 21 октября 2013 года.
③ Выступление Мэра города Москвы Собянина С. С. в Мосгордуме с ежегодным отчётом о работе столичного правительства. Москва. 16 октября 2013 года.

猖獗，重大刑事案件不断发生，如走私枪械、贩卖毒品、抢劫盗窃、强奸杀人等。2013年非法移民犯罪占莫斯科犯罪总数的20%，其中1/6的凶杀案以及1/3的强奸案均是外国人所为。①

其三，危害经济安全：妨碍经济发展，扰乱金融秩序。非法移民游离于俄罗斯正规就业和纳税体系之外，给国家经济造成严重损害。俄罗斯移民局局长康斯坦丁·罗曼达诺夫指出，2012年非法移民逃税给俄罗斯带来高达600亿卢布的财政损失。②

其四，危害就业安全：挤占劳动岗位，推高失业规模。基于身份原因，为了维持生计，非法移民被迫工作在低端就业领域，成为廉价劳力市场的主力军，结果造成人力资源过剩，工资水平下降，失业人数上升。

第二种观点："赦免非法移民"。

以俄罗斯总统企业家权利全权代表鲍里斯·季托夫为代表的温和派认为，无论合法移民，还是非法移民，皆为国际移民事务中无法避免的正常现象。对俄罗斯来说，与驱逐非法移民相比，倡导移民接纳和移民融入更具前瞻性和战略性。这种观点的论据有以下几点。

其一，"移民大赦"一是有利于国家，通过正常缴纳税款，增加财政预算收入；二是有利于雇主，消除代理支付费用，腐败现象随之降低；三是有利于个人，格外珍视合法身份，减少违法犯罪行为。③

其二，"移民大赦"一是多数欧美移民国家惯用的成功方式；二是赦免支出远远低于遣返费用；三是俄罗斯政府可以获得740亿卢布的额外收入。④

其三，"移民大赦"一是适用于合法入境的外国公民；二是需要签订务工合同，获得个人税务登记号码；三是雇主应为雇员购买保险（包括医疗保险、第三方责任险等）并保证雇员违反俄罗斯法律时支付将其驱逐出境的费用。

---

① Гостевая преступность. 《Российская газета》. Москва. 06 февраля 2014 года.
② Из‐за мигрантов‐нелегалов бюджет РФ недосчитался свыше 60 млрд. рублей. 《Известия》. Москва. 16 мая 2013 года.
③ Наталья Городецкая. Легализовать дешевле, чем депортировать. 《Коммерсантъ》. Москва. 11 ноября 2013 года.
④ Титов Б. Ю. Проект легализации иностранных работников. 《Коммерсантъ》. Москва. 25 октября 2013 года.

三 国际移民：俄罗斯的法制治理

进入21世纪以来，移民潮正在席卷全球，世界各国随之不断调整各自的移民政策，谋求国家与国家之间、区域与区域之间的创新型管理手段与合作模式。俄罗斯作为第二大移民输入国，在保证自身安全以及经济、文化、传统平衡发展的条件下，主张通过全方位的立法新举措，推动本国外来移民的有序流动，促进知识型、投资型、互补型人力资源的引进，实现人尽其才、才尽其用的国际移民新战略与新目标。

1. 严查违规注册，加大惩治力度

2013年12月23日，总统普京签署第376号联邦令——关于"橡皮公寓"的修正案。所谓"橡皮公寓"，又称"虚假注册"，意指以谋利为目的的一处房产注册多名移民的虚假登记住宅。数据显示，2011年虚假注册地址有6400个，注册人数30万人。2013年虚假地址已经超过一万个，注册人数增至50万人。在联邦政府工作会议上，总理德米特里·梅德韦杰夫几次强调，大量"橡皮公寓"的长期非法存在，不仅给财政收入造成巨大损失，同时也为国家安全带来诸多隐患，亟须在立法的前提下彻底解决。①

2014年1月8日，"橡皮公寓"修正案正式付诸实施。通过规范对本国公民长期居住和临时租赁的管理措施，完善对外来移民和无籍公民的监管方式，明确对相关部门和违反人员的处理标准，俄罗斯政府希望实现居民注册登记制度的系统化、合法化、透明化。②

（1）提供虚假注册的房主，将被处以10万~50万卢布的罚款。对于严重违规人员，予以强制行政处罚，甚至剥夺人身自由，最高刑期可达三年。

（2）对公寓内居住超过90天但没有登记的公民处以罚款，房主和法人同样需要缴纳罚金。具体数额为：对租住人员处2000~3000卢布罚款，对房主

---

① Ночные новости. Телеканал "Пятый канал". Санкт‐Петербург. 01 января 2014 года.
② Федеральный закон Российской Федерации No. 376 "О внесении изменений в отдельные законодательные акты Российской Федерации". Администрация Президента РФ. Москва. 23 декабря 2013 года.

处最高 5000 卢布的罚款，对法人处 25 万 ~75 万卢布罚款。如果类似违法行为发生在莫斯科或圣彼得堡，对租住人员处 2000~5000 卢布罚款，对房主处最高 7000 卢布的罚款，对法人处以 25 万 ~80 万卢布的罚款。

（3）对已经注册的房主亲属制定了专项规定。主要包括两个因素：一是如果居住人在该联邦主体其他地方已经办理了常住注册，则无须重新办理居住登记；二是房主亲属可以不办理居住注册手续。

不可否认，核心细则空前严厉，强硬程度超出预期，一方面体现在罚款尺度上，缴纳数额增多；一方面体现在管理程度上，处罚结果加重。事实表明，俄罗斯政府力求将虚假注册带来的危害扼杀在源头，严打实际居住地与注册地址不相符的外来移民，杜绝房主和租赁者对相关部门的执行力度抱有幻想。

2. 扩大执法权限，修建监管场所

2013 年 7 月 27 日，由于达吉斯坦商户武力袭击莫斯科警员，引发俄罗斯强力部门对莫斯科商贸市场进行全面突击检查，结果来自越南、埃及、摩洛哥、阿富汗、阿塞拜疆、吉尔吉斯斯坦、乌兹别克斯坦等国的 4000 多名非法移民被捕。在莫斯科三家特别安置中心无法全部收容的情况下，俄罗斯内务部被迫在莫斯科戈利亚诺沃区搭建了可容纳千人的室外帐篷营。①

不过，无论法律地位、人权保障，还是生活环境、治安状况，帐篷营的设立都遭到国内外各界人士的强烈抨击。莫斯科内务总局治安管理局局长维亚切斯拉夫·科兹洛夫认为，俄罗斯的外国移民收容体系法制化迫在眉睫。对莫斯科来说，亟须建立能够关押不低于两千名非法移民的现代化安置中心。分工不细、职能不清更是多个执法部门无法有效协调合作的基本症结。②

为了能够及时合理安顿、合法处置被扣押的外来非法移民，俄罗斯联邦政府研究决定，从 2014 年开始俄罗斯内务部不再兼管国际移民事务，关于外国违法和非法移民的收容和遣返事宜，全权移交给俄罗斯联邦移民局负责。同时隶属于俄罗斯内务部管辖范围的 21 家特别收容中心，也将全部由俄罗斯联邦移民局接管。可以说，这次机构职能的改革举措，一方面强化了联邦移民局的

---

① Дневные новости. Телеканал " Россия - 24 ". Москва. 03 августа 2013 года.
② Интервью заместителя начальника полиции УООП ГУ МВД России по Москве Козлова В. А. Москва. 12 августа 2013 года.

作用和地位，另一方面缓解了各部门之间的竞争和对峙。①

由于执法权力空间增大，俄罗斯联邦移民局准备扩大职员编制，增加4500名工作人员。此外，在全国范围内计划新建20座收容安置中心。当然，这些机构的管理模式将有别于俄罗斯国内的普通监狱。简言之，违规的外国移民在被遣返之前需要短期的行政拘留，提供必要的起居环境和饮食条件，以及相应的医疗服务保障。从这个角度讲，建立适合俄罗斯国情的外来移民临时安置中心会发挥重大作用。②

3. 完善监控体系，控制入境期限

外来移民无序化是俄罗斯国内各界抨击的焦点问题。其一，每年有上千万外国人进入俄罗斯境内，但是办理正常登记手续的只有40%左右；其二，2010年7月，俄罗斯移民局开始向独联体国家务工人员发放特别许可证，主要给从事服务行业的自然人，尽管150万人拥有该工作证明，不过在法定的90天内很少有人在当地移民部门备案；其三，许多无业的外国人经常超期滞留在俄罗斯国内各地，招致当地居民反感情绪不断上升。③

普京总统强调，政府应当掌握外国人的入境目的、逗留时间、从事职业、生活区域等基本信息。利用免签制度获准进入俄罗斯的外国人，如无明确目的长期逗留，或者当局不知其有何目的者，应当降低他们的居留期限。对于那些违反居留规定的外国人，必须限制再次入境时间。禁入期限取决违规程度，时间可达3～10年。④

针对上述情况，俄罗斯联邦移民局通过补充法案，规定指出：其一，外国人进入俄罗斯必须办理登记手续，需要明确指出入境目的；⑤ 其二，如果暂无工作地点，无论是否持有劳务许可证，都不允许在俄任何地区从事任何务工活

---

① Ночные новости. Телеканал "НТВ". Москва. 13 декабря 2013 года.
② От подъема – до отбоя. 《Российская газета》. Москва. 28 января 2014 года.
③ Интервью заместителя руководителя ФМС РФ Радочины Е. А. 《РИА Новости》. Москва. 13 февраля 2014 года.
④ Послание Президента РФ Путина В. В. Федеральному Собранию. Госдума РФ. Москва. 12 декабря 2013 года.
⑤ Трудовые мигранты будут обязаны указывать работу как цель визита в РФ. 《Российская газета》. Москва. 19 февраля 2014 года.

动；其三，对于无故长期滞留的外国人，几年内将不再对其发放长期入境签证（最高可达10年）。①

新法规获得总理梅德韦杰夫的赞赏："当包括数百万的独联体国家公民在内的上千万外国人来到俄罗斯时，我们最重要的是要建立能够监控这个进程的系统，制定符合俄罗斯国情的法律条款，例如使用国际出国护照，而不是仅凭各种证明和伪造文件。需要清楚地知道，有哪些外来移民，他们的主要目的，这不仅是卫生防疫问题，更是经济问题和安全问题。我们将一直关注这个问题。"②

4. 整顿服务市场，限制就业领域

基于保证本国居民的就业机会，优化人力资源的合理配置，改善商品市场的整体秩序，提高零售行业的服务质量，俄罗斯联邦政府再次规划允许外国劳力从事的就业领域，部分敏感性工作对外国劳工施行"零准入"原则。这意味着，为了有利于本国人力资源的地域分配和前景规划，未来时期俄罗斯将推行更为严格的限制性外国移民就业政策。

"法无授权不可为"。自2014年1月1日起，禁止在俄外国人在街头货亭、自由市场、商店以外其他零售场所工作，特别严令禁止在药品零售店工作。此外，酒精饮品和啤酒销售公司允许雇用外国劳工，不过人数比例不应超过本公司员工总数的15%，体育领域的经营公司同样可以邀请外国人，数量比例需要限制在25%以内。③

调查数据发现，俄罗斯政府实施的禁入行业清单，已经直接影响到部分外国劳工的赴俄意愿。例如，2014年伊始，经绥芬河口岸出境的中国劳务人员数量同比锐减。通常春节之后是劳务人员出国的高峰期，过境赴俄劳务人员日均在500人以上。2014年形势完全不同，从绥芬河口岸出境的劳务人员每天仅有200多人，不到往年的一半。

---

① Необходимо ввести 10 - летний запрет на въезд иностранцам, нарушающим закон страны. 《Интерфакс》. Москва. 04 февраля 2014 года.
② Интервью Председателя Правительства РФ Медведева Д. А. 《Комсомольская правда》. Правительство РФ. Москва. 21 мая 2013 года.
③ Постановление от 19 декабря 2013 года №. 1191. Правительство РФ. Москва. 21 декабря 2013 года.

5. 享受基本权利，削减财政负担

根据俄罗斯劳动和社会保障部颁布的《劳动法》修正案，在俄务工的所有外籍人员必须购买强制医疗保险，或由雇主代为外来员工购买。如果没有医疗保险证明，外国公民不得在俄罗斯境内长期或按劳动合同工作。医保种类含有多个等级，可以自行选择，普通保单费用：三个月500卢布至一年12000卢布。①

2005年起实行的《劳动法》旧条款就此终止执行。新旧法规的最基本区别在于：一是不论俄罗斯国有和地方的医疗机构，还是从事医疗服务的私营诊所，皆可为外籍公民提供医疗服务；二是劳动许可证、语言测试证明、房屋租赁合同、短期居留证明、医疗保险单都将成为外国移民签订劳动合同时的所需文件。

该项法律的核心原则在于"全面提高外国务工人员的社会和医疗保障"。国际劳动移民协会会长尼古拉·库尔久莫夫认为，这是"有益各方的明智举措"，一是外来劳工能够享受与俄罗斯国民同等的医疗保障；二是雇主无须为雇员支付更多医疗费用；三是每年可为保险市场创造50亿～100亿卢布的营业额，保险公司完全有能力为外来移民医疗服务埋单。②

最主要的是，有利于优化地方财政支出体系。莫斯科市市长谢尔盖·索比亚宁指出，莫斯科市每年至少为150万名外来移民提供医疗救助。由于外籍劳工可以免费享用急救和住院，所有产生的费用都由地方财政负责，为此莫斯科市年均支出超过50亿卢布。外国人在俄工作并享受医疗服务的同时，应当履行纳税和支付相应费用的义务，这样可以减轻地方政府的压力，进而有利于整个城市的良性发展。③

6. 建立评分体系，优化移民结构

俄罗斯联邦移民局局长罗曼达诺夫指出，澳大利亚、新西兰、加拿大等国吸纳外国人才的实践表明，评分制是当今世界公认的最成功、最有效的办法之

---

① Мигрантов обязали предъявлять медсправку при получении разрешения на работу. 《Российская газета》. Москва. 15 января 2014 года.
② Мигрантам выписывают медицинский полис. 《Коммерсантъ》. Москва. 18 января 2013 года.
③ Интервью Мэра города Москвы Собянина С. С. Телеканал "ТВ－центр". Москва. 03 декабря 2013 года.

一。以《2020年前俄罗斯国家社会经济发展战略》为基础,未来时期俄罗斯也将全面推动"移民评分体系"的实施,转向主动挑选符合本国需求和发展的外来移民。①

2013年8月1日,俄罗斯联邦移民局出台了《外国公民获得在俄居留证的新规则》。根据实际年龄、家庭情况、教育水平、工作经验、外语能力、当地就业市场状态、是否拥有在俄教育经历、在俄工作单位和亲人推荐等多项参数,对外国申请者进行综合性评估。为获得在俄居留证,最低需要积满75分,各项指标总分100分。②

基本内容包括:其一,学历因素,高知人才得分最高,持有高等教育文凭可以获得25分,低于中等教育水平的则只有0分;其二,年龄因素,适龄劳力,分值最多,年龄在21~45岁之间的申请人可获得20分,超过55岁仅可获得0分;其三,语言因素,通晓俄语,额外加分,俄语掌握水平的得分程度从1分到10分不等。规则指出,根据综合经济发展和人口需求的动态变化,"准入分数界限"也可随之改变,以此调节居留证的年度发放配额。

可以看出,俄罗斯政府希望借鉴欧美国家经验,从强调填补人力资源空缺,转为重视外来移民综合素质,打破链式移民,减少引进低技能外籍劳工。的确,目前积分考核制度还存有缺陷和争议,暂时未被国内各界普遍认可,不过推行筛选式移民手段将成为俄罗斯移民战略的主基调。正如普京总统所言,俄罗斯应当吸引更多高技能职业者、拥有教育背景的专业人员、知晓俄语并对俄罗斯文化有接近感的外国人进入俄罗斯。③

四 结语

"海纳百川,有容乃大"。如果俄罗斯能够秉持开放兼容心态,理性对待

---

① Интервью директора ФМС России Ромодановского К. О. Радиостанция "Эхо Москвы". Москва. 22 марта 2012 года.
② В России планируют выдавать вид на жительство по балльной системе. 《Интерфакс》. Москва. 06 декабря 2013 года.
③ Послание Президента РФ Путина В. В. Федеральному Собранию. Госдума РФ. Москва. 12 декабря 2013 года.

移民给本国社会带来的多元文化影响,主动引导民众和舆论正确对待移民,切实保障移民合法权益,解决移民在劳动就业、子女教育、医疗社保等方面的困难,减少极端民族主义、种族歧视、仇外行为,为外来移民融入当地社会创造便利条件,那么势必能够促使外来移民更好地服务于俄罗斯的发展,实现双向流动,共享移民红利。

附 录
Примечание

Y.25
俄文摘要

Возрождение России: свершения и тревоги

Ли Юнцюань

Политическая обстановка в России в 2013 г

Пань Дэли

Аннотация: В общем и целом социально-политическая обстановка России в 2013 году была стабильной. На давление со стороны Запада исполнительная власть отвечает с самообладанием, она всемерно поддерживает патриотизм, решительно противостоит внешним силам, вмешивающимся в демократический процесс в России, и в то же время подает сигналы оппозиции, призывающие ее к сотрудничеству. Благодаря ряду предпринятых мер волна сопротивления оппозиции имеет тенденцию идти на спад. На местных выборах победила партия «Единая Россия», еще раз продемонстрировав силу «партии власти». В самом конце 2013 года в России было совершено подряд несколько чудовищных террористических атак, унесших с собой жизни большого количества людей и заставивших население снова встревожиться по поводу общественно-политической ситуации в стране. Несмотря на сложную внутреннюю и внешнюю обстановку, стабильность и развитие уже прочно утвердились в качестве основной линии российской политики, ориентированной в будущее, а спорадически возникающие проблемные ситуации, террористические акты, явственным образом связаны с национальными противоречиями, имеющими сложные исторические, культурные и социальные корни, которые за короткий период трудно изжить. Тем не менее, частные проблемные ситуации не могут поколебать общей обстановки политической стабильности в России.

Ключевые слова: политическая ситуация, оппозиция, борьба с коррупцией, местные выборы, терроризм

Местные выборы 2013 года в контексте преобразований в политической системе России

Ли Яцзюнь

Аннотация: Вопреки ожиданиям, появившимся в контексте восстановления в России прямых выборов глав местных администраций, а также увеличения числа политических партий и масштабов их участия в выборах, острая конкурентная борьба между ними в ходе местных выборов в 2013 г. так и не развернулась. Результаты голосования также не изменили положения, при котором в местных органах власти большинство руководящих мест и ключевых административных позиций оставалось за

«Единой Россией». Реформа системы, проводимая Путиным с 2012 г., не смогла существенно преобразить современную российскую политическую экологию; по-прежнему по отношению к «Единой России» срабатывает эффект «системной поддержки» со стороны действующей политической власти. Во время третьего президентского срока Путина будет по-прежнему трудно окончательно изменить монопольное положение «Единой России» как «единолично властвующей партии». В силу этого возможно ли сохранять стабильное развитие общества и при этом по-настоящему удовлетворять запросы и потребности политического развития самых различных социальных слоев? В дальнейшем самым большим вызовом для власти Путина будет сохранение его властной легитимности при расширяющимся фундаменте политических ориентаций народных масс.

Ключевые слова: Россия, местные выборы, политическая экология, партия «Единая Россия»

Обзор Послания Президента России Федеральному Собранию о положении в стране в 2013 году

Ли Ли

Аннотация: 12 декабря 2012 г. Президент России В. В. Путин в день празднования 20-летия Конституции обнародовал ежегодное Послание Президента России Федеральному Собранию о положении в стране. Основное содержание Послания затрагивает вопросы народного благосостояния, реформы политической демократической системы, развития национальной экономики, проблемы инновационного развития, внешнеполитических отношений, национальной безопасности, национальный вопрос, и т. д. Послание продемонстрировало приверженность Путина собственному стилю работы — заниматься делами последовательно и прагматично, ставя во главу угла вопросы народного благосостояния, показало преемственность путинской концепции власти и основных ее принципов. В то же время с учетом состояния развития России в настоящее время в Послании был поднят вопрос о мерах, которые необходимо предпринять в связи с реформами, а именно, — вопрос об изменении Конституции страны, о строительстве местного самоуправления, о повышении степени участия общественных организаций и каждого человека в жизни страны и т. д.

Ключевые слова: Конституция, народное благосостояние, национальный вопрос, местное самоуправление, Евразийская интеграция

Развитие российского Интернета и политическая практика

Ма Цян

Аннотация: В настоящей статье автор исследует процесс развития российского Интернета и современное состояние и логику функционирования российской политической системы с точки зрения участия Интернета в российской политической практике. Возникновение, рост и развитие Интернета вызвали известные изменения в структуре общества и в то же время способствовали трансформации структуры власти. Немногим более чем за десять лет Интернет как одно из средств массовой информации стал орудием российской политической практики. Теперь это субъект политической практики, и в то же время-объект строгого контроля. Этим объясняется его специфика как явления российской политической экологии. Из созданных в Интернете сетевых общественных ниш наносятся мощные удары по официальной российской политической системе. Современное Интернет-пространство является не только полем борьбы политических сил различных партий, но более того, пространством, на котором возникла и разворачивается игра между государственной властью и гражданским обществом.

Ключевые слова: Россия, Интернет, общественная сфера, политическая практика

Настроения российского общества

Пан Дапэн

Аннотация: В общем и целом настроения российского общества характеризуются стабильностью. Опираясь на них, российское правительство является зачинщиком возврата к консервативной системе ценностей, усиливая психологический фундамент самоидентификации общества. Но в последнее время вследствие замедления роста экономики и ряда других причин в настроениях российского общества начинает доминировать тревога. Особенного внимания заслуживает тот факт, что из-за обострения национально-религиозных вопросов в общественных настроениях усиливаются иррациональные факторы. В области национальных отношений создание эффективного механизма нейтрализации общественно-деструктивных настроений-вызов, перед лицом которого находится российское правительство.

Ключевые слова: общественные настроения, консерватизм, национальный вопрос

Зарождение и рост ? публичной истории? в России

Ван Гуйсян

Аннотация: Россия пережила распад СССР и ряд других серьезных социальных трансформаций и потрясений, в ходе которых народные массы претерпели серьезные испытания. Но вместе с этим в этих испытаниях у народа вызрело страстное желание найти ответы, которые наконец-то позволили бы развязать реальные исторические узлы. Понимание и обсуждение народом истории находится в тесной связи с осмыслением как нынешних политических реалий, так и будущего страны. Российские официальные круги придают большое значение культурно-историческому наследию; популярная историческая литература хлынула бурным потоком, - все это по-настоящему отвечает потребностям общества, сформировав в обществе ситуацию исторической «горячки». Наряду с этим феноменом представляет интерес, почему же такая отрасль современного знания как ？публичная история？ складывается в последние годы в России в атмосфере полного к ней невнимания？ В настоящей статье в качестве предмета анализа особенностей современной публичной истории в России выбран разбор книг о Берии, в огромных количествах наводнивших российский книжный рынок.

Ключевые слова: публичная история, история СССР, Россия

Экономическая обстановка в России в 2013 г. и тенденции ее будущего развития

Чэн Ицзюнь

Аннотация: Со времени, прошедшего после последнего финансового кризиса, 2013 год оказался для России самым неудачным: абсолютное большинство экономических показателей в 2013 году имели тенденцию к ухудшению, источников роста не наблюдалось, производство падало, инвестиции не росли, экспорт уменьшался, национальная экономика почти была в состоянии стагнации. Оценка ситуации с точки зрения реального состояния и потенциала развития свидетельствует, что по основным показателям в краткосрочной перспективе российская экономика основой для

быстрого роста не обладает, хотя и вероятность крупного спада невелика. В ближайшие несколько лет сохранится вялый рост. Стратегический план национального развития России до 2020 г., «майские указы» Путина, а также ряд важных программ развития, подверглись ревизии, что явилось следствием низких темпов роста национальной экономики.

Ключевые слова: Россия, экономический рост, энергоресурсы, экспорт, инвестиции, потребление

Современное состояние китайско-российского торгово-экономического сотрудничества и перспективы его развития

Лю Хуацинь

Аннотация: В 2013 г. китайско-российские торгово-экономические отношения развивались вполне уверенно, и хотя скорость двусторонней торговли несколько замедлилась, общая тенденция взаимодополняемости в торговле двух стран не изменилась. Интернет-магазины стали новым типом торговли, а политика инвестирования - новыми «локомотивами» двустороннего сотрудничества. Область инвестиций непрерывно расширяется, крупные и средние предприятия становятся сердцевиной инвестиционной политики, а сами способы инвестирования - постепенно все более диверсифицированными. Непрерывно растет и масштаб экономического сотрудничества двух стран, непрерывно углубляется региональное сотрудничество. Однако говоря о будущем двухстороннего торгово-экономического сотрудничества, нельзя не видеть, что перспективы его расширения по-прежнему зависят от того, сумеют ли обе страны совместно преодолеть ряд вызовов, перед лицом которых они находятся уже сейчас: необходимо совершенствовать законодательные основы двустороннего сотрудничества, повышать эффективность работы механизма сотрудничества, укреплять скоординированность в области приведения стандартов к единому знаменателю и взаимного признания квалификаций, а также улучшать российскую инвестиционную среду и т. д. С точки зрения желаемого будущего, китайско-российские торговые отношения входят в период роста с неоправданно низкой скоростью. Для реализации целей развития, определенных руководителями обеих стран, необходимо полнее раскрывать имеющийся потенциал сотрудничества, способствовать повышению уровня сотрудничества в области энергетики, культивировать новые точки роста, но, пожалуй, еще более важным является укрепление уже наработанных связей, и с их помощью поиск еще большего числа новых точек сотрудничества, соответствующих интересам обеих сторон.

Ключевые Слова: китайско-российское торгово-экономическое сотрудничество, торговля, инвестиции.

Российская реформа по созданию единого управления и контроля финансовой системой

Чэн Ицзюнь

Аннотация: В 2013 г. Россия провела важную реформу системы финансового государственного контроля. В ее ходе были упразднены существовавшие ранее модели поотраслевого контроля и надзора, а также система перекрестного управления, началось строительство единой крупной финансовой системы смешанных операций, соответствующей тенденциям развития финансов. Всероссийский банковский совет был преобразован в Национальный финансовый совет, был улучшен административный статус Центробанка, в основном ликвидированы рудименты оставшегося от эпохи плановой экономики наследия, выраженного формулой « крупные банки

俄罗斯黄皮书

финансируют маленькие банки». Все это демонстрирует, что финансовый сектор России существенно продвинулся в своей ориентации на рынок.

Ключевые Слова: Россия, финансы, контроль, Центробанк

Российская стратегия освоения Арктики и китайско-российское сотрудничество

Ли Цзяньминь

Аннотация: В 21 веке окружающая среда Арктики изменилась, и вопрос ее освоения постепенно становится «горячим» вопросом, привлекающим внимание всего мира. С точки зрения извлечения выгод освоение Арктики имеет огромный потенциал и затрагивает интересы всех государств планеты. Россия является страной, имеющей самую длинную береговую линию с Северным Ледовитым океаном и находящейся в авангарде освоения Арктики. В феврале 2013 г. Президент России утвердил «Стратегию развития Арктической зоны РФ и обеспечения национальной безопасности на период до 2020 года», и к настоящему моменту Россия уже вступила в период подготовки к осуществлению стратегии освоения и использования Арктики. Освоение Арктики в рамках международного сотрудничества предоставляет Китаю шанс участия в совместных проектах. Будущее китайско-российского сотрудничества при освоении Арктики в основном лежит в плоскости освоения нефтегазовых месторождений континентального шельфа, построении инфраструктуры в Арктической зоне, в научном и техническом освоении Арктической зоны, инвестиционном сотрудничестве и т. д.

Ключевые Слова: освоение Арктики, запасы ресурсов, Арктические водные пути, китайско-российское сотрудничество

Реформа российской системы гарантированной медицинской помощи

Гао Цзисян

Аннотация: С точки зрения исторического анализа в статье реконструирована систематическая ретроспектива хода реформы российской системы гарантированной медицинской помощи населению. Более того, на основе изучения результатов реформы в плане эффективности ей дана комплексная оценка и предложен прогноз относительно направления ее будущего развития.

Ключевые Слова: Россия, система гарантированной медицинской помощи, реформа системы здравоохранения

Китайско-российское торгово-экономическое сотрудничество в 2013 году

Го Сяоцюн

Аннотация: Под воздействием замедления темпов экономического роста и снижения международных цен на энергоносители в 2013 году скорость увеличения объемов китайско-российской внешней торговли заметно понизилась. Однако в отдельных областях сотрудничества имел место настоящий прорыв, - так случилось с энергетическим сотрудничеством, которое с уровня регионального и просто соседского взаимодействия переросло в сотрудничество в масштабах страны. То же можно сказать и о сельском хозяйстве, и о коммерции в области электроники, - они стали двумя большими и самыми яркими ?точками? сотрудничества. Но несмотря

на некоторые успехи, достигнутые в 2013 г., есть проблемы, серьезно тормозящие дальнейший прогресс торгово-экономического сотрудничества, например, снижение скорости роста внешнеторгового оборота, структурная разбалансированность торговли, уровень российской торговли и инвестиционная среда, которые по-прежнему оставляют желать лучшего и т. д.

Ключевые Слова: китайско-российская торговля, структурное регулирование, инвестиционная среда, стратегическое сотрудничество и партнерство

Российско-китайское торгово-экономическое сотрудничество: ретроспектива и перспективы

Чжэн Юй, Цзян И, Хань Кэди, ЛюДань, Чжао Юймин, Ню Ичэнь

Аннотация: В 2013 году интеграционные процессы в рамках СНГ и планы создания Евразийского союза получили в России определенное развитие. Но в украинском вопросе Россия вступила в острое противостояние с западными странами. Как следствие этого, отношения между ними резко ухудшились. В «горячих» вопросах мировой политики позиция российской дипломатия по-прежнему имеет значительный вес, как, например, в случае с Сирией, где она сыграла важную роль в вопросе урегулирования кризиса, возникшего вокруг применения там химического оружия. Так же Россией были предприняты новые шаги в расширении азиатско-тихоокеанской дипломатии, продвижение вперед отмечено во многих областях сотрудничества с Китаем, Японией, Южной Кореей.

Ключевые Слова: Россия, СНГ, Евразийский союз, ЕС, США, Китай

Устранение внешнеполитических обеспокоенностей и стимулирование китайско-российского стратегического сотрудничества

Чжэн Юй

Аннотация: В последние годы китайско-российские отношения непрерывно развиваются. Но несмотря на то, что достигнуты выдающиеся успехи, в отношениях двух стран все еще существуют некоторые проблемы. Например, усилилось беспокойство российских кругов, занимающихся стратегическим анализом, относительно будущей международной роли Китая, с 2012 года у Китая и России заметно выражены отличия в отношении к США, интересы Китая и России в Азиатско-Тихоокеанском регионе представляют собой сложный и запутанный клубок, в вопросах Центральной Азии и ШОС позиции у Китая и России не являются абсолютно одинаковыми. Всем этим проблемам следует как можно раньше честно посмотреть в лицо, - это будет способствовать долгосрочному здоровому развитию китайско-российских отношений.

Ключевые Слова: китайско-российские отношения, отношение к США, Азиатско-Тихоокеанский регион, ШОС, разница интересов

Китайско-российские отношения в 2013 году

Цзян И

Аннотация: В 2013 году партнерские китайско-российские отношения были сконцентрированы на развитии двух областей: двухстороннем торгово-

экономическом сотрудничестве и сотрудничестве по международным вопросам. Потребности собственного развития и изменение внешней обстановки двух стран стимулировали двухстороннее стратегическое сотрудничество к углубленному развитию, причем в различных его аспектах был достигнут заметных прогресс.

Ключевые слова: Китай, Россия, дипломатические отношения

Россия и ШОС

Цзян И

Аннотация: Яркая особенность нынешнего положения в России заключается в том, что замедление роста экономики формирует там очевидные вызовы социальной стабильности. В ходе развития России некоторые из таких острых проблем существовали и прежде, например, религиозно-национальный вопрос и др. , но нынешнее замедление роста экономики обострило их еще больше. Вслед за инициативой Китая по созданию ? экономического пояса Шелкового пути?, а также находясь на пороге скорого образования Евразийского союза, основной точкой, на которую направлено внимание ШОС при урегулировании взаимоотношений между ее членами, является евразийская геополитическая и экономическая архитектоника.

Ключевые слова: Россия, ШОС, евразийская стратегия

Россия и нынешний украинский кризис

Лю Фэнхуа

Аннотация: Россия является одним из главных факторов влияния на украинский политический кризис. В настоящее время по отношению к переходному правительству Украины правительство Путина предпринимает многосторонние действия - военное устрашение, экономическое и политическое давление, реализует политику «изменения под нажимом». Основная цель всего этого - побудить Украину к федерализации, добиться ее военного и политического нейтралитета по отношению к России и Западу. Самый благоприятным вариант разрешения украинского политического кризиса - при посредничестве России, ЕС и США провести переговоры между политическими силами, порознь представляющими интересы людей центра и запада и востока Украины, и таким образом достигнуть договоренности о будущем политическом устройстве Украины.

Ключевые слова: Россия, украинский кризис, Крым

Отношения России и стран Азиатско-Тихоокеанского региона в 2013 году

Чжао Юймин

Аннотация: В 2013 году у России, помимо российско-американских отношений, продолжали комплексно развиваться отношения со странами Азиатско-Тихоокеанского региона, в том числе сравнительно большое развитие получили двусторонние отношения с Китаем, Японией и Вьетнамом. Отправной точкой российской азиатско-тихоокеанской стратегии является стимулирование экономического роста восточного региона России, усиление своего политического и дипломатического влияния в Азиатско-Тихоокеанском регионе. В тактическом отношении азиатско-тихоокеанская стратегия России в качестве важнейших векторов рассматривает экспорт энергоресурсов, торговлю военной техникой и оружием, стратегия подразумевает развитие отношений с наиболее важными странами региона в целях обеспечения поддержки в продвижении своих стратегических замыслов. В 2013 году на фоне развития торгово-экономических отношений России с Азиатско-Тихоокеанским регионом и одновременного роста ее

политического и дипломатического влияния, стали, тем не менее, проявляться некоторые внешние и внутренние факторы, ограничивающие темпы ее торгово-экономического развития и силы ее влияния.

Ключевые слова: Азиатско-Тихоокеанский регион, азиатско-тихоокеанская стратегия, российско-китайские отношения, российско-японские отношения, российско-вьетнамские отношения

Обзор отношений России и ЕС в 2013 году

Вэнь Лунте

Аннотация: Российско-европейские отношения в 2013 г. по-прежнему были крепко связаны с наметившейся ранее политической тенденцией ? возвращения потепления? . Эта тенденция проявилась в двустороннем торгово-экономическом и энергетическом сотрудничестве, в визовом вопросе и в научно-просветительском и культурном взаимодействии России и стран ЕС. Некоторые из образовавшихся в российско-европейском сотрудничестве сдвигов отвечали главным потребностям в двустороннем внутреннем развитии, и могли послужить прямым первотолчком к осознанию того, что развитие российско-европейских отношений способствует преодолению экономического кризиса. Но в области выстраивания ? полностью нового фундамента? российско-европейских отношений новых сдвигов в 2013 г. так и не произошло. Это-то как раз и является центральной проблемой российско-европейских отношений. Ситуация усугубляется тем, что украинский кризис, разразившийся в конце года, по сути является логическим продолжением конкурентной борьбы между Россией и Европой на постсоветском пространстве, что делает из тенденции ? возвращения потепления? переменную величину.

Ключевые слова: Россия, российско-европейские отношения, дипломатия

Комплексная ситуация на пространстве СНГ в 2013 году

Ню Ичэнь

Аннотация: 2013 г. породил много сложных и запутанных вопросов, связанных с территорией СНГ. Представляется возможным проанализировать их с трех точек зрения: с точки зрения политики России относительно СНГ, с позиций развития механизма внутритерриториальной интеграции СНГ и с точки зрения украинского вопроса. Рассматривая совокупность этих вопросов комплексно, можно констатировать, что в целом в 2013 г. ситуация на территории СНГ была ровной, в то же время наблюдались очевидные признаки перемен, на части территорий возникали очаги нестабильности, не уменьшались, а только назревали скрытые вопросы и вызовы.

Ключевые слова: СНГ, Россия, интеграция, Украина

Российско-американские игры в сирийском вопросе

Хань Кэди

Аннотация: Основные события международной жизни в 2013 г. были связаны с гражданской войной в Сирии, применением химического оружия, судьбой Башара Асада, с развертыванием новой фазы острой российско-американской игры. Второй раунд переговоров в Женеве по сирийскому вопросу, руководимых Россией и США, не дал результатов. ?Эксепшионалистский? спор, явившийся производной сирийского вопроса, обнаружил всю сложность российско-американских отношений.

Ключевые слова: сирийский вопрос, российско-американские отношения, химическое оружие, эксепшионализм

Продвижение плана построения Евразийского экономического союза и его перспективы

Лю Дань

Аннотация: План построения Евразийского экономического союза, находящийся под мощной опекой Путина, получил новый импульс развития. Состоялось заседание Высшего Евразийского экономического совета на уровне глав государств, чтобы в планах по созданию Евразийского экономического союза сделать твердый шаг вперед. Россия, Белоруссия и Казахстан ратифицировали часть договора Евразийского экономического союза, касающуюся его устройства с тем, чтобы определить основные принципы, на которых будет создаваться новый экономический союз. Соглашение о присоединении к Таможенному союзу России, Белоруссии и Казахстана подписала Армения. Планы по созданию Евразийского экономического союза, получившие новый импульс развития, подлежат реализации в условиях сложной внешней обстановки: США и ЕС являются его сильными конкурентами. Мощь России, а так же характер отношений между странами, находящимися на территории бывшего Советского Союза, являются важными факторами успеха образования Евразийского экономического союза.

Ключевые слова: Евразийский экономический союз, СНГ, влияющие факторы

О проблемах международной миграции в России в 2013 году

Ню Ичэнь

Аннотация: В настоящее время международная миграция с каждым днем становится все интенсивнее. Она не только меняет облик мира, расширяет кругозор людей, но и способствует экономическим сношениям, стимулирует общественный прогресс. Россия стала мировой миграционной державой, и вместе с продолжающимся ростом числа мигрантов перед ней день ото дня все острее встает вопрос о нелегальной миграции. Рационально решить этот труднейший вопрос - суровый вызов для правительства России. Несмотря на то, что российское правительство непрерывно издает всё новые положения о миграционной политике, в конце концов еще требуется время, чтобы оценить их эффективность.

Ключевые слова: Россия, нелегальная иммиграция, иммиграционная политика

Российско-американские игры в сирийском вопросе

Хань Кэди

Аннотация: Основные события международной жизни в 2013 г. были связаны с гражданской войной в Сирии, применением химического оружия, судьбой Башара Асада, с развертыванием новой фазы острой российско-американской игры. Второй раунд переговоров в Женеве по сирийскому вопросу, руководимых Россией и США, не дал результатов. ? Эксепшионалистский? спор, явившийся производной сирийского вопроса, обнаружил всю сложность российско-американских отношений.

Ключевые слова: сирийский вопрос, российско-американские отношения, химическое оружие, эксепшионализм

Продвижение плана построения Евразийского экономического союза и его перспективы

Лю Дань

Аннотация: План построения Евразийского экономического союза, находящийся под мощной опекой Путина, получил новый импульс развития. Состоялось заседание Высшего Евразийского экономического совета на уровне глав государств, чтобы в планах по созданию Евразийского экономического союза сделать твердый шаг вперед. Россия, Белоруссия и Казахстан ратифицировали часть договора Евразийского экономического союза, касающуюся его устройства с тем, чтобы определить основные принципы, на которых будет создаваться новый экономический союз. Соглашение о присоединении к Таможенному союзу России, Белоруссии и Казахстана подписала Армения. Планы по созданию Евразийского экономического союза, получившие новый импульс развития, подлежат реализации в условиях сложной внешней обстановки: США и ЕС являются его сильными конкурентами. Мощь России, а так же характер отношений между странами, находящимися на территории бывшего Советского Союза, являются важными факторами успеха образования Евразийского экономического союза.

Ключевые слова: Евразийский экономический союз, СНГ, влияющие факторы

О проблемах международной миграции в России в 2013 году

Юй Чжочао

Аннотация: В настоящее время международная миграция с каждым днем становится все интенсивнее. Она не только меняет облик мира, расширяет кругозор людей, но и способствует экономическим сношениям, стимулирует общественный прогресс. Россия стала мировой миграционной державой, и вместе с продолжающимся ростом числа мигрантов перед ней день ото дня все острее встает вопрос о нелегальной миграции. Рационально решить этот труднейший вопрос - суровый вызов для правительства России. Несмотря на то, что российское правительство непрерывно издает всё новые положения о миграционной политике, в конце концов еще требуется время, чтобы оценить их эффективность.

Ключевые слова: Россия, нелегальная иммиграция, иммиграционная политика

皮书数据库

权威报告 热点资讯 海量资源

当代中国与世界发展的高端智库平台

皮书数据库   www.pishu.com.cn

皮书数据库是专业的人文社会科学综合学术资源总库，以大型连续性图书——皮书系列为基础，整合国内外相关资讯构建而成。该数据库包含七大子库，涵盖两百多个主题，囊括了近十几年间中国与世界经济社会发展报告，覆盖经济、社会、政治、文化、教育、国际问题等多个领域。

皮书数据库以篇章为基本单位，方便用户对皮书内容的阅读需求。用户可进行全文检索，也可对文献题目、内容提要、作者名称、作者单位、关键字等基本信息进行检索，还可对检索到的篇章再作二次筛选，进行在线阅读或下载阅读。智能多维度导航，可使用户根据自己熟知的分类标准进行分类导航筛选，使查找和检索更高效、便捷。

权威的研究报告、独特的调研数据、前沿的热点资讯，皮书数据库已发展成为国内最具影响力的关于中国与世界现实问题研究的成果库和资讯库。

皮书俱乐部会员服务指南

1. 谁能成为皮书俱乐部成员？
- 皮书作者自动成为俱乐部会员
- 购买了皮书产品（纸质皮书、电子书）的个人用户

2. 会员可以享受的增值服务
- 加入皮书俱乐部，免费获赠该纸质图书的电子书
- 免费获赠皮书数据库100元充值卡
- 免费定期获赠皮书电子期刊
- 优先参与各类皮书学术活动
- 优先享受皮书产品的最新优惠

卡号：5587389676766909
密码：

3. 如何享受增值服务？

（1）加入皮书俱乐部，获赠该书的电子书

第1步 登录我社官网（www.ssap.com.cn），注册账号；

第2步 登录并进入"会员中心"—"皮书俱乐部"，提交加入皮书俱乐部申请；

第3步 审核通过后，自动进入俱乐部服务环节，填写相关购书信息即可自动兑换相应电子书。

（2）免费获赠皮书数据库100元充值卡

100元充值卡只能在皮书数据库中充值和使用

第1步 刮开附赠充值的涂层（左下）；

第2步 登录皮书数据库网站（www.pishu.com.cn），注册账号；

第3步 登录并进入"会员中心"—"在线充值"—"充值卡充值"，充值成功后即可使用。

4. 声明

解释权归社会科学文献出版社所有

皮书俱乐部会员可享受社会科学文献出版社其他相关免费增值服务，有任何疑问，均可与我们联系
联系电话：010-59367427   企业QQ：800045692   邮箱：pishuclub@ssap.cn
欢迎登录社会科学文献出版社官网（www.ssap.com.cn）和中国皮书网（www.pishu.cn）了解更多信息

社会科学文献出版社

皮书系列

"皮书"起源于十七、十八世纪的英国，主要指官方或社会组织正式发表的重要文件或报告，多以"白皮书"命名。在中国，"皮书"这一概念被社会广泛接受，并被成功运作、发展成为一种全新的出版形态，则源于中国社会科学院社会科学文献出版社。

皮书是对中国与世界发展状况和热点问题进行年度监测，以专业的角度、专家的视野和实证研究方法，针对某一领域或区域现状与发展态势展开分析和预测，具备权威性、前沿性、原创性、实证性、时效性等特点的连续性公开出版物，由一系列权威研究报告组成。皮书系列是社会科学文献出版社编辑出版的蓝皮书、绿皮书、黄皮书等的统称。

皮书系列的作者以中国社会科学院、著名高校、地方社会科学院的研究人员为主，多为国内一流研究机构的权威专家学者，他们的看法和观点代表了学界对中国与世界的现实和未来最高水平的解读与分析。

自20世纪90年代末推出以《经济蓝皮书》为开端的皮书系列以来，社会科学文献出版社至今已累计出版皮书千余部，内容涵盖经济、社会、政法、文化传媒、行业、地方发展、国际形势等领域。皮书系列已成为社会科学文献出版社的著名图书品牌和中国社会科学院的知名学术品牌。

皮书系列在数字出版和国际出版方面成就斐然。皮书数据库被评为"2008~2009年度数字出版知名品牌";《经济蓝皮书》《社会蓝皮书》等十几种皮书每年还由国外知名学术出版机构出版英文版、俄文版、韩文版和日文版，面向全球发行。

2011年，皮书系列正式列入"十二五"国家重点出版规划项目；2012年，部分重点皮书列入中国社会科学院承担的国家哲学社会科学创新工程项目；2014年，35种院外皮书使用"中国社会科学院创新工程学术出版项目"标识。

法律声明

"皮书系列"(含蓝皮书、绿皮书、黄皮书)由社会科学文献出版社最早使用并对外推广,现已成为中国图书市场上流行的品牌,是社会科学文献出版社的品牌图书。社会科学文献出版社拥有该系列图书的专有出版权和网络传播权,其LOGO( )与"经济蓝皮书"、"社会蓝皮书"等皮书名称已在中华人民共和国工商行政管理总局商标局登记注册,社会科学文献出版社合法拥有其商标专用权。

未经社会科学文献出版社的授权和许可,任何复制、模仿或以其他方式侵害"皮书系列"和LOGO( )、"经济蓝皮书"、"社会蓝皮书"等皮书名称商标专用权的行为均属于侵权行为,社会科学文献出版社将采取法律手段追究其法律责任,维护合法权益。

欢迎社会各界人士对侵犯社会科学文献出版社上述权利的违法行为进行举报。电话:010-59367121,电子邮箱:fawubu@ssap.cn。

社会科学文献出版社